L'AVORTON DE DIEU
Une vie de saint Paul

OUVRAGES DU MÊME AUTEUR

Louis XVII retrouvé (1947)
Letizia. Napoléon et sa mère (1949)
La Conspiration du général Malet (1952)
La Médaille militaire (1952)
La Castiglione (1953)
La Belle Histoire de Versailles (1954)
De l'Atlantide à Mayerling (1954)
Cet autre Aiglon : le Prince impérial (1957)
Offenbach, roi du Second Empire (1958)
L'Empire, l'Amour et l'Argent (1958)
L'Enigme Anastasia (1960)
Les Heures brillantes de la Côte d'Azur (1964)
Grands mystères du passé (1964)
Dossiers secrets de l'histoire (1966)
Grands secrets, Grandes énigmes (1966)
Nouveaux dossiers secrets (1967)
Les Rosenberg ne doivent pas mourir, pièce (1968)
Grandes aventures de l'Histoire (1968)
Le Livre de la famille impériale, en coll. (1969)
La Belle Histoire des marchands de Paris (1971)
Histoire des Françaises, 2 vol. (1972)
Histoire de la France et des Français, 13 vol. en coll. (1970-1974)
Blanqui l'Insurgé (1976)
Les Face à face de l'Histoire (1977)
Alain Decaux raconte, 4 vol. (1978-1981)
Danton et Robespierre, pièce en coll. (1979)
Discours de réception à l'Académie française et réponse de M. André Roussin (1980)
L'Histoire en question, 2 vol. (1982-1983)
Victor Hugo (1984)
Les Assassins (1986)
Le Pape pèlerin (1986)
L'Affaire du courrier de Lyon, pièce (1987)
Destins fabuleux (1987)
L'Histoire de France racontée aux enfants (1987)
La Révolution française racontée aux enfants (1988)
La Liberté ou la Mort, pièce en coll. (1988)
Jésus raconté aux enfants (1991)
Le Tapis rouge (1992)
Histoires extraordinaires (1993)
Mil neuf cent quarante-quatre (1993)
Nouvelles Histoires extraordinaires (1994)
L'Abdication (1995)
C'était le xxe siècle, tome I (1996)
La Bible racontée aux enfants (1996)
Monaco et ses princes (1996)
C'était le xxe siècle, tome I (1996)
C'était le xxe siècle, tome II : La Course à l'abîme (1997)
C'était le xxe siecle, tome III : La Guerre absolue (1998)
C'était le xxe siècle, tome IV : De Staline à Kennedy (1999)
De Gaulle, celui qui a dit non, pièce en coll. (1999)
Morts pour Vichy (2000)

ALAIN DECAUX
de l'Académie française

L'AVORTON DE DIEU

Une vie de saint Paul

Perrin / Desclée de Brouwer

ISBN : 2-262-01481-7
ISBN : 2-220-05203-6

A Bernard Decaux, mon frère

« Christ est mort pour nos péchés, selon les Ecritures. Il a été enseveli, il est ressuscité le troisième jour selon les Ecritures. Il est apparu à Céphas [Pierre], puis aux Douze.
« Ensuite, il est apparu à plus de cinq cents frères à la fois ; la plupart sont encore vivants et quelques-uns sont morts. Ensuite il est apparu à Jacques puis à tous les apôtres. En tout dernier lieu, il m'est apparu, à moi

L'AVORTON.

« Car je suis le plus petit des apôtres, moi qui ne suis pas digne d'être appelé apôtre parce que j'ai persécuté l'Eglise de Dieu. Mais ce que je suis, je le dois à la grâce de Dieu et sa grâce à mon égard n'a pas été vaine. »

Première Epître de Paul aux Corinthiens
XV, 3 à 10

CHAPITRE I

Une ville qui n'est pas sans renom

Cette histoire commence par une complicité de meurtre, un lynchage comme les siècles en ont trop vu. Celui-ci porte un nom : lapidation.

Découlant d'une prescription légale autant que religieuse, l'exécution ne requiert aucun bourreau, seulement des hommes ordinaires qui s'efforcent à s'imprégner de haine jusqu'au déchaînement de tous leurs instincts. Chacun des acteurs s'arme de pierres pour les précipiter sur la cible vivante. De plus en plus vite, de plus en plus fort : une mise à mort qui s'accompagne d'un jeu d'adresse.

L'an 34 de notre ère, hors la ville de Jérusalem, l'homme que frappent ces pierres ne cherche pas à se dérober. A genoux, immobile, il prie. On entend ces mots :

— Seigneur Jésus, reçois mon esprit !

Les coups au but se multiplient. Le corps se marbre de traces sombres ou sanglantes. Des os se brisent. Pour transpirer plus à l'aise, les exécutants ont jeté leurs vêtements aux pieds d'un jeune homme qui, à n'en pas douter, « approuve[1] ». Est-ce du geste ou de la voix ?

Une pierre frappe le lapidé en pleine tête. Il a la force de murmurer :

— Seigneur, ne leur compte pas ce péché...

1. Il « était de ceux qui approuvaient ce meurtre ». Actes VIII, 1. (Voir *Sources* p. 315.)

Il tombe. Il meurt. Il s'appelle Etienne. Quelque temps plus tôt, la petite communauté chrétienne de Jérusalem l'a choisi pour être l'un des *Sept* chargés de l'administrer. Accusé d'avoir prononcé des « paroles blasphématoires contre Moïse et contre Dieu », il a été traduit devant le Sanhédrin. Non content de confirmer sa foi, il l'a proclamée. De toute l'assemblée, le cri a jailli :

— Lapidez-le !

Le jeune homme qui a gardé les vêtements se nomme Saul. Il vient de Tarse, en Cilicie.

Je m'attache à Paul de Tarse depuis plus de quarante ans. Très exactement depuis que l'un de mes amis m'a dit : « Sais-tu que saint Paul n'a pas connu Jésus ? » Depuis je me suis toujours interrogé à son propos. Je l'ai « rencontré » dans les lieux où il a vécu, où il est passé, s'est arrêté, a prêché le Christ aux juifs[1], évangélisé les païens, écrit des lettres devenues sources fondamentales du christianisme. Je l'ai « vu » en proie à la haine, jeté en prison, flagellé à plusieurs reprises et survivre à une lapidation. J'ai connu Ephèse avant Tarse, Thessalonique avant Jérusalem, Rome avant Corinthe. De cette hérésie chronologique, j'ai vu surgir un personnage défiant toute mesure. J'ai hésité pendant vingt ans à lui consacrer un livre. Est-ce pour éviter d'aborder de front ce sujet redoutable que j'ai raconté aux enfants la Bible et Jésus ?

L'homme est immense. Fou du Christ : *apostolus furiosus*. Bouleversant par sa foi-brasier. Déconcertant par ses contradictions. Persécuteur impitoyable de chrétiens — ses méthodes préfigurent celles des polices politiques du XXe siècle — et reconnaissant le Fils de Dieu quand, sur le chemin de Damas, Jésus s'adresse à lui. Apôtre autoproclamé. Mystique et stratège. Caractériel. Souffrant mille morts quand ses certitudes sont mises en doute mais refu-

1. Les règles de l'édition restent hésitantes quant à la façon d'écrire Juif ou juif. J'ai choisi ici la seconde forme du fait que le mot, dans ce livre, va se trouver sans cesse mêlé au mot chrétien pour lequel on ne saurait envisager aucune majuscule.

sant d'en abdiquer aucune. Seul à comprendre que le christianisme n'avait d'avenir qu'en s'adressant aux païens. Epistolier grandiose. Convertisseur génial. Architecte du christianisme — inventeur, dit Reimarus au XVIIIe siècle, fondateur, reprend Nietzsche au XIXe —, il impose sa vision du Christ et forge, bien avant que soient écrits les Evangiles, les lois qui régiront l'Eglise.

A chaque page de la vie de Paul, quand on croit détenir une certitude, on trouve son contraire. Il semble prendre plaisir à effacer lui-même les traces qu'il laisse derrière lui. Il épuise ses biographes et parfois les exaspère. Ils lui pardonnent parce qu'il est unique.

Tarse s'allonge au pied du Taurus, chaîne gigantesque qui, au sud de la Turquie actuelle, surplombe la Méditerranée sur plusieurs centaines de kilomètres. Un demi-siècle avant la naissance de Saul — premier nom de Paul — vivaient dans ces montagnes des éléphants, des lions, des léopards, des autruches, des hyènes, des onagres (ânes sauvages), des ours, des sangliers, des panthères. De Rome, le 2 septembre 51 av. J.-C., l'édile Caelius qui avait besoin d'animaux sauvages pour le spectacle qu'il devait offrir au peuple, écrivait à Cicéron, alors gouverneur de Cilicie : « Patiscus ayant envoyé à Cuirio dix panthères, il serait honteux que tu ne m'en envoies pas beaucoup plus. » Cicéron s'est-il exécuté ?

Cette faune s'est raréfiée mais, au début du Ier siècle, quand Saul survient en ce monde, elle est loin d'être anéantie. Partout où l'on a repoussé les animaux sauvages, ont surgi des brigands.

A l'époque où va naître Saul, Octave — petit-neveu et fils adoptif de César — arrive au terme de quatorze années d'une guerre acharnée contre Antoine, Cassius et Brutus, conduite, dit l'historien de Rome Dion Cassius, « avec plus de vigueur qu'aucun homme, avec plus de prudence qu'un vieillard ». Déjà *imperator*, le sénat lui a décerné le nom sacré d'Auguste et le titre de *Princeps senatus*, renouvelé cinq fois, l'avant-dernière en l'an 3, la dernière en l'an 13. C'est entre 3 et 13 que la naissance de Saul vient augmenter d'une unité la population de la Cilicie, province sur laquelle s'exerce, écrasante, la toute-puissance de l'Empire romain.

— Je suis juif, de Tarse en Cilicie, citoyen d'une ville qui n'est pas sans renom [1].

Ainsi s'exprimera, en l'an 51 de notre ère, le même Saul, devenu Paul. De la date de sa naissance, aucune mention. Comprenons : cette sorte de carcan qui, la vie durant, nous escorte — nom, prénom, âge, lieu de naissance — est totalement étranger aux mœurs du Ier siècle. Faute de repère plus précis, on estime aujourd'hui que Saul serait né entre les années 6 et 10 de notre ère. Certains s'arrêtent à une date intermédiaire, l'an 8, commodité à laquelle je me rallie volontiers. Calculons : cela fait de Paul, d'une dizaine d'années, le cadet de ce Christ qui incendiera sa vie. Jésus n'a rien écrit mais beaucoup parlé. Paul a moins parlé mais beaucoup écrit. Pas assez pour que nous connaissions bien sa famille et son enfance ; suffisamment pour que nous puissions plus tard le suivre à la trace et — mieux — tenter de le percer à jour. A quoi s'ajoute une chance insigne : sa rencontre avec le médecin Luc, écrivain de talent qui, mû par son admiration, s'est fait son chroniqueur. La somme des écrits de Paul et de Luc aboutit à une restitution du personnage presque sans équivalent dans l'histoire de l'Antiquité [2]. La pensée de Paul nous apparaît infiniment mieux connue que celle de l'empereur Tibère, son contemporain. Privilège dont le biographe se réjouit.

Pas sans renom, Tarse ? Opulente cité portuaire, elle mérite infiniment mieux que de la fausse modestie. Déployons une carte de la Turquie actuelle. A l'est et au fond de la Méditerranée, ses côtes s'abaissent perpendiculairement vers le sud comme si elles voulaient clore soudain le grand lac qu'elles contribuent à former. Précédant cet

1. Actes XXI, 39.
2. Voir les *Sources* en fin de volume.

angle presque droit qui se prolonge vers la Syrie et le Liban, se trouve Tarse. Non sans audace, l'Allemand Dieter Hildebrandt, exégète original de saint Paul, écrit : « Le lieu est bien choisi. » S'attendant peut-être à quelque étonnement, il explique : « Le lieu, tel qu'il est situé, donne l'impression qu'un génie de l'histoire des religions, sans avoir réfléchi bien longtemps, a pointé son crayon sur l'une des anciennes cartes du monde et manqué de quelques millimètres à peine le point où Orient et Occident se rencontrent en une union secrète. » L'image frappe.

La plus ancienne description de Tarse date du Ier siècle. Strabon la montre « située dans une plaine », non loin de la mer : « Le fleuve Cydnos coule au milieu de la ville, longeant le gymnase des jeunes gens. Comme la source du fleuve n'est pas éloignée de la ville, et qu'il traverse des gorges escarpées juste avant d'y arriver, son eau est froide et rapide. Il en résulte qu'elle est de grand secours pour les bêtes et les hommes qui souffrent de rhumatismes. »

Cette ville, fondée par les Hittites vers 1400 avant l'ère chrétienne, bien des peuples l'ont conquise, ravagée, dominée : Assyriens, Macédoniens, Séleucides, Arméniens. On y a vu Cyrus, roi des Perses. Alexandre le Grand, galopant vers l'Asie et la gloire, s'est baigné dans les eaux trop froides du Cydnos et a failli en mourir. L'annexant en 64 av. J.-C., Rome en a fait la capitale de la province de Cilicie. Pompée, César et Cicéron s'y sont plu. En 41 avant notre ère, une jeune reine somptueusement dévêtue, dotée d'un nez qui entrera dans l'histoire, y est descendue d'une trirème « ornée d'or et de pourpre » pour conquérir Antoine.

On célèbre toujours Cléopâtre à Tarse, aujourd'hui ville de cent quatre-vingt mille habitants et semée de contrastes : échoppes sans âge écrasées entre des immeubles modernes ; ânes surchargés indifférents aux diesels des camions ; vendeurs de scooters jouxtant les réparateurs de tapis accroupis ; mosquées vieilles de plusieurs siècles perdues entre les sens uniques. Au milieu de l'avenue principale, j'ai vu flotter, au sommet d'un grand mât, rouge frappé d'une étoile et d'un croissant blanc, le drapeau turc ; il annonce la porte monumentale dont on affirme qu'elle accueillit la dernière reine égyptienne. Sa construction — jurent les archéologues — est bien postérieure à la visite de la souveraine. N'importe : abandonnant Paul un instant, je me suis arrêté pour rêver à cette femme rare, aimée de César et d'Antoine.

Soudain, au seuil de la vieille ville — musiques grinçantes et odeurs d'épices —, une pancarte : *St Paul's wall excavation.* Défendue par un grillage — l'entrée est payante —, j'aperçois une longue tranchée au fond de laquelle subsistent des murs en assez bon état. S'étonnera-t-on que l'on y ait opportunément reconnu la maison de Paul ? Les experts admettent que ces murs sont romains mais expliquent que ce n'est rien d'autre qu'un point d'eau potable protégé par de la maçonnerie.

Je me suis trouvé bien inspiré de chercher ailleurs : fouillant le sol il y a peu d'années, les archéologues turcs ont exhumé une voie romaine en parfait état. Elle s'allonge sur environ deux cents mètres avant de s'engouffrer sous la terre non encore déblayée. L'envie était trop forte : je suis descendu sur ce chantier, j'ai marché sur les dalles intactes, convaincu que le routard mystique — comme le surnomme le guide du même nom — l'avait empruntée un jour pour s'élancer à pied à la conquête des âmes.

Du fleuve Cydnos, il ne reste qu'un ruisseau aux eaux verdâtres qui, ayant changé de cours, glisse paresseusement vers la mer. Sans lui, Tarse aurait-elle existé ? Il l'a jointe à la Méditerranée et en a fait un port comblé des richesses de trois continents. Sur le fleuve se sont croisés de lourds voiliers, les uns glissant vers le large, les autres en provenance d'Alexandrie, d'Ephèse, de Corinthe, de Rome, d'Espagne.

L'hiver le temps est doux, l'été on en vient vite à la canicule. Je cherche sur une berge disparue l'enfant Saul. Je le devine s'approchant de tas de minerai de fer extrait des mines du Taurus, de ballots de laine provenant des moutons de la plaine cilicienne, de rouleaux de tissus — laine et lin —, d'entassements de bois de construction descendu par flottage des monts de la Tauride, de files de jarres débordant, les unes de l'excellent vin de Cilicie, les autres, précieusement enveloppées, d'aromates et de parfums.

Paradoxe : cette ville qui semble n'exister que pour le commerce sécrète une vie intellectuelle intense. Strabon — encore lui — s'en est porté garant : « Les habitants de Tarse sont tellement passionnés pour la philosophie, ils ont l'esprit si encyclopédique, que leur cité a fini par éclipser Athènes, Alexandrie, et toutes les autres cités que l'on pourrait énumérer pour avoir donné naissance à quelque secte ou école philosophique. » Les Tarsiotes ont l'orgueil de leur ville mais la quittent volontiers : « Ceux qui sont du pays ne demeurent pas sur place mais s'en vont ailleurs pour se perfectionner. Et une fois qu'ils ont achevé leur formation, ils s'installent ailleurs, peu revenant dans leur patrie. Dans les autres cités dont nous venons de parler, excepté Alexandrie, c'est en général le contraire qui arrive. » L'appel du grand large l'emporterait-il sur l'amour de la cité ?

Je vois le petit Saul tendre le cou pour apercevoir, méditant le long du fleuve, le philosophe Arthénodore, naguère précepteur d'Octave et — parvenu au seuil de la vieillesse — installé par lui à la tête du gouvernement local pour libérer la cité des pillages d'un certain Boethus, « mauvais prêtre, mauvais citoyen ». Expulsé de la ville avec ses complices, ce Boethus a fait couvrir la ville d'inscriptions injurieuses dont on a retenu celle-ci : « Les actes appartiennent aux jeunes gens, les conseils aux hommes mûrs et les pets aux vieillards. » Un philosophe grec aux affaires : que peut souhaiter de mieux une cité, même si elle est romaine ?

Tarse justifie cent fois la louange que lui avait jadis décernée Xénophon : « cité grande et heureuse ». Nations, religions, langues, tout cela cohabite. Sans heurt.

« Circoncis le huitième jour, de la race d'Israël, de la tribu de Benjamin, Hébreu fils d'Hébreux ; pour la Loi, Pharisien[1] » : orgueilleusement, Paul se présentera ainsi à ses contemporains. Si l'on ne peut douter que ses parents aient été eux-mêmes des juifs pharisiens, il reste à se demander à quel moment ils sont arrivés à Tarse. Saint Jérôme, qui tenait l'information d'Origène, théologien né au Ier siècle et maître incontesté de l'école catéchétique d'Alexandrie, a cru que « les parents de Paul étaient originaires de Gyscal, province de Judée ». Il a précisé : « Lorsque toute la province fut dévastée par les armées romaines et les juifs dispersés dans tout l'univers, ils furent transportés à Tarse, ville de Cilicie. » Il a même supposé que Saul, né en Judée, était arrivé tout bébé à Tarse.

« Je suis citoyen romain ! » Paul se réclamera toute sa vie de cette dignité qu'il tenait de son père. Il n'existait alors que quatre à cinq millions de citoyens romains dans l'Empire, soit 10 pour cent de la population totale. L'existence de juifs citoyens romains à cette époque ne peut être mise en doute. César a accordé ce droit à Antipater qui l'a transmis à Hérode le Grand, son fils. Flavius Josèphe, pharisien comme Saul, installé il est vrai à Rome, a reçu de Vespasien la même dignité. Tibère Alexandre, juif d'Alexandrie, neveu du fameux Philon, tenait — croit-on — sa citoyenneté romaine de son père. Il en a usé avec une habileté remarquable pour entrer dans l'administration impériale. Intégré dans l'ordre équestre, il deviendra préfet d'Egypte en 66 et sera au premier rang de ceux qui porteront Vespasien au pouvoir. Florus, gouverneur romain de la Judée, a encouru la censure pour avoir fait flageller et crucifier des juifs de rang équestre, ce qui confirme la présence de citoyens romains au sein de l'élite juive de Jérusalem. A Ephèse, Délos et Sardes, les juifs citoyens romains ont été dispensés du service militaire ce qui, à l'école de M. de La Palice, prouve qu'il en existait.

Dans ses *Antiquités judaïques*, le subtil Flavius Josèphe, historien du peuple juif, a montré que, dans les pays colo-

---

1. Ph III, 5 et 6.

nisés ou contrôlés par les Romains, ses frères en religion représentaient un lien utile et efficace avec des peuples moins empressés à s'adapter aux lois et coutumes des conquérants. Ce qui parfois n'a pas manqué de créer aux juifs romanisés des problèmes de conscience. Flavius Josèphe lui-même se présente comme ayant été longtemps écartelé entre ses deux appartenances. Cela jusqu'au jour où il se fera l'intermédiaire entre Rome et la Judée en se proclamant — on n'est jamais si bien servi que par soi-même — le « sauveur » de son peuple. Il ne faut pas perdre de vue que les juifs étaient perçus par Rome comme un groupe cohérent — la « nation juive » —, favorisé à mesure qu'il se tournera davantage vers elle.

Aux juifs comme aux autres, la citoyenneté romaine pouvait être attribuée à titre individuel ou collectif. Elle était transmissible. Il suffisait que le père, à la naissance d'un fils, en fît la déclaration à l'autorité responsable : l'enfant devenait aussitôt citoyen romain. La citoyenneté se prouvait essentiellement par témoignages. Il était recommandé de se faire établir, sous la forme de tablettes reliées entre elles par un fil robuste, un double de son acte de naissance. Transporter un document aussi volumineux n'était pas commode. On n'y trouve aucune allusion dans les Epîtres, pas davantage dans les Actes.

Le père de Paul a-t-il été le premier de sa famille doté de la citoyenneté romaine ? C'est peu probable : aurait-on attribué un honneur si recherché à des juifs tout juste émigrés de Palestine ? On peut croire, avec Jean-Robert Armogathe, que cette faveur elle-même démontre que les bénéficiaires devaient être installés à Tarse depuis plusieurs générations. Les parents de Paul ne sont donc pas venus de Gyscal. Paul est bien né à Tarse, ainsi qu'il l'a affirmé à Luc. « On ne voit pas pour quelle raison, constate Michel Trimaille, Luc aurait inventé de toutes pièces ce lieu d'origine. » Désolé pour Origène et saint Jérôme.

L'attribution de la citoyenneté tenait la plupart du temps à une opportunité politique saisie à temps. Lors du conflit sanglant qui a opposé Octave et Antoine à Brutus et Cassius,

Tarse s'est déclarée favorable à la cause des premiers. Ce qui, d'abord, lui a valu les foudres de Cassius, et quelles foudres ! Selon l'historien grec Appien, la ville a dû verser la « somme exorbitante » de mille cinq cents talents (un talent = 25,8 kilos d'argent) et mettre non seulement en vente tous les biens de la cité, mais — on en reste pantois — vendre aussi comme esclaves une grande partie de la population. Deuxième temps : ayant trouvé Tarse « exsangue et ruinée », Antoine la dispensera de toute contribution de guerre[1]. Vainqueur d'Antoine à Actium, Octave renchérira : il comblera la ville de ses bienfaits.

Au milieu des tumultes fréquents que signale Dion Cassius, il aura suffi qu'un juif tarsiote, déjà remarqué par son aisance, ait particulièrement soutenu le clan vainqueur pour que cette faveur se justifie.

Désormais, tout responsable administratif, à quelque niveau que ce soit, se doit de respecter un citoyen romain. La vie de Paul, à plusieurs reprises, en sera changée.

La famille s'est — apparemment sans effort — fondue au sein de cette Diaspora qui, depuis des temps reculés, a projeté les juifs loin de la Palestine : en Asie, en Europe, en Afrique. *Diaspora*, mot grec, signifie dispersion. Tous les juifs déportés par Nabuchodonosor en –586 n'ont pas profité de l'autorisation de rentrer chez eux accordée par Cyrus (–538) ; certains n'ont pas voulu renoncer aux affaires florissantes qu'ils avaient créées en Perse. En hellénisant le Moyen-Orient, Alexandre et ses successeurs favorisèrent les départs pour les régions où l'on parlait grec. L'Egypte, selon Philon, comptait à elle seule un million de juifs et Alexandrie était devenue la plus grande ville juive du monde. D'autres se sont fixés en Grèce, à Rome, ailleurs.

La première mention d'une communauté juive sur les bords du Tibre date de 139 av. J.-C. : le magistrat Cornelius

1. H.-D. Saffrey (les titres des ouvrages des auteurs cités en note figurent dans les *Sources*, en fin de volume).

Hispanus dénonce les rites et le culte susceptibles d'« infecter la morale romaine ». En 59 av. J.-C., Cicéron critique cette « superstition barbare » et, évoquant le procès du préfet Flaccus, s'étonne du grand nombre de juifs qui y assistent : « Tu sais quelle grosse foule ils sont, combien ils font corps ensemble, quelle influence ils ont dans les réunions [1]. » Au début du Ier siècle, sur les cinquante-cinq millions d'habitants de l'empire, on compte un million de juifs en Orient, le même nombre dans le reste du monde connu. Sous le règne d'Auguste, Strabon — toujours lui — souligne qu'au temps de Sylla (vers 85 av. J.-C.) ce peuple avait déjà « envahi toutes les cités », ajoutant que « l'on trouverait difficilement un endroit où ce peuple n'ait été accueilli et ne soit devenu le maître ». Vers la fin du Ier siècle, Flavius Josèphe affirme non sans fierté : « Il n'est pas de peuple au monde qui ne possède quelques éléments de notre race. » César se déclare l'ami des juifs. Auguste et Tibère sévissent quand il advient qu'on les moleste. Au Ier siècle, les juifs disposent dans l'Empire romain d'une juridiction propre — quoique limitée — et l'on admet leurs règles alimentaires. Ils sont dispensés du service dans l'armée, cela pour ne pas les obliger à rompre le sabbat. A Rome — sort unique —, ils sont autorisés à célébrer leur culte à condition d'y mettre les formes : on veut bien reconnaître aux sacrifices célébrés en l'honneur de Yahweh la valeur d'hommages à l'empereur-dieu. Mieux encore : un impôt annuel pour le Temple de Jérusalem est collecté dans toute la Diaspora et des ordonnances du temps d'Auguste autorisent les juifs à recueillir et acheminer cette contribution. Chacun y trouve son compte.

Grande question que celle des relations entre Israël et la Diaspora ! Elle se posait dans l'Antiquité — certains « vieux juifs » regardaient de haut les expatriés — et se pose toujours aujourd'hui. Pour l'aborder, Schalom Ben-Chorin, érudit juif du XXe siècle, a voulu mettre en parallèle le cas

1. *Pro Flacco* 28.

de Jésus et celui de Paul. Il voit en Jésus « un représentant typique du judaïsme palestinien » : on dirait aujourd'hui qu'il est un *Sabra*. Il ne parle que l'hébreu ou l'araméen ; la source de sa culture est la Bible hébraïque et il s'adresse aux seuls juifs. Ce n'est nullement le cas de Paul qui affirme s'être fait juif avec les juifs et grec avec les Grecs « afin de pouvoir être *tout à tous* ». Une telle démarche conduit Ben-Chorin à discerner en lui « l'attitude caractéristique du juif de la Diaspora, du *juif trait d'union*, du citoyen des deux mondes [ou peut-être serait-il plus exact de dire « des trois mondes »], le monde juif, le monde hellénistique et le monde romain ».

Confronté à la découverte de Jésus, Paul devra livrer un combat permanent pour la survie de son existence juive au sein du christianisme.

De ces juifs de Tarse au début de notre ère, que sait-on ? Fort nombreux, on ne les tient pas à l'écart ; aucun texte ne fait allusion à un quartier juif. Ils accèdent volontiers à l'administration de la cité qui les accueille sans réticence. Ils pratiquent librement leur religion dans une ville où abondent les cultes, en premier lieu celui — officiel — de Rome : dès la seconde année de son règne, l'empereur Auguste s'est fait dieu. En cette ville romaine de culture grecque, les temples voués aux dieux de l'Olympe occupent la première place mais les « religions à mystère » y ont aussi droit de cité. Nées en Anatolie avec Cybèle, en Thrace avec Dionysos, en Egypte avec Isis et Osiris, en Syrie avec Adonis, en Iran avec Mithra, elles excitent les sens par « l'émotion des symboles, l'ivresse des chants et les danses joyeuses des fêtes [1] ». Les zélateurs de Mithra s'inondent du sang d'un taureau encore palpitant, ceux d'Adonis s'autorisent en son temple à de voluptueuses étreintes. Un juif de la Diaspora est disposé à s'ouvrir aux subtilités de la philosophie grecque mais considère avec réprobation, quand ce n'est pas

1. Giuseppe Riccioti.

avec horreur, le spectacle des licences issues du paganisme. De cette impression qui suivra Saul toute sa vie, on trouve une trace explicite dans la lettre qu'il adressera bien plus tard à la jeune communauté chrétienne de Rome : « Ils se sont fourvoyés dans leurs vains raisonnements et leur cœur insensé est devenu la proie des ténèbres : se prétendant sages, ils sont devenus fous ; ils ont troqué la gloire du Dieu incorruptible contre des images représentant l'homme corruptible, des oiseaux, des quadrupèdes, des reptiles. C'est pourquoi Dieu les a livrés, par les convoitises de leurs cœurs, à l'impureté où ils avilissent eux-mêmes leurs propres corps[1]. » Eclairant.

De l'enfance de Jésus, on sait au moins qu'il « progressait en sagesse et en taille » et qu'il était « soumis à ses parents »[2]. De Saul, rien. Par chance, la vie d'un enfant juif de ce temps ressemblait à toutes les autres. Nous sommes libres de voir Saul fragile et vagissant, surgi du ventre de sa mère assise dans un « siège à accoucher » et assistée de sages-femmes. Les félicitations pleuvent : *Dieu soit loué !* Un garçon, cela veut dire que le Très-Haut a béni la demeure. Gageons que, pour la naissance de la sœur du bébé, l'expression de la joie est demeurée plus feutrée[3]. On lit dans le Talmud : « Faux trésor que les filles ! Et puis, on est obligé de les surveiller tout le temps ! »

Les Ecritures font remonter à Abraham la pratique de la circoncision d'un garçon huit jours après sa naissance : « Vous devez circoncire la chair de votre prépuce, ce qui deviendra le signe de l'Alliance entre moi et vous. Seront circoncis, à l'âge de huit jours, tous vos mâles de chaque génération, ainsi que les esclaves nés dans la maison ou acquis à prix d'argent d'origine étrangère, quelle qu'elle soit. » Au Ier siècle, dans chaque communauté, un spécialiste

1. Rm I, 21 à 24.
2. Lc II, 51 et 52.
3. Saul avait au moins une sœur, mariée, peut-être un frère appelé par lui Rufus mais qui, dans le contexte des Epîtres, semble plutôt avoir été frère d'adoption.

— le *Mohel* — y procède selon une méthode explicite : « Pratiquer l'incision, déchirer la membrane, sucer le sang et mettre sur la plaie un emplâtre d'huile, de vin et de cumin. »

Le prénom reçu au jour de la circoncision — *Shaoul* — rappelle le premier roi d'Israël, incontestable grand homme de la tribu de Benjamin. On en fera Saul, *Saoulos* en grec, beaucoup plus tard Paul. Dès que le petit garçon est en âge de parler, son père commence par lui enseigner les Dix Commandements. Le chef de famille se drape alors dans un châle de prière blanc bordé de bleu, le *taliss* : le blanc et le bleu sont aujourd'hui les couleurs de l'Etat d'Israël. Chaque jour, le petit doit répéter les mêmes versets : « Béni sois-tu, Adonaï, Dieu d'Abraham et Dieu d'Isaac et Dieu de Jacob, Dieu très grand, auteur du ciel et de la terre, notre bouclier et le bouclier de nos pères, notre confiance de génération en génération. » Chaque jour, les mêmes mots, la même forme, le même rythme, la même beauté. La présence de Yahweh submerge l'enfant.

A cinq ans — grande nouveauté — Saul découvre l'école. Je le regarde, trottinant dans une tunique qui lui bat les genoux, cependant que de petites tresses de cheveux dansent sur ses tempes, obligation née d'un texte du Pentateuque : « Ne taillez pas en rond le bord de votre chevelure[1]. » Pas de pupitre. On écrit sur ses genoux. Chaque école juive possède un texte de la Torah consigné dans des rouleaux de parchemin. Se balançant d'avant en arrière, les enfants en récitent les pages d'une voix si forte qu'elle se change parfois en clameur. Cette mémorisation leur permettra, jusqu'à la mort, de connaître parfaitement des règles dont l'oubli signifierait une faute grave.

Paul a-t-il fréquenté une école grecque ? La tradition n'y incitait pas sa famille. Il a étudié dans une école juive, mais en grec. En Palestine, depuis le IVe siècle av. J.-C., l'araméen est devenu la langue véhiculaire au détriment de l'hébreu.

1. Lv XIX, 27.

Dans la Diaspora, l'enseignement que dispensent les synagogues se fait en grec. Les textes sacrés sont appris en grec, ce qui n'exclut pas une première lecture en hébreu. Paul a découvert la Bible dans la version dite « des Septante », version grecque composée au IIIe siècle avant notre ère à Alexandrie. Tout démontre en effet que sa culture religieuse en est issue. Les exégètes — auxquels il est impossible de rien cacher — y ont décelé le mot « péché » dans la signification que Paul lui donnera, ainsi que les expressions « héritage divin » ou « passage sur terre ». Les premiers concepts théologiques chrétiens sur le Dieu unique, sur sa Parole — *logos*, le Verbe — et l'aspiration à une Eglise universelle « prennent appui sur des formules de la Septante [1] ».

Autre trait qui pèsera fortement sur ses options futures : son appartenance au pharisianisme. *Pharisien, fils de pharisien*. Pour comprendre le judaïsme du Ier siècle, il faut encore se rapporter à Flavius Josèphe qui distingue, depuis le temps de Jonathan (vers –160), des « philosophies » ou sectes « qui pensaient différemment des choses humaines. On les nommait les pharisiens, les sadducéens, les esséniens ». Les sadducéens se targuent de leur descendance de la famille aaronite. Sorte d'aristocratie attachée au Temple, ils sont proches du pouvoir romain et la majorité des grands prêtres en font partie. « Les pharisiens, dit encore Flavius Josèphe, ont imposé au peuple, comme venant de la succession des pères, des points de droit qui ne sont pas inscrits dans les lois de Moïse et que la secte des sadducéens rejette pour cela même, disant qu'il ne faut tenir pour légal que ce qui est écrit, et que l'on n'est pas obligé d'observer ce qui vient de la tradition des pères. » D'évidence, Flavius Josèphe ne ressent aucune estime à l'égard des sadducéens « n'ayant convaincu que les riches sans réussir à se faire suivre du populaire ». Ce n'est pas — bien au contraire — le cas des pharisiens. « Ils ont tant d'autorité sur la foule qu'on les croit aussitôt, même lorsqu'ils parlent contre le roi et le

1. Marguerite Harl et Cécile Dogniez.

grand prêtre. » Quand on lit Flavius Josèphe — sans lui manquerait l'explication de pans entiers de la société dans laquelle a vécu Paul —, on ne doute pas que ses préférés aient été les esséniens. Il leur accorde plus de place qu'aux deux autres réunis.

Aujourd'hui encore, nous restons perplexes devant l'obligation de respecter six cent treize commandements qui pesait sur les pharisiens. Ce n'est pas une raison pour méconnaître la revendication constante qu'ils expriment en ce temps-là : ils veulent considérer la Loi comme un instrument plutôt qu'une contrainte et répètent qu'elle ne doit pas rester l'apanage des seuls prêtres : chacun, par soi-même, peut prétendre à la sainteté. Les pharisiens cherchent à se libérer du parti sacerdotal, des rois Hérode hellénisés et des prêtres sadducéens engoncés dans leur suffisance. Ils se veulent « justes, purs », savants en la Loi. Ils se tiennent près du peuple, ouvrent des écoles, accueillent les malades et les pauvres. A l'inverse des sadducéens qui nient la survie de l'âme, ils croient à la résurrection des morts. Les chrétiens seront-ils si différents ?

En se rapportant à ce que nous savons de Saul à l'âge adulte, on est tenté de lui attribuer, dès l'enfance, un caractère difficile, voire une tendance à la rébellion. Dans la mesure cependant où un jeune « râleur » n'était pas réduit rapidement au silence par l'autorité absolue d'un chef de famille juif et par les punitions corporelles qui en découlaient. Si nous sommes disposés à le croire pieux, c'est du fait de son appartenance au pharisaïsme. C'est aussi parce que la journée d'un juif — grand ou petit — se situe totalement sous le signe de la prière.

Dès que le soleil est levé, Saul se tourne dans la direction du Temple de Jérusalem — chaque juif la connaît — et prononce sa première prière : « Ecoute Israël, notre Dieu est le vrai Dieu, le Dieu unique. » Trois fois au moins — le matin, l'après-midi, le soir —, il remercie Dieu pour les faveurs que celui-ci lui accorde. Chaque jour, il s'efforce de prononcer le plus grand nombre de « bénédictions ». Impossible, bien sûr, de savoir si Saul enfant s'est volontiers — ou non — plié à ce rituel. Il est exclu qu'il ne se rende pas chaque semaine à la synagogue avec ses parents pour célébrer le sabbat.

S'interdira-t-on de prêter à Saul de ces élans qui vous précipitent à l'improviste, cœur battant, souffle coupé, vers ce Dieu dont on ressent soudain la présence absolue ?

Traditionnellement, les juifs aisés de la Diaspora font éduquer leur progéniture en plusieurs idiomes. Pour Saul, deux langues d'enfance : l'hébreu, apprise d'obligation, et le grec, sa langue maternelle, bien nommée en l'occurrence : on la reçoit sur les genoux de sa mère. Celle que l'on parle dans la majeure partie de l'empire est la *koiné* (« commune ») : le grec que chacun comprend. Les Actes des Apôtres admettent qu'il savait aussi l'araméen[1] mais lui-même n'utilise, dans ses Epîtres, que de rares mots dans cette langue — *abba* ou *maranatha* —, qui appartiennent au fonds traditionnel des premiers chrétiens. On ne trouve aucun texte de lui en latin mais nous devons nous souvenir qu'il habite une ville où tout ce qui est officiel est romain : pouvoir, armée, police. Chacun doit donc se « débrouiller » — au moins — dans la langue de l'administration laquelle, d'ailleurs, se voit souvent obligée d'user du grec pour se faire comprendre. Belle revanche de la patrie de Socrate sur les conquérants romains !

Les lettres de Paul — les fameuses Epîtres — sont toutes écrites en grec. Il a lu les bons auteurs puisqu'il les cite : le poète athénien Ménandre, le poète crétois Epiménide, le stoïcien Arathos. Les puristes ont scruté ses textes à la loupe : on y décèle des familiarités, des néologismes — les mêmes souvent que ceux de Cicéron ! —, mais aucune de ces affectations qui révèlent une langue apprise avec effort. Le grec de Paul coule de source.

---

1. Actes XXI, 40 ; XXII, 2.

De sa demeure dont nous ignorons tout — probablement l'une de ces maisons cubiques entourées de jardins qui abondaient en Orient —, nous restons libres d'imaginer l'odeur de la cuisine dont s'enchante un enfant juif revenant de l'école : celle du pain chaud sorti du four, nourriture essentielle des juifs de Palestine et de la Diaspora [1] ; celle du poisson que l'on grille. Sur un feu de bois, un agneau tourne sur sa broche. Une esclave plume des pigeons pour le repas du soir. Des légumes cuisent dans l'huile d'olive : concombres, fèves, lentilles. Comment Saul ne se délecterait-il pas de la gourmandise suprême : les sauterelles dont, selon un traité de l'époque, il existe huit cents espèces comestibles et que l'on mange cuites à l'eau et au sel, comme aujourd'hui les crevettes ? Tous ces mets à ce point assaisonnés — câpres, cumin, safran, coriandre, menthe, aneth — que cela emporte la bouche. Délicieusement.

Saul n'a pu ignorer les interdits : le porc honni, le lièvre condamné, les autres animaux tolérés seulement s'ils ont été saignés. Ses parents n'ont pas manqué de lui en livrer l'explication : « L'âme de toute chair est le sang. » On serait en grand péril si l'on absorbait l'âme d'une bête.

Dans ses lettres, Paul évoque le métier que, même au plus fort de son apostolat, il ne cessera jamais d'exercer : *skenopoios*. Le mot peut se traduire par « fabricant de tentes » ou par « tisserand d'étoffes pour tentes ». La tradition pharisienne prescrit à un père d'enseigner à son fils une activité manuelle [2]. De qui Saul aurait-il appris son métier sinon de son père ? Le biographe devra le voir réservant chaque jour, dans son emploi du temps, une plage à l'atelier au milieu des compagnons qui l'initient aux secrets de leur technique et — pourquoi pas ? — de leur art. Il évoquera aussi un père vigilant veillant de loin à cette initiation. Il fait penser, ce père, à l'un de ces notables juifs de la Diaspora dont on trouve maint exemple autour de la Méditerranée. La prospé-

1. En hébreu, « manger du pain » est l'équivalent de « prendre un repas ».
2. « Il est bon d'étudier la Loi tout en vaquant à une profession. » (Rabbin Gamaliel : *Mischna Awot.*)

rité de Tarse est née des métiers du textile. Outre les étoffes brodées et les fins linons, les rudes tissus en poils de chèvre sont l'une des spécialités de la Cilicie[1]. Au reste, la société antique suscite un besoin prioritaire de tentes. Il en faut dans toutes les circonstances de la vie : de l'abri pour une seule personne et des bâches pour chariots et bateaux, jusqu'aux immenses tentes d'apparat analogues à nos chapiteaux et qui peuvent abriter jusqu'à quatre cents personnes. Le marché est immense. Les fabricants de tentes sont légion et, selon Dion Cassius, leur nombre même suscite des débats contradictoires : « On dit qu'ils deviennent trop nombreux et on les veut responsables de troubles et de désordres. Et puis de nouveau on les traite comme partie intégrante de l'Etat et on les respecte. »

Lors de ses voyages missionnaires, Paul entrera souvent en relation avec des artisans et des commerçants du textile : Lydie, marchande de pourpre à Philippes, des tisserands à Corinthe, des teinturiers ou des négociants en laine à Ephèse. Quand il commencera à évangéliser la Lycaonie, il empruntera — comme par une sorte de réflexe — la route parcourue traditionnellement par les commerçants de Tarse allant acheter la laine des chèvres du Taurus.

On ne peut échapper à l'image de l'enfant Saul promenant sa curiosité dans l'atelier où s'affairent les ouvriers de son père. Le tissu a une odeur, surtout quand il est constitué de poils de chèvre. Saul ne l'oubliera pas. On coupe, on coud, on assemble. Si l'on travaille aussi le cuir, une autre odeur surgit. Pour qui a parcouru l'Orient, il est exclu que ces travailleurs manuels aient œuvré en silence : apostrophes en tout genre, répliques qui déclenchent le rire, chants à tue-tête pour célébrer le soleil, le vent, la mer et — nécessairement — l'amour.

Lorsque les tentes sont acheminées jusqu'aux bateaux qui les emporteront, sans doute Saul court-il derrière les chariots — quel enfant ne l'a fait ? — et aide-t-il de ses jeunes forces à entasser les ballots sur les quais.

---

1. De là viennent les *cilices* que certains mystiques chrétiens porteront à même la peau pour la meurtrir.

Un élève brillant, Saul ? Sûrement. Sans cela le père n'en serait pas venu à rassembler la famille pour lui annoncer que son fils, ayant appris de sa religion tout ce que Tarse pouvait enseigner, irait désormais poursuivre ses études à Jérusalem, ville phare du judaïsme.

Je la vois, cette famille juive, écoutant en silence l'exposé magistral de son chef. Personne ne bronche, pas même la mère malgré les larmes probables qu'elle ne parvient pas à réprimer. Le choix de Jérusalem ne peut étonner mais à coup sûr impressionne : un adolescent qui gagne la ville de David n'est pas seulement un étudiant mais un pèlerin. *'Aliya* est le terme hébreu pour évoquer cette « montée ».

Au fait, quel âge a-t-il, Saul ? Luc nous dit qu'il est arrivé à Jérusalem « dès sa prime jeunesse[1] ». Qu'est-ce que la prime jeunesse ? La tradition nous fournit un élément d'appréciation quand elle définit les étapes du rabbinat : un jeune juif franchit à cinq ans celle de la Bible ; à dix ans, celle de la Mischna ; à treize, la pratique des commandements ; à quinze, le Talmud ; à dix-huit, les noces.

Imagine-t-on un Saul marié au moment de s'en aller étudier à Jérusalem ? La logique nous ramène à « la prime jeunesse » et l'on penchera pour l'âge de quinze ans. Par voie de conséquence, on retiendra l'an 23 pour un départ probable de Tarse.

Il y a neuf ans que l'empereur Auguste est mort et que règne Tibère. Cette année-là, un certain Jésus — *Yeshu'a* — travaille le bois à Nazareth, village si obscur que nul contemporain n'en mentionne l'existence. Il doit avoir dans les vingt-sept ans.

A l'instant où le jeune Saul s'élance vers son destin, tout devrait nous convaincre que l'habite une flamme ardente et

1. Actes XXVI, 4.

qu'une force mystérieuse le pousse. Cessons de rêver. Nous ne savons rien de ce qu'il est, rien de ce qu'il éprouve. Rien de ce qu'il pense.

CHAPITRE II

La pierre angulaire

A sa gauche, le Taurus. A sa droite, la mer. Tant qu'il cheminera vers Adana, Saul se sentira en Cilicie. Chez lui.

Il s'est mis en route un dimanche matin, précaution à laquelle un juif ne manque jamais et qui permet de voyager six jours entiers avant de s'arrêter lors du prochain sabbat. Déjà sa besace lui scie l'épaule : il suffit d'une demi-journée de marche pour que tous les voyageurs se reprochent de l'avoir trop chargée. On est sûr qu'aux vêtements indispensables, il aura ajouté les babioles auxquelles tiennent tant les garçons de quinze ans. Voyage-t-il l'hiver ? Il enveloppe d'un manteau, simple pièce d'étoffe percée d'un trou pour la tête, son *chalouk*, tunique de laine qui flotte assez bas sur les genoux sans jamais rejoindre le sol. Pour ne pas être gêné, on la remonte dans la ceinture. Voyage-t-il l'été ? Il roule le manteau dans sa besace. Regrette-t-il de n'avoir pas emprunté l'un de ces bateaux qui, régulièrement, partent de Tarse pour Césarée Maritime ? On peut parier que non. Je n'imagine pas que son père ait songé à lui accorder cette facilité : *'Aliya* oblige.

Où que l'on circule en ce temps, c'est une plainte continuelle : fondrières où se brisent les voitures, routes inondées, boue dans laquelle on glisse et parfois s'engloutit, chutes dans les gouffres, tracé mal défini des chemins, balourdise des guides, danger des brigands et des bêtes féroces, nocivité des « eaux mortelles », tourments causés par les moustiques dont on pressent que les piqûres peuvent propager les épidémies : Pline invite à s'en défendre par des fumigations. A quoi il faut ajouter la barrière des langues, les gîtes d'étape où l'on vous gruge et où l'on ne trouve jamais de place, ceux qui sont d'une saleté si repoussante ou d'un tel inconfort qu'on les fuit. Saul découvre tout cela. Sans joie, nécessairement.

Quittant Adana pour Antioche, il emprunte le pont colossal — trois cent dix mètres de long — jeté par les Romains sur chacune des deux branches de l'embouchure de la rivière Sarus. Deux mille ans après, quatorze arches subsistent des vingt-quatre d'origine.

A-t-il conscience du passé des lieux dans lesquels il s'engage ? Sûrement non. Pour lui, l'histoire se résume à la Bible. Le premier des juifs est Abraham. Il en connaît la vie par cœur mais est incapable de la dater et, d'ailleurs, il n'y pense pas. Cette Syrie où il pénètre, comment saurait-il que les rois d'Ebla y ont établi vingt siècles plus tôt un empire : le plus ancien d'Asie ? Comme il est question des Assyriens dans la Bible, Saul sait qu'ils ont soumis définitivement la région, qu'ils en ont détruit les villes et déporté les habitants. Le nom d'Alexandre lui dit quelque chose parce que ce conquérant était grec et qu'on le célébrait à Tarse. Qu'il y ait eu de nombreux rois juifs, il le croit fermement puisque la Bible les nomme.

La Bible ne faisant pas mention d'autres rois plus récents, il n'aura retenu que le nom d'Hérode Ier qui a résonné jusqu'en Cilicie et que certains appellent le Grand. Cet Hérode-là tenait sa couronne des Romains. Son royaume, à sa mort — il y a plus de vingt ans —, a été partagé entre ses trois fils. Chacun d'eux, au gré de la faveur romaine, n'en a obtenu que des bribes. Désormais, les Romains règnent en maîtres à Jérusalem. Un procurateur — ou préfet — exerce le pouvoir au nom de l'empereur. Saul connaît-il le nom de Pompée ? Peut-être, parce que tout le mal vient de là : c'est en 63 avant notre ère que le rival de César, après être venu à bout des pirates qui infestaient la Méditerranée, s'est attaqué aux rois qui régnaient sur l'Asie Mineure et les a battus. Il a fait de la Syrie une province romaine. Quand il s'en est pris à la Palestine, il a découvert un pays déchiré par une guerre civile : plusieurs princes se disputaient le pouvoir. Voilà qui a fait l'affaire du Romain qui a mis le siège devant Jérusalem, s'en est emparé, a pénétré dans le Temple et — ô sacrilège — en a violé le sanctuaire. On a dû raconter cela à Saul, mais — il a quinze ans — s'en souvient-il ?

Chaque voyageur cherche à se mêler à d'autres avec lesquels on est content de faire un bout de chemin. On apprend toujours quelque chose des habitués du parcours. Ils vous délivrent des conseils pratiques sur l'état de la route, les embûches à éviter, les périls dont il faut se protéger.

Tout à coup, devant lui, c'est l'éblouissement. Antioche ! Jamais cet adolescent, si fier de sa ville natale, n'aurait pu concevoir qu'il existât une telle cité. Imaginez-la s'étendant entre l'Oronte et les pentes du Silpios, traversée de part en part par une avenue de quatre kilomètres de long bordée de portiques, avec des rues innombrables serpentant entre des collines, des vallonnements, des ravins, des torrents, des rochers, des cascades, des grottes, des jardins. Flavius Josèphe tranche : Antioche, métropole grecque implantée en Orient, est la troisième ville du monde après Rome et Alexandrie. Je vois Saul extasié devant le théâtre taillé dans le roc même du Silpios, devant le cirque long de deux cents mètres, le forum immense et, édifié sur une île de l'Oronte, le palais impérial.

Cinq cent mille habitants ! Saul se perd dans une cohue de gens toujours pressés et — en apparence du moins — enchantés de vivre. Le rhéteur Libanios montrera Antioche comme la Ville Lumière par excellence : « Le soleil est relayé durant la nuit par d'autres lumières. La nuit et le jour ne diffèrent chez nous que par le mode d'éclairage. Les travailleurs zélés s'aperçoivent à peine de la différence et continuent allégrement à forger ; et quiconque le désire, peut chanter et danser toute la nuit, de sorte qu'Héphaïstos et Aphrodite en partagent les heures. »

Saul doit choisir son chemin : continuer vers l'est pour rejoindre la piste transjordanienne — amorce d'une future voie romaine — ou obliquer vers le sud. Je gage qu'il a préféré le sud. Parallèlement à la Méditerranée, court une piste ouverte par les Egyptiens vers 2000 av. J.-C. D'abord conçue pour le transport à dos d'âne ou de mule, elle s'est trouvée plus tard empruntée par de lourds chariots de bois tirés par des onagres et, quand les chameaux ont été importés de Mongolie, par les caravanes. C'est dire qu'une piste aussi fréquentée est praticable aux piétons. Elle porte un nom propre à susciter les rêves d'un jeune garçon : le *Chemin de la Mer*.

Au sortir d'Antioche, Saul sait déjà qu'il devra patienter dans l'attente d'un convoi ou d'une caravane. Voyager autrement serait folie : on serait la proie des brigands prêts à vous dépouiller et, pour faire cesser vos cris, à vous égorger. Ramassis de mendiants professionnels, de soldats déserteurs, d'esclaves en fuite, voler leur est devenu une habitude telle que « s'ils ne peuvent piller autrui, écrit drôlement l'inévitable Flavius Josèphe, ils se pillent entre eux ». Sur cette piste, des caravanes s'engagent en permanence dans les deux sens. Il suffit, pour avoir le droit de s'y mêler, d'indemniser le chef. Saul l'a fait.

A la monotonie, voire l'ennui, qui menacent, deux antidotes : le jeune pharisien ne peut transgresser les obligations de prières apprises dès son enfance. Elles l'entraînent à se réfugier dans la pensée du Créateur de toutes choses. Second dérivatif : la curiosité dont on est dévoré à quinze ans et les émerveillements qui surgissent d'une étape à l'autre.

La besace de Saul s'alourdit, ses jambes lui pèsent de plus en plus douloureusement. Voici, à quatre ou cinq jours de marche d'Antioche, le site de Laodicée (aujourd'hui Lattaquié), célèbre pour la fécondité de ses cultures ; quelques jours encore et la piste longe cette rivière Adonis qui, à l'époque des pluies, charrie une étrange couleur rouge vif née du minerai de fer qui lui sert de lit. Plus loin, la montagne plonge à pic dans la mer et il faut s'engager dans un tunnel dont la percée a demandé, bien longtemps avant les Romains, un labeur surhumain. Ces souterrains, relativement nombreux à l'époque, Sénèque les a détestés : « Rien de plus long que cette prison, rien de plus obscur que ces torchères dont l'effet est, non pas de nous faire voir dans les ténèbres, mais de se faire voir elles seules. » Saul a dû comme lui se plaindre de la poussière : « Elle fait des tourbillons sur elle-même... et retombe sur ceux qui l'ont remuée[1]. » Voici Byblos et son port phénicien largement ouvert sur la mer. Voici Bérytus (Beyrouth), tellement appréciée pour son climat que l'empereur Auguste lui a attribué le nom de sa fille chérie : Julia Augusta Felix. Voici Tyr, l'illustre, qu'arrosent les rivières de l'Anti-Liban. Tout s'y croise de ce que l'on importe ou exporte : l'argent, le fer, le blé de Syrie, les chevaux d'Arménie, l'étain de Cornouaille, le plomb d'Espagne, le cuivre de Cilicie. Merveilleux embarras du choix qui, hélas, ne concerne en rien Saul. A Césarée Maritime, port édifié par le roi Hérode le Grand, on quitte la Méditerranée pour s'enfoncer à l'est vers Jérusalem. Il reste une soixantaine de kilomètres à parcourir. Deux journées de marche. Quand Paul parviendra au but, il aura, de Tarse à Jérusalem, parcouru sept cent cinquante kilomètres.

Aucune région du monde, au XXIe siècle, ne nous est autant présente à l'esprit que celle-ci. Ces Arabes et ces Israéliens qui se déchirent et s'entretuent nous ont reconduits tout droit à l'Ancien et au Nouveau Testament. Les noms de Jérusalem, Gaza, Hébron sont familiers à nos enfants. Les affrontements d'aujourd'hui jalonnent aussi bien les parcours du roi David que ceux de Jésus. Je pense à Paul Dreyfus, grand reporter, qui eut à « couvrir » la guerre des Six Jours. C'est en cherchant, pour son journal, à compter les chars anéantis et les avions abattus qu'il s'est senti entraîné vers un passé où l'on s'était affronté avec autant de violence. Dès lors, il s'est acharné à trouver des « témoins » disparus

1. Cité par Jean-Marie André et Marie-Françoise Baslez.

depuis deux mille ans. Parmi ceux-ci, Paul de Tarse l'a frappé plus fort que tous les autres parce que lui aussi avait erré entre deux camps. Cependant que les balles sifflaient autour de lui, il a décidé de consacrer sa vie à retracer son itinéraire. Je lui dois beaucoup.

Il est là, sous nos yeux, le jeune Saul. Il quitte le *Chemin de la Mer* pour s'enfoncer dans la plaine de Sharon dont les champs de blé, les oliviers aux branches alourdies et les vignes offertes crient l'opulence. Il s'élève au flanc des premières collines, ces monts de Judée couverts de chênes et de térébinthes, de genévriers et de cyprès. Peu à peu, les pentes se dénudent, la roche l'emporte. Il oublie toute fatigue, Saul, car le but est proche. En même temps il s'étonne : à Tarse, il chantait la gloire de Jérusalem sans songer un instant que la ville de David pût se trouver en pleine montagne.

Au détour d'un chemin, voici, « perchée entre ciel et terre », la ville sacrée.

Qui pourra oublier sa première vision de Jérusalem ? La mienne, tant rêvée, fut parfaitement insolite. Quelques jours avant Noël 1965, après avoir survolé les sables de Jordanie, un avion épuisé par les ans déversa sur l'aéroport d'Amman, en fin de journée, un petit groupe de Français résolus à tout braver pour assister à la messe de minuit dans la basilique de Bethléem. Quelques soldats jordaniens vêtus d'uniformes de coupe très *british* nous poussèrent, plutôt cordialement, dans un autobus. L'entretien de la route souffrait visiblement d'une absence de crédits. Agrippés aux accoudoirs, nous fixions obstinément le pare-brise dans l'espoir, à chaque virage, que surgiraient devant nous les remparts espérés. Il faisait encore jour. La plupart d'entre nous n'avaient jamais vu Jérusalem.

Nous sommes entrés dans la ville sans le savoir. La nuit était tombée d'un seul coup. L'éclairage urbain, lui aussi, manquait de moyens. Pas un croissant de lune, pas une seule étoile pour nous permettre de discerner au moins l'apparence d'une église, l'ombre d'une synagogue ou ce qui eût ressemblé à un minaret. Surgissant tout à coup dans la lumière des phares, tout ce que nous avons aperçu fut une patrouille de la Légion arabe qui défilait au pas cadencé. On nous fit descendre et, ayant récupéré nos bagages, on nous poussa dans un bâtiment où — enfin — nous attendait de la lumière. En ouvrant la porte, des religieuses manifestaient cet étonnement souriant que l'on réserve aux gens de la famille revenus d'une longue aventure.

Nous étions dans une école dont les élèves, pour cause de vacances, avaient déserté les chambres. Aux premières lueurs du jour, j'étais debout devant la fenêtre ouverte, découvrant pour la première fois une rue de Jérusalem. Il s'agissait de la partie arabe de cette ville coupée en deux depuis le jour où l'armée israélienne avait admis qu'elle ne pourrait venir à bout des soldats de Glubb Pacha. L'armistice du 3 avril 1949 avait fait surgir, au milieu de la cité, un mur quasiment infranchissable, barbelés doublés de mines, couloir criblé de chicanes, guetteurs armés placés de loin en loin. Pour découvrir la ville israélienne — j'y tenais —, il m'a fallu grimper sur une colline d'où l'on devinait, de l'autre côté, une activité intense. Le tintamarre des chantiers, le bruit des moteurs et des klaxons nous ramenaient à notre propre silence.

Je l'ai aimé, ce silence. Soutenu par le spectacle des remparts crénelés édifiés par les croisés et les mameluks, je me retrouvais dans la ville où Joseph et Marie avaient porté au Temple, pour qu'il fût présenté au Seigneur, le bébé Jésus ; où, son parcours accompli, le même était mort cloué sur une croix. Tôt le matin, je me voyais presque seul dans les ruelles qui n'avaient guère changé depuis deux mille ans. Parfois, des guides jordaniens commentaient à notre intention — et en français — les textes de la Bible et de l'Evangile. Les archéologues n'avaient pas encore démontré que la *Via dolorosa* n'était pas la *Via dolorosa*. Les boutiquiers musulmans vendaient avec conviction des chapelets et des « croix de Jésus ». Dans le sous-sol d'un couvent — la ville en regorgeait —, on me montra le dallage de la cour où

Jésus avait attendu son sort inéluctable, cependant que les soldats romains le surveillaient en jouant aux dés : on me le « prouva » en me désignant, gravé dans la pierre du pavement, un échiquier.

L'esplanade des mosquées ! Le mont des Oliviers ! Je n'ai rien oublié. A Bethléem, nous l'avons eue, notre messe de minuit. Attirée davantage par la curiosité que par la piété, une foule s'écrasait dans la nef. A l'élévation, les soldats du roi Hussein présentèrent les armes. De toute l'assemblée hétéroclite, ils nous ont paru les plus recueillis.

Comment imaginer Saul devant les murs de Jérusalem ? Imprégné comme il l'est de la Loi, abreuvé de l'histoire d'Israël, de ses prophètes, de ses rois, de ses héros, on voudrait le voir éclater en sanglots et tomber à genoux. Une telle vision risque d'être bien romanesque. Paul de Tarse ne fut jamais un sentimental.

De la ville de David, les rabbis gonflés d'orgueil ne cessent de répéter : « Celui qui n'a pas vu Jérusalem n'a jamais vu une belle cité. » La remarque méprisante de Cicéron — Jérusalem n'est qu'une « bicoque » — n'est nullement confirmée par les contemporains. Outre les adductions d'eau dont la cité manquait cruellement, Hérode le Grand l'a dotée de la forteresse Antonia qui, de ses tours massives, dominait l'esplanade du Temple, du palais royal autour duquel, dans la ville haute, s'agglutinaient les demeures des riches et des courtisans, des tours de Mariamne, d'Hippicus, de Pharaël. Cette ville imprenable était tout entière bâtie, y compris la muraille longue de quatre kilomètres et demi qui l'encerclait, de la même pierre coquille d'œuf tirée des collines environnantes.

Parmi les portes fortifiées, laquelle Saul a-t-il choisie ? Celle de l'Ouest, appelée aussi porte des Jardins ? Dans ce cas, l'ayant franchie, il aura tâtonné dans un lacis serré de rues, de ruelles, de venelles, si étroites souvent que deux ânes bâtés ne pouvaient s'y croiser. Aucune symétrie, aucune perspective, des demeures totalement disparates : si celles des riches bénéficiaient de toits de tuiles, celles des pauvres — infiniment plus nombreuses — se contentaient d'une couverture de roseaux enrobés de terre séchée. Partout des synagogues. Il faudra du temps à Saul pour les dénombrer : quatre cent quatre-vingts, une pour cinquante-deux habitants ! Rien de tout cela ne comptera plus quand il aura découvert le Temple.

Aurions-nous gardé le souvenir de la Jérusalem d'Hérode si celui-ci n'avait juré — pari grandiose — d'édifier là *son* chef-d'œuvre ? Le jour où, en 20 avant notre ère, il a posé la première pierre du Temple, ce roi sanguinaire a mérité son qualificatif de « Grand ». Quand Saul y pénètre, les travaux ne sont pas achevés. Depuis plus de quarante-trois ans, sous le contrôle de mille prêtres, dix mille ouvriers participent à l'entreprise pharaonique. Dans l'enceinte — 491 mètres de longueur sur 310 de large — érigée à l'endroit où s'élevait le Temple de Salomon, que de merveilles ! D'énormes murs, plantés dans la terre de la même colline, soutiennent l'ensemble[1]. Chacun de ceux qui franchissent l'une des huit portes monumentales est saisi par la vision d'une sorte d'espalier gigantesque. Les parvis s'enchaînent à la suite des uns des autres : celui des gentils — les non-juifs — où ceux-ci peuvent accéder et où se rencontre, flâne, pérore, commerce la population de la ville ; le parvis des femmes ; le parvis des hommes ; le parvis des prêtres. Au-delà, l'autel des holocaustes ; plus loin, le Sanctuaire et — apothéose — le Saint des Saints dans lequel le grand prêtre seul a le droit de pénétrer.

Bois, pierres, marbre, métaux précieux : tout se conjugue pour éblouir. Des premières lueurs du jour jusqu'au soleil couchant, des milliers de gens s'y côtoient : juifs pieux avides de prier ou curieux impatients de découvrir. Lorsque vient l'époque des grandes fêtes religieuses — celles surtout de la Pâque et des Tentes —, des pèlerins en foule accourent en ce lieu de la Diaspora entière sans que l'on comprenne

1. Un fragment en existe encore aujourd'hui : le Mur des Lamentations.

trop aujourd'hui comment tant de monde pouvait y tenir. Flavius Josèphe affirme que, lors d'une seule année, 250 600 agneaux ont été immolés, ce qui, à raison d'un animal pour dix pèlerins — et même s'il exagère —, correspondrait à deux millions de juifs. Tout cela se mêle, se coudoie, se bouscule, tenues et couleurs juxtaposées : celles, modestes, des juifs de Palestine, celles, bariolées, de la Diaspora : akals noirs et rouges, voiles blancs, jaunes ou rayés de bandes multicolores.

Unique.

Dans cette cité qui a dû angoisser l'adolescent parce qu'elle lui est inconnue — souvenons-nous de nos quinze ans —, l'attend-on ? On n'imagine guère le père fabricant de tentes lâcher son rejeton dans la nature sans avoir prévu pour lui un asile. La sœur de Paul habite Jérusalem. Nous savons qu'elle a un fils qui, le moment venu, volera au secours de son oncle en danger. Comment douter qu'elle n'ait accueilli son frère, au moins jusqu'au moment où il ira prendre pension chez le professeur qui l'attend ? Non sans émotion, Saul — devenu Paul — évoquera plus tard ses années d'apprentissage : « C'est ici, dans cette ville, que j'ai été élevé et que j'ai reçu aux pieds de Gamaliel une formation strictement conforme à la Loi de nos pères [1]. »

Une des figures les plus respectées du rabbinat de ce temps, ce Gamaliel, un pharisien en qui l'auteur des Actes des Apôtres voit « un docteur de la Loi estimé de tout le peuple [2] ». A ce point d'ailleurs que la tradition juive l'a désigné par le mot *rabban* qui suggère une idée plus forte que rabbin ou rabbi [3]. Son grand-père, Hillel l'Ancien, est connu pour avoir fondé à Jérusalem une académie dont le libéralisme est resté fameux. Les lettres de Gamaliel qui circulent jusqu'en Cilicie répandent un mode de pensée associant souvent la Loi juive et la philosophie grecque,

1. Actes XXII, 3.
2. Actes V, 34.
3. Marcel Simon.

coexistence moins surprenante qu'il n'y peut paraître. A l'époque des Maccabées, des juifs se réclamaient déjà d'une parenté avec Sparte. Les rois Hérode ont fait de Jérusalem une ville largement ouverte à l'hellénisme. Au Temple, les inscriptions qui permettent de se repérer sont données en trois langues : hébreu, grec et latin. Dans plusieurs synagogues de Jérusalem, on prie en langue latine ou grecque.

Il faut donc s'arrêter à l'image de Saul assis « aux pieds » de son maître. A la manière des écoles philosophiques, Gamaliel emmène-t-il ses élèves déambuler ailleurs, au Temple par exemple ? C'est peu probable. Un maître juif reçoit ses élèves dans sa maison. Ainsi se crée un lien qui ne pourra plus se dénouer. Dès le premier jour, Gamaliel n'a pas manqué de formuler la règle qui deviendra une loi pour ses disciples : « Donne-toi un maître et tu évites ainsi le doute. » Les élèves doivent l'appeler « père ». Auprès de lui, Saul apprend à manier avec la même aisance le grec, l'hébreu, l'araméen. Il saura assez de droit pour apparaître à ses contemporains comme un juriste de formation. A quoi s'ajouteront même quelques connaissances de médecine : au cours de ses voyages, on le verra soigner les malades. Mais l'essentiel reste la connaissance exhaustive de la Bible.

Les Epîtres démontrent un Paul littéralement imprégné des livres saints. Familier des écrits apocalyptiques, il en citera souvent les thèmes primordiaux [1]. Quand il proclamera que la résurrection doit être au centre de la foi, il ne fera que partager la croyance des pharisiens en un jugement après la mort, lequel punit les mauvais d'une « prison éternelle » et autorise les bons à revivre. A l'époque de Gamaliel, on croit volontiers à des créatures intermédiaires entre Dieu et l'homme, telles que les démons et les anges, conviction que partage d'ailleurs, en Orient, la majeure partie des intellectuels hellénisés [2].

Interdit de mettre en doute un seul mot du maître ! La parole de Gamaliel *est* la Vérité et l'on ne discute pas la

1. *La Bible. Ecrits intertestamentaires* (1987).
2. J.-B. Neusner.

Vérité : « Le disciple doit être comme une citerne dont on vient d'achever le revêtement intérieur et qui ne laisse pas fuir la moindre goutte d'eau [1]. »

« Je faisais des progrès dans le judaïsme, écrira Paul, surpassant la plupart de ceux de mon âge et de ma race par mon zèle débordant pour les traditions de mes pères [2]. » Un rappel sans modestie, mais qui convainc. Les études de Saul ont été longues et certains ont même estimé qu'elles avaient trop duré. Ecoutant parler Paul à la fin de sa carrière, le procurateur de Judée Porcius Festus s'écriera « en haussant la voix » :

— Tu es fou, Paul ! Avec tout ton savoir, tu tournes à la folie [3] !

C'est dans une ville occupée mais nullement soumise que Saul a étudié. Le peuple juif tolère de moins en moins la présence romaine. Peu de temps après l'arrivée du jeune Saul, sous le mandat de Ponce Pilate — entre 26 et 36 —, et cependant que se poursuit le règne de Tibère, des mouvements populaires ont été durement réprimés. On ne parle plus, on ne rêve plus que de chasser les Romains. Un Samaritain ameute des foules en armes en invoquant Moïse le Libérateur ; Judas de Gamala coordonne l'action subversive des zélotes. Résistants avant la lettre, des inconnus vaticinent, se présentent comme investis de pouvoirs surnaturels et appellent à la révolte. Le charismatique est à la mode : certains se déclarent favorisés par des dons spirituels extraordinaires (prophétie, vision, glossolalie [4]) octroyés par l'esprit de Dieu. Le juif moyen ne sait plus à quel faux prophète se vouer. Des sectes pénitentielles voient le jour sous l'inspiration des disciples de feu Jean le Baptiste, décapité en 28. Dans leur retraite de la mer Morte, les esséniens tentent d'atteindre l'absolu.

---

1. Propos de Johanan ben Zakay chantant les louanges de son disciple Eliézer.
2. Ga I, 14.
3. Actes XXVI, 24.
4. La glossolalie permettait — croyait-on — de communiquer dans un langage qui échappait à ceux qui n'y étaient pas initiés.

Jamais peut-être n'a-t-on autant évoqué Elie : son retour ne doit-il pas précéder la venue de ce Messie attendu avec une impatience de plus en plus fiévreuse ? Messie vient de l'hébreu *Maschiah* (araméen *Meschiha*) et signifie « oint, marqué de l'onction royale, sacré par le Seigneur ». Le mot est ancien. Pour Esaïe, le Messie « frappera le pays avec le pouvoir de sa parole et du souffle de ses lèvres... La justice et la charité seront la ceinture de ses reins ». On n'en doute pas : le Messie libérera Israël du joug des Romains qui l'ont asservi. On psalmodie : « Heureux ceux qui vivront au jour du Messie, pour voir le bonheur d'Israël et toutes les tribus rassemblées. » Ou encore : « Qu'elle vienne, qu'elle s'accomplisse la promesse de Dieu faite jadis aux Pères et que, par le saint nom, Jérusalem soit pour toujours relevée ! » Dans les rues de la ville de David, chaque galopade de cavaliers romains — chlamydes rouges flottant sur les cuirasses — fait éclore un nouvel appel, une nouvelle colère.

Chez Gamaliel, l'étudiant Saul a-t-il seulement entendu parler de ce Jésus de Nazareth qui, en Galilée, arpente maintenant plaines et montagnes pour appeler les juifs à se rapprocher de Dieu et mieux observer la Loi ?

Serrons de près la chronologie. La probabilité veut que Saul soit arrivé dans les années 20 à Jérusalem. Selon un calendrier vraisemblable, à l'automne de l'an 27 Jésus reçoit le baptême des mains de Jean le Baptiste et commence aussitôt à prêcher. La même année, Saul a dix-neuf ans. Qu'il ait entendu parler du personnage singulier dont le renom ne dépasse guère les alentours du lac de Tibériade serait surprenant. A la Pâque de l'an 28, Jésus — en tant que prophète du Royaume — gagne pour la première fois Jérusalem. Il fait scandale en prétendant chasser les marchands du Temple. Sa parole convainc un certain nombre de fidèles mais reste un non-événement. Est-elle venue jusqu'aux oreilles de Saul, reclus chez son maître comme en un autre monde ? Certes, on peut admettre que Gamaliel, très proche de la hiérarchie des prêtres, ait été informé de la colère des changeurs et marchands d'animaux de sacrifice et qu'il ait entretenu de cette étrangeté ses élèves. Pour le croire, il faut beaucoup de bonne volonté.

A la Pâque 30, Jésus revient à Jérusalem. Il dérange cette fois assez de monde pour que la hiérarchie s'en inquiète. Cela s'achève au Golgotha[1]. Ce jour-là, à l'heure de midi, on cloue le condamné sur une croix surmontée, en signe de dérision, d'un écriteau portant ces mots : *Jésus le Nazôréen, Roi des Juifs*. L'exécution s'est accomplie à Jérusalem, au-delà de la porte d'Ephraïm, au pied de la colline de Gareb. A trois heures après midi, un légionnaire lui ayant percé le côté droit d'un coup de lance, le condamné a cessé de vivre. Du *praefectus* romain Ponce Pilate, ses amis obtiennent l'autorisation d'emporter le cadavre. Avant la nuit — l'heure du sabbat l'exige —, la pierre en forme de roue prévue à cet effet est roulée devant le tombeau.

L'affaire ne fait que peu de bruit. Certes, ce Jésus compte des fidèles, des disciples, d'aucuns disent des partisans — sans cela l'eût-on condamné ? — mais, dans une ville de vingt-cinq mille habitants, ils ne sont guère plus de quelques centaines.

L'évangéliste Luc affirme que, sur le chemin suivi par ce Jésus, s'est amassée « une grande multitude de peuple[2] » : en premier lieu ces gens animés d'une curiosité malsaine qui, en tout temps, se pressent aux exécutions ; ceux aussi qui, quelques heures plus tôt, criaient à Pilate : « Crucifie-le ! » ; enfin, au-delà du désespoir, perdus dans cette cohue, ses amis, ses disciples et quelques-uns sans doute des *Douze* que l'on nommera apôtres.

A l'annonce que Jésus avait expiré, certains de ses fidèles n'ont pu vaincre leur peur et se sont terrés. La plupart sombrent, saisis par l'horreur de la croix — supplice des esclaves —, anéantis par la mort de celui dont la moindre parole chante dans leur mémoire. Trois jours de larmes, de doutes affreux et, soudain, transmise de bouche à oreille, l'incroyable nouvelle : *Christ est ressuscité*.

Eux aussi, les disciples, ils renaissent.

1. Le vendredi 7 avril 30 si l'on adopte la chronologie des synoptiques.
2. Evangile de Luc XXIII, 27.

A vingt-deux ans, Saul étudie toujours. La probabilité veut cette fois qu'il ait connu l'exécution du Nazôréen. S'en est-il ému ? Pas davantage que sur le sort d'un faux messie de plus. Vu leur nombre, ce serait du temps perdu. L'immense majorité des habitants de Jérusalem réagit comme lui.

Saul mettra longtemps à apprendre que le grand prêtre, devant qui ce Jésus a été conduit, lui a demandé s'il était vraiment « le Christ, le Fils du Béni ». Il a répondu :

— Je le suis et vous verrez le Fils de l'homme siégeant à la droite du Tout-Puissant et venant avec les nuées du ciel.

Dès qu'un faux messie est démasqué ou exécuté, le petit groupe qui l'a suivi se disperse. Ce n'est pas le cas pour celui-ci.

Combien sont-ils, ces « chrétiens » de Jérusalem ?

Assurément fort peu. Le chiffre donné par les Actes de cinq mille convertis après la Pentecôte n'est pas vraisemblable. On doit penser que « le nombre des ralliements fut plus modeste et que la petite communauté ne s'élargit que progressivement[1] ». La foi en la résurrection de Jésus apparaît comme l'apanage de ses disciples les plus proches, de femmes, de membres de sa famille et de quelques autres seulement. Ils veulent poursuivre l'œuvre du ressuscité. Pour parler de Jésus, ils s'assemblent en se donnant le nom de « frères ». Il s'agit en majeure partie de Galiléens venus à Jérusalem à la suite de Jésus. Pourquoi, malgré les périls et probablement les ennuis d'argent, s'acharnent-ils à y demeurer ? Est-ce parce qu'ils sont convaincus que Jésus reviendra dans sa gloire à l'endroit où il a été crucifié ?

De cette petite communauté, nous savons seulement que la plupart ont vendu leurs biens et les ont mis en commun, qu'ils prient et mangent ensemble. L'apôtre Pierre, dans sa première Epître, les montre « compatissants, animés d'un

1. Introduction de Pierre Geoltrain à l'ouvrage collectif : *Origines du christianisme* (2000).

amour fraternel, miséricordieux, humbles » et Luc les voit prenant « leur nourriture dans l'allégresse et la simplicité du cœur [1] ». Ils se rendent chaque jour au Temple. Pourquoi y auraient-ils renoncé ? Ils sont juifs et Jésus a dit : « N'allez pas croire que je sois venu abolir la Loi ou les Prophètes ; je ne suis pas venu abroger mais accomplir [2]. »

Chez Gamaliel, le souffle du Dieu de la Bible habite Saul. Nous commençons à le découvrir dévoré de certitude, assuré qu'il ne peut être de salut hors de l'obéissance à la Loi juive et prêt à développer une sainte colère à l'égard de ceux qui la violeraient.

Or la petite communauté des fidèles de Jésus s'accroît. Elle en est à se donner l'esquisse d'une organisation. Jésus a confié solennellement à Pierre, un ex-pêcheur du lac de Tibériade qui a abandonné ses filets pour répondre à son appel, la mission — *Pierre, tu es Pierre...* — d'assurer la pérennité du message prêché au cours de sa vie publique. Jean demeure, lui, le « disciple que Jésus aimait ». Avec l'assentiment de tous, les deux hommes se sont saisis des rênes.

Sans l'avoir le moins du monde prémédité, l'un et l'autre vont faire sauter le verrou d'une discrétion que les fidèles ont jusque-là tenue pour préférable. L'événement se passe au Temple où les deux apôtres se rendent quotidiennement. Ce jour-là, ayant jeté le *taliss* sur leurs épaules, c'est par la Belle Porte qu'ils y accèdent [3]. Non loin de l'entrée, un mendiant professionnel, impotent de naissance et fort connu des habitués, s'égosille à réclamer de l'argent. Pierre s'arrête, le regarde en face :

— De l'or ou de l'argent, je n'en ai pas. Mais ce que j'ai, je te le donne : au nom de Jésus Christ le Nazôréen, marche !

Combien de fois n'a-t-il pas entendu son maître proférer

1. Actes II, 46.
2. Mt V, 17.
3. Actes III, 2.

un ordre identique. Et l'homme se lève. La foule des juifs le voit « bondissant et louant Dieu » jusqu'à ce portique de Salomon et ce parvis des gentils où s'alignent cent soixante-deux colonnes. Scandale. Le commandant du Temple et plusieurs prêtres accourent. On s'empare de Pierre et de Jean. Faute de pouvoir les juger tout de suite — la nuit approche —, on les jette, au sein même du Temple, dans une pièce prévue à cet effet. On les en tire le lendemain matin pour les traîner devant l'autorité juive suprême : le Sanhédrin. Le grand prêtre Hanne préside l'assemblée des prêtres, des anciens et des scribes. On pousse jusque-là, effaré, l'infirme devenu ingambe.

Siégeant en ce lieu solennel, rangés en demi-cercle, s'agitent — à commencer par Caïphe — plusieurs de ceux qui ont fait condamner Jésus. On interroge les suspects sur l'affaire de la veille :

— A quelle puissance ou à quel nom avez-vous eu recours pour faire cela ?

Réponse de Pierre, que nous voyons volontiers doté de la solidité et de la carrure acquises en ramant sur sa barque et remontant ses filets :

— Sachez-le donc, vous tous et tout le peuple d'Israël, c'est par le nom de Jésus Christ le Nazôréen, crucifié par vous, ressuscité des morts par Dieu. C'est grâce à lui que cet homme se trouve là, devant vous, guéri. C'est lui, la pierre que vous, les bâtisseurs, aviez mise au rebut : elle est devenue la pierre angulaire...

Luc témoigne : « Ils constataient l'assurance de Pierre et de Jean et, se rendant compte qu'il s'agissait d'hommes sans instruction et de gens quelconques, ils en étaient étonnés [1]. »

Une lourde condamnation va-t-elle répondre à tant d'audace ? Nullement. En ces temps difficiles, le Sanhédrin estime que l'affaire n'est pas assez importante pour que l'on risque de provoquer l'une de ces agitations dont les Romains ont horreur. On se contente de relaxer Pierre et Jean en leur

1. Actes IV, 7 à 13.

faisant défense de « prononcer ou d'enseigner le nom de Jésus ».

La réponse claque, cinglante :

— Qu'est-ce qui est juste aux yeux de Dieu ? Vous écouter ou l'écouter ?

Nul n'ouvre plus la bouche. En se retirant, les deux hommes avertissent :

— Nous ne pouvons pas taire ce que nous avons vu et entendu.

La césure qui vient de s'opérer marque un tournant essentiel de l'histoire du christianisme. Les fidèles de Jésus qui, jusque-là, continuaient à pratiquer la religion juive en n'y trouvant rien de contradictoire avec leur foi nouvelle se découvrent soudain en conflit avec ceux pour qui Jésus n'est qu'un agitateur équitablement condamné. A l'inquiétante progression du nombre des « chrétiens [1] » répond un raidissement de l'autorité juive. Convaincus d'avoir enfreint l'interdit en continuant à prêcher publiquement l'enseignement de Jésus, Pierre et Jean vont être de nouveau arrêtés.

Cette fois, ils risquent une longue peine de prison [2]. Dans l'assistance, un homme se lève : Gamaliel. Vous avez bien lu. Il s'écrie :

— Israélites, prenez bien garde à ce que vous allez faire dans le cas de ces gens... Je vous le dis, ne vous occupez plus de ces gens et laissez-les aller ! Si c'est des hommes que vient en effet leur résolution ou leur entreprise, elle disparaîtra d'elle-même ; si c'est de Dieu, vous ne pourrez pas les faire disparaître. N'allez pas risquer de vous trouver en guerre avec Dieu [3] !

Pierre et Jean seront *seulement* battus de verges.

---

1. Le mot *chrétien* n'apparaîtra que plusieurs années plus tard à Antioche. C'est pour la commodité du lecteur qu'il est employé ici.
2. Les juifs, par ordre de l'occupant romain, n'ont pas le droit de prononcer de condamnation à mort.
3. Actes V, 35 à 39.

Nous ne nous étonnons plus, au XXIe siècle, de voir des jeunes gens étudier durant plus de dix ans. Accordons ces dix années à Saul. D'aucuns trouveront néanmoins que dix ans d'études, c'est trop au Ier siècle, alors que l'espérance de vie ne dépasse guère vingt-cinq ans. Au premier rang de ceux qui s'interrogent figure André Chouraqui, Israélien d'origine française dont l'autorité en ces matières est considérable. Non seulement il a traduit l'Ancien Testament en français mais il s'est affronté au Nouveau dont il juge qu'il « marie, en une synthèse unique, deux univers, celui des Hébreux et celui des Grecs, en des pages auxquelles il confère une exceptionnelle beauté ». Il faut le lire : « A partir du texte grec, connaissant les techniques de traduction de l'hébreu en grec et les résonances hébraïques de la *Koinè*, j'ai tenté à chaque mot, à chaque verset, de toucher le fond sémitique, pour ensuite revenir au grec qu'il était nécessaire de retrouver, enrichi d'une substance nouvelle avant de passer au français. » D'après André Chouraqui, « Schaoul de Tarse, Paul, l'Apôtre juif des Gentils, est sans doute le plus puissant génie juif de son temps ».

Selon lui, toutes les réalités de la vie de Paul confirment qu'il « n'a jamais rompu avec ses racines et pratiques bibliques et talmudiques qu'il connaissait mieux qu'un autre grand juif de son temps, Philon d'Alexandrie ». André Chouraqui scrute les écrits pauliniens avec la science qui imprègne tous ses travaux bibliques : ils démontrent l'étroit parallélisme de ses déductions avec l'exégèse rabbinique. Ce que soulignait déjà, quelques années auparavant, F. Amiot, professeur au séminaire de Saint-Sulpice, quand il voyait Paul rompu à « des raisonnements subtils à la manière rabbinique ». Non content de reconnaître en Paul « un juif formé aux disciplines des rabbins », André Chouraqui nous conduit tout droit à une conclusion qui va au-delà d'une hypothèse : Paul aurait été lui-même rabbin. Il aurait exercé, au cours des années 30, dans l'une des synagogues de Jérusalem. Mgr Giuseppe Riccioti, traçant le portrait psychologique de Paul selon le contexte catholique d'aujourd'hui, semble n'en pas douter qui écrit : « Chez le rabbin Saul, la grande idée est la Loi et la tradition judaïque. »

A quoi pouvait ressembler cet adulte maintenant dans la force de l'âge ? On ne peut lui dénier une réelle vigueur physique : le prouvent les marches épuisantes et incessantes qu'il enchaînera au cours de tant d'années et la force manifestée lors de ses naufrages — il en a subi trois — au point, au cours de l'un d'eux, d'être capable de nager un jour et une nuit avant d'être repêché.

Quand nous le lisons, quand nous l'entendons — car on l'entend en le lisant —, nous constatons dans ses paroles une telle puissance que, d'emblée, nous lui accordons le souffle d'un Démosthène à l'apogée de son éloquence et la prestance d'un Moïse ordonnant aux flots de se retirer.

Les *Actes de Paul*, rédigés anonymement vers 150, nous font tomber de haut : « Or il vit venir Paul, un homme de petite taille, à la tête dégarnie, les jambes arquées, vigoureux, les sourcils joints, le nez légèrement aquilin. » On ne peut qu'être frappé par la tradition, quasiment immuable depuis les premières esquisses orientales, de l'imagerie paulinienne : maigre, chauve, barbu. Encore faut-il s'interroger sur la valeur que nous pouvons accorder à ce texte tôt relégué au rang d'apocryphe. Il avait totalement disparu quand, en 1896, une liasse de papyrus a surgi des sables d'Egypte. Tout au long du XXe siècle, la découverte d'autres manuscrits — de diverses provenances et époques — a permis de reconstituer une part notable du texte et de découvrir son titre complet : *Actes de Paul selon l'apôtre*. L'ouvrage semble avoir eu pour ambition de narrer la vie missionnaire de l'apôtre sans toutefois reprendre la version que donnent les Actes des Apôtres rédigés par Luc, témoin indiscuté de la vie de Paul. Quand on songe aux reproches si souvent réitérés à l'égard de l'homme de Tarse, on ne peut que s'étonner en découvrant que les *Actes de Paul* se révèlent féministes, particularité qui a permis d'ailleurs à Tertullien d'en dénoncer l'auteur : « Si certaines allèguent les *Actes de Paul*, qui portent ce titre à tort, pour défendre le droit des femmes à enseigner et à baptiser, qu'elles sachent ceci : c'est un presbytre[1] d'Asie qui a forgé cette œuvre comme s'il complétait l'autorité de Paul par la sienne ; convaincu et ayant avoué avoir agi ainsi par amour pour Paul, il a quitté sa charge. »

Les aveux du coupable ne semblent pas avoir convaincu tout le monde. Willy Rordorf, spécialiste reconnu des apocryphes, a recensé « les allusions fréquentes mais ponctuelles aux *Actes de Paul*, fournies par beaucoup d'auteurs tant de l'Orient que de l'Occident ». Au VIe siècle, on les utilise encore. Au Xe siècle, le rhéteur Nicétas de Paphlagonie en fait toujours usage. Tous ces signes conduisent à admettre que la description physique de Paul correspond à une image fortement implantée, sur de vastes territoires, dans les premières générations de chrétiens.

Il n'est pas inutile d'isoler une phrase de ces *Actes* complétant le portrait supposé de Paul : « Tantôt il apparaissait tel un homme, tantôt il avait le visage d'un ange. » Une mobilité, donc, de l'expression. Faut-il y voir le prolongement de ce lieu commun de l'Antiquité qui oppose volontiers la laideur physique à la beauté de l'esprit ? Fort laid, Socrate n'en séduisait pas moins les jeunes gens. Une analyse serrée des textes, due à Jean-Robert Armogathe, permet de souligner, chez Paul, le rôle des mains et la force du regard. Les mains : « Le geste du complice, lorsqu'il garde les vêtements des bourreaux d'Etienne ; le geste de l'Apôtre qui ajoute à la fin des lettres ses "gros caractères[2]" ; le geste du martyr dont les mains sont chargées en chaînes. » A Antioche de Pisidie comme à Jérusalem, le mouvement de ses mains tente d'apaiser l'hostilité de la foule. Le regard ? Luc insiste à plusieurs reprises sur son intensité : « Le verbe employé, *atenizein*, est un mot rare, presque particulier aux *Actes* ; il signifie : "fixer son regard avec insistance". » C'est ainsi que Paul regardera les membres du Sanhédrin. Et bien d'autres.

1. Forme ancienne de prêtre.
2. Les « gros caractères » sont les lignes que Paul trace personnellement au bas de certaines de ses lettres dictées à un scripteur. Voir p. 230-231.

Question qui paraîtra insolite mais qu'il faut poser : Paul s'est-il marié ? Nous savons déjà qu'un jeune juif était voué à l'âge de treize ans à la pratique des commandements, à quinze ans au Talmud cependant qu'à dix-huit ans l'attendaient *les noces*. La tradition date de temps reculés.

Elle n'est pas issue seulement de raisons religieuses mais d'une réalité physiologique : à plus de dix-huit ans, on risquait de voir le jeune homme s'égarer en de dangereuses aventures. Le mariage le protégeait. Au reste, la Torah invite formellement un juif à fonder une famille. On voit mal Saul s'en dispenser. La difficulté est que, dans ses lettres, il ne fait aucune allusion à ce mariage et pas davantage Luc dans les Actes des Apôtres. Dans la Première Epître aux Corinthiens, il se présente comme n'ayant pas besoin de femme et souhaite — tant pis pour les gens mariés — que « tous les hommes soient comme moi », ajoutant : « Je dis donc aux célibataires et aux veuves qu'il est bon de rester ainsi, comme moi. » Le mot grec *agamos*, que l'on traduit ici par célibataire, signifie non marié, autrement dit sans conjoint, et désigne ceux qui n'ont jamais pris femme, les veufs, les époux séparés. Le lecteur balance. Marié, Paul a-t-il — à une époque inconnue — perdu sa femme ? Qu'on le sache : les historiens et les exégètes qui croient à ce mariage ne sont qu'une minorité mais leur engagement est solide.

Ils commencent décidément à faire trop de bruit, les chrétiens. L'apparition de « courants » a rendu plus complexe, voire confuse, une situation jusque-là parfaitement claire. La présence, au sein de la jeune communauté, de juifs issus de la Diaspora, ouverts à de larges horizons et multilingues, ne peut que marquer la différence avec les juifs autochtones plus repliés sur eux-mêmes, parlant araméen à la maison et lisant, au Temple, la Bible en hébreu. Quand les premiers sont dénoncés par les seconds comme *hellénistes*, on sent à l'ironie se mêler l'agacement. En vertu du même processus, les autres s'entendront appeler *hébreux*. Force et danger des mots.

Du premier incident né de cette situation, Luc a recueilli l'écho : « Le nombre des disciples augmentait et les hellénistes se mirent à récriminer contre les hébreux parce que leurs veuves étaient oubliées dans le service quotidien. » Il s'agit ici de ces repas pris en commun en souvenir de celui que Jésus avait partagé avec ses disciples la veille de sa mort.

En régime de vie communautaire, un tel traitement ne peut être tenu pour insignifiant. Les apôtres prennent l'affaire au sérieux : il ne faut pas que certains puissent se sentir frustrés ni humiliés. Eux, les Douze, ne peuvent — ni ne veulent — s'arracher à tout instant à des responsabilités spirituelles et administratives déjà lourdes. « Les Douze convoquèrent alors l'assemblée plénière des disciples et dirent : "Il ne convient pas que nous délaissions la parole de Dieu pour le service des tables. Cherchez plutôt parmi vous, frères, sept hommes de bonne réputation, remplis d'Esprit et de sagesse, et nous les chargerons de cette fonction. Quant à nous, nous continuerons à assurer la prière et le service de la Parole." » Cette proposition est agréée par toute l'assemblée : « On choisit Etienne, homme rempli de foi et de l'Esprit Saint, Philippe, Prochore, Nicanor, Timon, Parménas et Nicolas, prosélyte d'Antioche ; on les présenta aux apôtres, on pria et on leur imposa les mains [1]. »

Impossible de s'y tromper : ces sept noms sont d'origine hellénique, le dernier étant même celui d'un Grec converti. La bonne volonté manifestée par les Douze débouche sur un paradoxe : pour démontrer l'égalité entre chrétiens, on crée, au sein de la première Eglise, un Etat dans l'Etat : puisque les hellénistes se plaignent, qu'ils s'arrangent entre eux ! Forts de la consécration apportée par l'imposition des mains, ceux que l'on appellera les *diacres* [2] vont, bien au-delà du service des tables, se donner une mission potentiellement indépendante. Flavius Josèphe qualifiera les fidèles de Jésus de « secte hellèniste ». Etienne va faire bien plus parler de lui que tous les autres.

---

1. Actes VI, 2 à 6.
2. Le mot ne se trouve pas dans les Actes des Apôtres.

Jeune, brûlant d'impatience, rayonnant, ne se dérobant à aucune audace, « rempli de grâce et de puissance » : tel il surgit devant nous. Peut-être vient-il d'Alexandrie car, pour une part, son style s'apparente à celui de ce Philon vénéré par la population juive de l'énorme ville. La postérité a vu en lui le promoteur d'un choix révolutionnaire : la Loi juive ne doit pas l'emporter sur l'enseignement de Jésus.

Dans la double fidélité à laquelle s'obstinaient les chrétiens hébreux, Etienne a cru voir s'assoupir l'héritage du Christ. Il va fouler aux pieds « la ruse liée à la divulgation de la vérité ». Cette vérité, il ne se contente pas de la défendre, il la crie sur les toits. Dans la lignée des charismatiques, on nous le montre opérant « des prodiges et des signes remarquables parmi le peuple ».

L'indépendance fracassante d'Etienne ne tarde pas à inquiéter les chrétiens hébreux, et bien davantage la hiérarchie du Temple. La secte qui se réclame d'un charpentier galiléen n'a jusqu'ici provoqué que peu d'embarras. Il a suffi de faire donner quelques coups de verges à deux des agitateurs et l'on n'a plus entendu parler de rien. Mais cet Etienne !

C'est ici que Saul de Tarse nous rejoint. Nourri dans l'hellénisme *mais* attaché à la Loi par toutes les fibres de son corps, qu'il se soit dressé — avec bien d'autres — contre Etienne, helléniste *mais* hérétique, s'inscrit dans la plus parfaite des logiques.

C'en est trop. On dénonce Etienne pour avoir « proféré des blasphèmes contre ce saint lieu — le Temple — et contre la Loi ». On ameute le peuple, les anciens, les scribes. On s'empare d'Etienne, on le traîne devant le Sanhédrin. Dans cette foule s'est glissé Saul de Tarse.

La cohue s'agite, accuse : « Nous l'avons entendu prononcer des paroles blasphématoires contre Moïse et contre Dieu ! » Interloqué, le grand prêtre — est-ce l'éternel Caïphe qui ne quittera son siège qu'en 36 ? — s'enquiert :

— Cela est-il exact ?

Etienne n'esquive rien. Bien au contraire.

— Frères et pères, écoutez ! Le Dieu de la gloire est apparu à notre père Abraham quand il était en Mésopotamie, avant d'habiter à Haran. Et il lui a dit : *Quitte ton pays et ta famille, et va dans le pays que je te montrerai.*

Après un tel exorde, nul ne peut s'étonner que tout y passe : Isaac, Jacob, les douze patriarches, Joseph en Egypte, Moïse et la fille de Pharaon, la fuite hors d'Egypte, le Veau d'Or, les Dix Commandements, l'installation en Terre sainte, les tribus, les rois, David, Salomon et son Temple. Cette litanie dure-t-elle deux heures, trois heures ? Une interrogation croît à mesure que l'orateur s'exprime : où cet homme-là veut-il en venir ? On n'a plus longtemps à attendre. Etienne présente Moïse tel un modèle que ses frères juifs ont méconnu :

— Il pensait faire comprendre à ses frères que Dieu, par sa main, leur apportait le salut ; mais ils ne le comprirent pas... Ce Moïse qu'ils avaient rejeté par ces mots : *Qui t'a établi chef et juge ?*, c'est lui que Dieu a envoyé comme chef et libérateur, par l'entremise de l'ange qui lui était apparu dans le buisson. C'est lui qui les a fait sortir d'Egypte.

Etienne martèle :

— C'est lui, Moïse, qui a dit aux Israélites : *Dieu vous suscitera d'entre vos frères un prophète comme moi !*

Et les juifs n'ont pas écouté Moïse, le plus grand juif de l'histoire. Voilà qui devient clair comme l'eau de la piscine de Siloé. Le prophète annoncé par Moïse est venu, c'est le Messie ; les juges du Sanhédrin l'ont repoussé, lui aussi. Lorsque Etienne en est arrivé là, nous pouvons gager que s'est élevée une clameur de rage. Elle s'est renouvelée quand Etienne, évoquant la construction du temple de Salomon, voit en elle un signe de l'aveuglement des juifs, de leur méconnaissance avérée de la volonté divine. Dieu n'a pas besoin d'une demeure édifiée par la main de l'homme. Il l'a fait entendre par la voix des prophètes : *Le ciel est mon trône et la terre un escabeau sous mes pieds. Quelle maison allez-vous me bâtir*[1] *?*

---

1. Es LXVI, 1 et 2.

Etienne ne se contrôle plus :

— Hommes à la nuque raide, incirconcis de cœur et d'oreilles, toujours vous résistez à l'Esprit Saint ; vous êtes bien comme vos pères. Lequel des prophètes vos pères n'ont-ils pas persécuté ? Ils ont même tué ceux qui annonçaient d'avance la venue du Juste, celui-là même que maintenant vous avez trahi et assassiné ! Vous aviez reçu la Loi promulguée par des anges et vous ne l'avez pas observée !

Fixant « son regard vers le ciel », Etienne domine les injures qui fusent de toute part :

— Voici que je contemple les cieux ouverts et le Fils de l'homme debout à la droite de Dieu !

Parmi ceux que Luc dépeint « grinçant des dents », au milieu du délire de haine qui récuse l'image de Jésus « debout à la droite de Dieu », que fait Saul de Tarse ? Jamais il n'aurait imaginé que l'on oserait s'élever à un tel blasphème. La grandeur de Dieu est à ce point incommensurable qu'un juif n'a pas le droit d'écrire son nom. Pour ôter toute envie, même inconsciente, de l'articuler, on le désigne par des consonnes imprononçables. L'idée insoutenable de ce menuisier élevé à la droite du Tout-Puissant glace le sang du Tarsiote.

Quand on leur a amené ce trop fameux Etienne, les membres du Sanhédrin pensaient avoir à le juger. Et voici que, sous leurs yeux, on se jette sur lui, on s'en saisit, on l'emporte ! « Ils l'entraînèrent hors de la ville et se mirent à le lapider[1]. »

Le cinquième Livre du Pentateuque prescrit : « S'il se trouve au milieu de toi, dans l'une des villes que le Seigneur ton Dieu te donne, un homme ou une femme qui fait ce qui est mal aux yeux du Seigneur ton Dieu en transgressant son alliance, et qui s'en va servir d'autres dieux et se prosterner devant eux, devant le soleil, la lune ou toute l'armée des cieux, ce que je n'ai pas ordonné : si l'on te communique

1. Les extraits du discours d'Etienne sont tirés de Actes VII, 2 à 58.

cette information ou si tu l'entends dire, tu feras des recherches approfondies ; une fois vraiment établi le fait que cette abomination a été commise en Israël, tu amèneras aux portes de ta ville l'homme ou la femme qui ont commis ce méfait, tu les lapideras et ils mourront. »

Les recherches prescrites n'ont pas été entreprises. Le *fait* est avéré. Saul de Tarse suivra les exécuteurs jusqu'à la mort d'Etienne.

CHAPITRE III

La route de Damas

Dans les rues de Jérusalem, des gens fuient, d'autres les poursuivent, les capturent. Se mêlent imprécations, injures, menaces, cris de terreur ou de douleur. Cette chasse à l'homme est une chasse aux chrétiens. C'est vers les prisons que l'on rabat le gibier. Aucun quartier n'est épargné. Ce pogrom de juifs par des juifs a duré longtemps, de jour comme de nuit. Tous ces détails se déduisent des propres écrits du meneur.

Par toute la ville, on le voit courir. Sa fureur épouvante. Il stimule, entraîne, paie de sa personne. A ceux qui veulent savoir qui est ce jeune inconnu — on lui donne vingt-cinq ans —, la réponse ne se fait pas attendre : c'est un Tarsiote, son nom est Saul.

Il en est là, en effet. La colère qu'a soulevée en lui le discours d'Etienne ne s'est pas apaisée, loin de là. A l'encouragement qu'il a donné, par sa présence, à la lapidation, a succédé une haine sans retenue. Ces chrétiens restés si longtemps inaperçus sont devenus des ennemis à abattre. Dans une lettre qu'il adressera, vingt ans plus tard, à une communauté chrétienne d'Anatolie centrale, il écrira : « Vous avez certes entendu parler de mon comportement naguère dans le judaïsme : avec quelle frénésie je persécutais l'Eglise de Dieu [1]. » Selon le dictionnaire de l'Académie

1. Ga I, 13.

française, le mot *frénésie* signifie : « Passion survenue à un degré d'extrême violence et confinant à la folie [1]. »

La persécution a commencé le jour même de la lapidation d'Etienne : « En ce jour-là éclata contre l'Eglise de Jérusalem une violente persécution [2]. » Paul en restera obsédé toute sa vie. Il y reviendra à cinq reprises dans ses lettres : trois fois dans celle qu'il adresse aux Galates, une fois dans la Première Epître aux Corinthiens, une fois dans l'Epître aux Philippiens. Les mots employés ne définissent pas une violence seulement verbale mais, sans ambiguïté, physique. Il faut interroger Luc, le grand témoin : Paul a fait arrêter, ou a arrêté lui-même, des hommes et des femmes, et les malheureux, jetés en prison, furent « un grand nombre ». C'est par Luc que nous savons que Paul multipliait les opérations cependant que le grand prêtre « les encourageait [3] ». Luc dépeint Saul « excessivement fou de colère » et « ne respirant toujours que menaces et meurtres contre les disciples du Seigneur » [4].

A Luc également, nous devons la confirmation du mot *meurtre* prononcé par Paul dans un discours au peuple de Jérusalem : « J'étais un partisan farouche de Dieu, comme vous l'êtes aujourd'hui et, persécutant à mort cette Voie [les chrétiens], j'ai fait enchaîner et jeter en prison des hommes et des femmes [5]. »

A mort ?

Dans sa lettre aux Galates, Paul ne cache nullement qu'il voulait *détruire* l'Eglise de Dieu, autrement dit les chrétiens [6]. « Moi qui étais auparavant blasphémateur, persécuteur et violent... [7] », écrira-t-il. Impossible dès lors de refuser l'image d'un Saul incapable de se dominer, jetant l'effroi dans les ruelles de Jérusalem et jusque dans les synagogues.

1. Neuvième édition.
2. Actes VIII, 1.
3. Actes VIII, 1.
4. Actes IX, 1.
5. Actes XXII, 4.
6. Ga I, 13.
7. 1 Tm I, 13.

Que l'on ait alors administré à ces chrétiens les trente-neuf coups de verges — le *makkot arbaim* — dont l'usage figure explicitement dans le « droit de punir » des synagogues, devient d'une amère logique.

Un tel acharnement de la part d'un futur saint a paru si étrange que certains se sont demandé s'il ne recouvrait pas un « malaise ancien » dans l'exercice de sa religion. Autrement dit, Paul se serait déjà éloigné du judaïsme. Absurde. Venu de Tarse à Jérusalem pour mieux comprendre sa religion et l'enseigner sans doute un jour, les leçons reçues de Gamaliel lui ont permis d'atteindre son but. Après l'affaire d'Etienne, Saul se désignera lui-même comme « zélateur de la tradition ». Cela veut dire judaïsme et pas autre chose.

Une question vient irrésistiblement à l'esprit : ces chrétiens que Saul a arrêtés, les a-t-il brutalisés, torturés, voire conduits à la mort, sans les entendre ? Il est impossible que ces gens n'aient pas cherché à s'expliquer, à tenter de lui faire comprendre le sens de la foi qu'il leur dénie. S'est-il fait un cœur si endurci qu'il soit resté insensible aux plaintes d'un homme, aux larmes d'une femme ? Autant que lui, ces chrétiens se réclament de la Loi juive, répètent que le juif Jésus était annoncé par les Prophètes, qu'il n'est venu sur terre que pour racheter les péchés des hommes, faire régner la paix entre eux et semer l'amour à l'horizon de toutes les nations. N'ont-ils pas à la longue percé sa cuirasse ? Alors même que nous allons vivre l'événement capital de toute cette histoire, l'interrogation doit rester présente à notre esprit.

Cependant que des « hommes pieux » ensevelissent sans bruit la dépouille d'Etienne, les chrétiens de Jérusalem encore épargnés tentent comme ils le peuvent de se soustraire à la persécution. Les autorités juives n'ont pas songé à faire garder les portes de la ville : se précipitant au-dehors, les chrétiens se dispersent à travers la Judée et même la Samarie. Il faut qu'ils aient été vraiment terrifiés pour gagner une province objet d'une telle répulsion parmi les juifs. Les rabbis ne juraient-ils pas que l'eau de ce pays était

« plus impure que le sang d'un porc » ? L'Evangile garde la trace de cette haine quand il évoque le scandale suscité par l'entretien inopiné, auprès d'un puits, de Jésus avec une Samaritaine.

Les chrétiens qui s'étaient mis à l'abri « allaient de lieu en lieu, annonçant la bonne nouvelle de la Parole [1] ». Le cas de l'helléniste Philippe, l'un des Sept, est frappant. A peine arrivé en Samarie, il se met à « proclamer le Christ ». Bientôt, la région entière s'entretient des miracles qu'il accomplit et dont les Actes fixent les limites : « esprits impurs » sortant du corps de ceux qui souffrent, infirmes retrouvant la mobilité. « Il y eut une grande joie dans la ville [2]. »

Le bruit en parvient à Jérusalem où les apôtres — eux — ont voulu rester. D'évidence, ils se refusent à un abandon qui pourrait mettre en péril l'édifice — si fragile encore — né de la parole de Jésus. D'ailleurs, le Sanhédrin ne les a pas inquiétés : à aucun moment ils ne se sont montrés partisans d'Etienne et leur présence constante au Temple confirme leur attachement à la foi hébraïque.

Dès que sont rapportés à Pierre et à Jean les succès de Philippe, ils comprennent que leur « frère » a besoin de renfort. Laissant l'Eglise de Jérusalem aux mains des autres apôtres, les deux hommes décident de le rejoindre.

Face aux prières des Samaritains qui les supplient de leur permettre d'accéder au baptême, les apôtres se voient exposés à un dilemme : le premier de tous ceux qui les attendent. Les Samaritains sont des juifs séparés de la foi officielle. Pierre et Jean se doivent de les considérer non seulement comme impurs, mais comme hérétiques. Ont-ils le droit de se mettre en rupture avec la condamnation prononcée jadis à leur encontre ? Ils ne paraissent pas avoir hésité : « Ils se mirent à leur imposer les mains et les Samaritains recevaient l'Esprit Saint [3]. »

---

1. Actes VIII, 4.
2. Actes VIII, 5 à 8. Il s'agit sans doute de la ville de Sebastè, construite par Hérode le Grand.
3. Actes VIII, 17.

« Au comble de ma rage, je les poursuivais jusque dans les villes étrangères [1]. » Dans ses lettres, Paul parle deux fois de Damas, ville illustre : au début de l'Epître aux Galates et à la fin de la Deuxième Epître aux Corinthiens. Ce que nous savons, c'est qu'une communauté chrétienne — encore fragile — y est déjà implantée. La foi dans le Christ a essaimé relativement tôt en Syrie. Le culte nouveau a dû recruter parmi les juifs nombreux établis depuis longtemps dans la ville : dès le IXe siècle avant notre ère, on y trouve un bazar juif. Flavius Josèphe affirme que Damas compte, au début du Ier siècle, cinquante mille juifs. Ce qui est beaucoup.

Au moment où Saul décide de s'y rendre, l'étroite communauté chrétienne est surtout — pense-t-on — composée d'hellénistes convertis par des proches d'Etienne [2]. Verrouillé dans sa haine, Saul serait-il allé demander à Caïphe « des lettres pour les synagogues de Damas », déclarant que « s'il trouvait là des adeptes de la Voie [3], hommes ou femmes, il les amènerait, enchaînés, à Jérusalem » ? C'est à tort que Luc l'a cru : le Sanhédrin n'exerçait pas la moindre autorité sur les synagogues de Damas. Tout juste peut-on admettre que Saul se soit muni d'un avis destiné à avertir les juifs de Syrie du danger que représentaient ces rebelles.

L'été calcine l'herbe rare. Sous le soleil sans pitié, voici de nouveau le fils de Tarse sur les chemins. Bien que la région soit province romaine depuis soixante-dix ans, elle n'est pas sûre. Les rois hérodiens et les Nabatéens, sans cesse en conflit, empêchent Rome d'y faire régner une sécurité digne de sa gloire. Cherchant à contrôler tout le trafic des caravanes entre l'Arabie et la côte syrienne, les Nabatéens marquent sans cesse des points, le principal étant l'oc-

1. Actes XXVI, 10 et 11.
2. Michel Quesnel.
3. Le terme « la Voie » désigne, dans le cas présent, les membres de la communauté des fidèles du Christ.

cupation des montagnes qui dominent Damas : excellente base de départ pour entreprendre des razzias sur la ville. Depuis les années 30, la guerre s'éternise dans le pays. Dès 33-34, Damas refuse l'autorité de Rome.

Pour traverser une région en pleine guérilla, Saul doit nécessairement voyager en groupe. Les caravanes sont nombreuses, il s'est joint à l'une d'elles. De Jérusalem à Damas, on compte deux cent quatre-vingts kilomètres. En allant vite — et on va vite —, en se levant tôt — et on se lève tôt —, un tel voyage exige de sept à huit jours. Les caravanes coupent au plus près en remontant la vallée du Jourdain.

Sous les yeux de Saul, le lac de Galilée déploie ses splendeurs. Le Tarsiote passe par Tibériade et Capharnaüm, sans rien soupçonner de celui qui, peu d'années plus tôt, a proposé là, à des foules bouleversées, d'impérissables paraboles. Il gravit les pentes du Golan et, à 700 mètres d'altitude, s'avance sur une steppe caillouteuse. Presque toujours y souffle un vent âpre qui — seul avantage — tempère un peu l'ardeur du soleil. Sur la gauche des caravaniers, se déploie l'énorme barrière de l'Anti-Liban. De partout visible avec ses 2 814 mètres et son sommet enneigé — même en été —, on reconnaît l'Hermon, montagne sacrée.

Le but n'est plus très éloigné. Il semble que le paysage s'inverse. Platanes épanouis, palmes bruissantes, odeur puissante des roses et des jasmins, vergers parmi lesquels coule l'eau des canaux d'irrigation : de quoi réjouir un voyageur saturé d'aridité. On approche de Damas.

Soudain, l'indicible. Une lumière violente enveloppe Saul. On le voit tituber puis s'abattre dans la poussière du chemin.

On court vers lui, on l'entoure. Lentement, il ouvre les yeux mais ceux-ci ne rencontrent que la nuit. Saul est aveugle.

Oublions Rubens, le Caravage, Michel-Ange qui le montrent tombant de cheval : n'étant ni officier romain ni de la suite du roitelet Hérode Antipas, il ne peut que voyager à pied.

Sur la réalité de ce qui lui est advenu, il s'est lui-même exprimé à plusieurs reprises en des termes dont il faut méditer chaque mot. Aucune ambiguïté à ses yeux : il a rencontré Jésus. Aux Galates : « Celui qui m'a mis à part depuis le sein de ma mère et m'a appelé par sa grâce, a jugé bon *de révéler en moi son Fils* afin que je l'annonce parmi les païens [1]... » Aux Corinthiens : « N'ai-je pas *vu Jésus, notre Seigneur* [2] ? » Aux mêmes : « En tout dernier lieu, il *m'est aussi apparu*, à moi [3]. »

Ce qui lui a été délivré est si précis que le souvenir s'en trouvera imprimé à jamais dans sa mémoire. La rencontre lui restera si totalement palpable qu'il l'assimilera à celle dont les Douze ont été favorisés après la résurrection de Jésus. Voulant plus tard être considéré à l'égal de Pierre, Jean, André, Matthieu, Barthélemy, Thomas et les autres, il se désignera lui-même comme apôtre, mot qui veut dire « envoyé » : audace qui lui ressemble bien. Pourtant, le rôle des Douze a été défini du jour où l'on a remplacé Judas : les apôtres devaient pouvoir témoigner que Jésus ressuscité était, « dans son corps et sa personne », le même « avec lequel ils avaient vécu ». Ouvrons l'Apocalypse : le christianisme « repose sur douze assises portant chacune le nom de l'un des douze apôtres de l'Agneau ». Nul n'en avait prévu un treizième. On remarquera que pas une fois, dans les Actes, Luc ne donne à Paul la qualité d'apôtre. Ce qui n'empêche pas Paul, dans les adresses de ses lettres, de revenir sans cesse à ce « titre ». Aux Romains : « serviteur de Jésus Christ, appelé à être apôtre... Jésus Christ notre Seigneur, par qui nous avons reçu la grâce d'être apôtre [4] ». Aux Corinthiens : « appelé à être apôtre du Christ Jésus par la volonté de Dieu [5] ». Aux Galates : « apôtre, non de la part des hommes, ni par un homme, mais Jésus Christ et Dieu le Père [6] ».

1. Ga I, 15 et 16.
2. 1 Co IX, 1.
3. 1 Co XV, 8.
4. Rm I, 1 et 4.
5. 1 Co I, 1.
6. Ga I, 1.

Il dit — et répétera — que sa vocation est née en ce lieu : « Si quelqu'un est en Christ, il est une nouvelle créature. Le monde ancien est passé, voici qu'une réalité nouvelle est là[1]. »

Sur les circonstances de la rencontre, Saul n'apporte aucune précision, aucun détail qui puisse s'apparenter à de l'anecdote. Rien ne sortira de ses lèvres qui soit indigne d'un tel privilège. Luc se gardera — une chance pour le biographe — de suivre l'exemple de son maître. Les Actes ne peuvent guère être mis en doute car ils reviennent à trois reprises sur le chemin de Damas et Luc modifie chaque fois son récit. S'il s'agissait d'un document forgé de toutes pièces pour des raisons apologétiques, il se serait ingénié à produire trois versions identiques.

Comparons-les, ces versions. La première s'inscrit à sa place dans le récit de la vie de Paul recueilli par Luc : « Poursuivant sa route, il approchait de Damas quand, soudain, une lumière venue du ciel l'enveloppa de son éclat. Tombant à terre il entendit une voix qui lui disait : "Saul, Saul, pourquoi me persécuter ? — Qui es-tu, Seigneur ? demanda-t-il. — Je suis Jésus, c'est moi que tu persécutes. Mais relève-toi, entre dans la ville et on te dira ce que tu dois faire." Ses compagnons de voyage s'étaient arrêtés, muets de stupeur : ils entendaient la voix mais ne voyaient personne. Saul se releva de terre, mais bien qu'il eût les yeux ouverts, il n'y voyait plus rien et c'est en le conduisant par la main que ses compagnons le firent entrer dans Damas[2]. »

Le deuxième récit est extrait d'un discours prononcé par Paul, en 58, devant le peuple de Jérusalem qui lui était hostile : « J'approchais de Damas quand soudain, vers midi, une grande lumière venue du ciel m'enveloppe de son éclat. Je tombe à terre et j'entends une voix me dire : "Saul, Saul, pourquoi me persécuter ?" Je réponds : "Qui es-tu, Seigneur ?" La voix reprend : "Je suis Jésus le Nazôréen, c'est

1. 2 Co V, 17.
2. Actes IX, 3 à 8.

moi que tu persécutes." Mes compagnons avaient bien vu la lumière mais ils n'avaient pas entendu la voix qui me parlait. Je demande : "Que dois-je faire, Seigneur ?" Et le Seigneur me répond : "Relève-toi, va à Damas, et là on t'indiquera dans le détail la tâche qui t'est assignée." Mais, comme l'éclat de cette lumière m'avait ôté la vue, c'est conduit par la main de mes compagnons que j'arrive à Damas [1]. »

La troisième version recueille les paroles adressées par Paul, à Césarée Maritime dans le palais du gouverneur romain Festus, au roi juif Agrippa. Il ne parle plus à des juifs au comble de l'excitation mais à un haut personnage : « J'étais en chemin, ô roi, lorsque vers midi je vois venir du ciel, plus resplendissante que le soleil, une lumière qui m'enveloppe de son éclat ainsi que mes compagnons de route. Nous tombons tous à terre et j'entends une voix me dire en langue hébraïque : "Saul, Saul, pourquoi me persécuter ? Il t'est dur de te rebiffer contre l'aiguillon !" Je réponds : "Qui es-tu, Seigneur ?" Le Seigneur reprend : "Je suis Jésus, c'est moi que tu persécutes [2]." »

Constatons : dans le premier texte, une lumière enveloppe Saul et il entend une voix ; ses compagnons entendent la voix sans rien voir. Dans le second, il entend la voix ; les compagnons perçoivent la lumière mais n'entendent pas la voix. Dans le troisième, il est seul à entendre la voix et ses compagnons ne voient que la lumière.

Ces variations pourraient inquiéter. A y regarder de près, on s'aperçoit que c'est en dialoguiste consommé — ce qu'il est — que Luc fait parler Paul. Les mauvais auteurs dramatiques attribuent un même langage à tous leurs personnages : le leur. Les autres diversifient le style, le sens et le ton selon chaque rôle. Luc prend donc en charge la première version dont il est narrateur. Dans les deux autres, il fait parler son héros de la façon qui peut le mieux convaincre des auditoires différents : la foule à Jérusalem, le roi Agrippa à Césarée.

Le principal est de s'en rapporter à Paul lui-même : Jésus

1. Actes XXII, 6 à 11.
2. Actes XXVI, 13 à 15.

lui est apparu. Je crois utile de citer de nouveau le texte du Tarsiote placé en exergue de ce livre : « Ensuite, il [Jésus] est apparu à plus de cinq cents frères à la fois ; la plupart sont encore vivants et quelques-uns sont morts. Ensuite, il est apparu à Jacques, puis à tous les apôtres. En tout dernier lieu, il m'est aussi apparu, à moi l'avorton. »

L'un des commentateurs les plus avertis de Paul, Jürgen Becker[1], va jusqu'à estimer que, de la seule apparition de Jésus — celle-ci fût-elle muette —, Paul a pu déduire « le sens de l'envoi et de la mission » qui lui étaient confiés. Une théologie entière ! Que cela ait suscité des réserves et même des doutes, qui s'en étonnera ? Dès lors que la Rencontre ressortit à l'irrationnel, l'explication positive n'est plus nécessaire. Les rationalistes réfutent un tel raisonnement. Depuis deux mille ans, les chrétiens l'acceptent.

Pour découvrir « le sens de l'envoi et de la mission », scruter les textes s'impose. D'abord l'essentiel : « Je vous ai transmis en premier lieu, écrit Paul aux Corinthiens, ce que j'avais reçu moi-même : Christ est mort pour nos péchés, selon les Ecritures. Il a été enseveli, il est ressuscité le troisième jour, selon les Ecritures. Il est apparu à Céphas [Pierre], puis aux Douze[2]. »

Ces quelques lignes que nous lisons — tant nous en connaissons le contenu — sans la moindre surprise, sont d'une importance capitale, je dirai même démesurée. Elles ne sont rien de moins que *le plus ancien témoignage sur la Résurrection de Jésus.* L'Epître aux Corinthiens dont est extrait le passage que l'on vient de lire a été rédigée entre 55 et 57. L'Evangile de Marc — le premier des quatre — sera écrit au plus tôt entre 65 et 70. Le texte reprendra fidèlement le schéma tracé par Paul. Vers 80, Matthieu et Luc feront de même. Est-il utile de souligner la signification de ce simple constat ? Il fait de Paul la première source écrite du christianisme.

1. Professeur d'exégèse du Nouveau Testament à Kiel.
2. 1 Co XV, 3 à 5.

Aux Galates, il rappelle : « Cet Evangile que je vous ai annoncé n'est pas de l'homme ; et, d'ailleurs, ce n'est pas par un homme qu'il m'a été transmis ni enseigné mais par une révélation de Jésus Christ [1]. » Nulle ambiguïté : ce qu'il enseigne lui vient de la rencontre. Par l'intermédiaire de Luc, il précise même les paroles qu'il a entendues : « Voici pourquoi je te suis apparu : je t'ai destiné à être serviteur et témoin de la vision où tu viens de me voir, ainsi que des visions où je t'apparaîtrai encore. Je te délivre déjà du peuple et des nations païennes vers qui je t'envoie pour leur ouvrir les yeux, les détourner des ténèbres vers la lumière, de l'empire de Satan vers Dieu, afin qu'ils reçoivent le pardon des péchés et une part d'héritage avec les sanctifiés, par la foi en moi [2]. »

Certes l'Epître aux Galates est très postérieure à la vision de Damas, mais l'allusion à la mission universelle de Paul fascine.

L'a-t-on vraiment, comme l'affirme Luc, conduit « par la main » jusqu'à Damas ? Souffrant d'une cécité soudaine et dans l'incapacité de disposer d'aucun repère, exposé — même si on le soutient — à buter à tout instant sur les pierres du chemin, on peut croire qu'il aura été hissé plutôt sur l'une des montures qui ne devaient pas manquer dans la caravane.

C'est ainsi que l'on peut voir Saul de Tarse entrer dans Damas : ballotté par l'animal, plongé dans une inconscience peuplée de réminiscences, rongé par une angoisse d'autant plus tenace que, dans son état second, il est sans force pour la combattre.

Surgissant du désert syrien, entre les derniers contreforts de l'Anti-Liban et le massif du djebel Druze, Damas s'impose — hier comme aujourd'hui — comme l'une des villes les plus attirantes de l'Orient. Les noms dont on l'a parée

1. Ga I, 11 et 12.
2. Actes XXVI, 16 à 18.

reflètent les rêves qu'elle a suscités : « grain de beauté du monde », « calice au milieu des fleurs », « halo de lune sur la terre ». Jusqu'au fond de l'Occident, les étoffes damassées, les corsages de Damas, les glaives damasquins, les armures damasquinées sont devenus légendaires. Les voyageurs s'enchantaient à découvrir là une « île de verdure ». Dès avant d'entrer dans la ville, abricotiers et vignes alternaient à perte de vue. Les murailles à peine franchies, la fraîcheur des jardins qu'irriguaient les eaux du Barada gagnait jusqu'aux terrasses des maisons.

Au IVe millénaire avant notre ère, le site était déjà habité par l'homme. Des tablettes — provenant d'Egypte et de Mari — mentionnent l'existence d'une civilisation au XIe siècle av. J.-C. Une inscription du temple de Karnak cite Damas au nombre des cités conquises par Thoutmosis III. Devenue capitale de la puissante monarchie araméenne, la ville fut annexée par le roi David, hellénisée par Alexandre le Grand, conquise en 65 av. J.-C. par Pompée qui en fit la résidence du légat de Syrie.

J'ai franchi cette porte d'Orient par laquelle Saul est entré — aujourd'hui la Bab Sharqui : une tour épaisse, sans motif décoratif, percée par trois ouvertures. Je me suis engagé sur une longue voie rectiligne qui, depuis plus de vingt siècles, s'enfonce dans la ville. Luc en a rappelé l'existence : « Il y avait à Damas un disciple nommé Ananias ; le Seigneur l'appela dans une vision : “Ananias ! — Me voici, Seigneur ! répondit-il.” Le Seigneur reprit : “Tu vas te rendre dans la rue appelée ‘rue Droite’ et demander, dans la maison de Judas, un nommé Saul de Tarse[1].” »

Longue d'environ deux kilomètres et large de trente mètres, cette *Via recta* des Romains conduisait à un temple. Des portiques la longeaient qui prenaient appui sur des colonnes à chapiteaux corinthiens. Elle est aujourd'hui méconnaissable : des boutiques en ont usurpé l'alignement

1. Actes IX, 10 et 11.

et réduit amplement la largeur d'origine. On y vend de tout : des tapis, des tissus, des bijoux, des plateaux de cuivre, des armes blanches. Se mêlent le bruit, les odeurs, le charme des anciennes rues arabes.

Inutile d'y chercher quelque souvenir concret de Saul. La rue Droite subsiste mais la demeure du juif Judas a disparu. Cependant, à trois cents mètres de là, on montre la « maison d'Ananias », ou plutôt le sanctuaire bâti aux Vᵉ-VIᵉ siècles par les Byzantins. Après plusieurs reconstructions et restaurations — la dernière en 1973 —, la présence de saint Paul se réduit à de la nostalgie.

Chez Judas, Saul va demeurer trois jours. Sans rien manger. Sans rien boire. Sans que la moindre lumière parvienne à ses yeux morts.

Peut-être, dans l'histoire du monde, n'existe-t-il pas d'épisode ayant provoqué autant de commentaires, autant d'interprétations différentes ou contradictoires. Certains d'ailleurs se contentent de le dénommer purement et simplement *l'Evénement*[1]. Aura-t-on l'audace de vouloir suggérer les affres que l'homme de Tarse a traversées pendant ces trois jours ? Une comparaison — hasardée — me vient à l'esprit : le combat de Jacob et de l'Ange.

Tentons, à la manière d'un rapport de police, de juxtaposer les informations que nous possédons sur Saul au jour de l'Evénement : *1°) Age : 26 ans environ ; 2°) Petite taille, d'apparence malingre. N'en bénéficie pas moins d'une force physique certaine ; 3°) Né juif à l'étranger, proclame son appartenance au peuple hébreu ; 4°) Pharisien de stricte obédience ; 5°) A acquis auprès d'un professeur éminent une connaissance exceptionnelle de la Bible et de la Loi ; 6°) Langues : grec, hébreu, araméen ; 7°) On ignore s'il est marié ou s'il l'a été ; 8°) Manifeste depuis quelques mois des sentiments violents et témoigne, à l'égard des chrétiens,*

1. Schalom Ben-Chorin.

d'un sectarisme impitoyable ; 7°) Au moment de l'Evénement, est toujours obsédé par cette haine.

Est-il logique qu'une vision — fût-elle démesurée —, ou une voix — fût-elle surnaturelle —, puissent conduire au changement radical que l'on va constater chez Saul ? Selon l'exégète moderniste Alfred Loisy, « le système nerveux de Paul était éminemment excitable et surexcité », ce que démontre la persécution à laquelle il vient de présider à Jérusalem. Cette première vision — il y en aura d'autres — « se produisit dans un organisme bien préparé pour la subir ou plutôt pour la produire ». Alfred Loisy explique : « Après s'être rempli l'imagination de ce Messie dont il ne voulait pas, il eut un beau jour l'impression d'être devant Jésus qu'il persécutait, il le vit, il pensa le voir comme ses fidèles disaient qu'il était dans sa gloire, et que plusieurs d'entre eux l'avaient vu ; il fut saisi de l'idée que Jésus était vraiment le Christ, et il se trouva croyant. » Ce que l'on peut objecter à l'auteur — on le fit de son vivant —, c'est que Saul ne pouvait être rempli de la personne de Jésus puisqu'il le connaissait à peine.

Faisons le grand écart et passons à Daniel-Rops : « Le fait est là, irrécusable, comme il le sera pour saint François d'Assise ou pour Jeanne d'Arc : ce n'est pas dans les limbes d'une conscience plus ou moins troublée par la démence que l'appel retentit qui devait arracher Saul à soi ; c'est dans la réalité même des choses de la terre, sur une route d'Asie, au dur soleil d'un jour de juillet. »

Des contacts que Saul avait pu prendre à Jérusalem avec les chrétiens qu'il persécutait, Jürgen Becker tire l'hypothèse que voici : « Les discussions que Paul menait avec eux lui avaient permis de connaître leur doctrine et sa note christologique. Or voici que ce Jésus lui apparaît ressuscité. Dès lors les choses devenaient claires pour lui : ce n'est pas Paul qui devait changer les chrétiens au nom de la Loi ou les persécuter, mais c'était à lui de comprendre Dieu de façon nouvelle, au rebours de son attachement à la Loi. Il devait lui-même changer, puisque ce Jésus sur lequel les chrétiens se fondaient pour justifier leurs transgressions à la Loi était vivant. » Vivant puisqu'il lui était apparu : « C'est ainsi qu'il s'est senti envoyé comme apôtre pour œuvrer auprès des nations sans tenir compte de la Loi. »

Le raisonnement de Jürgen Becker va plus loin : « Si le Dieu qui ressuscite les morts l'a [Jésus] élevé auprès de lui, alors le Dieu des pères et le Dieu de la Loi est devenu *le Père de Jésus Christ.* »

Souvenons-nous que, dans l'Ancien Testament, Dieu parle quasiment en permanence aux hommes. Il ordonne à Noé de fabriquer une arche. Au temps d'Abraham, il va jusqu'à descendre sur terre — accompagné il est vrai de deux anges — pour annoncer à Sara qu'elle va enfanter ; il la fait rire et se fâche qu'elle ait ri. Au sommet du Sinaï, il remet à Moïse les Tables de la Loi. Les Prophètes recueillent sa parole. Loin de s'en étonner, les lecteurs de la Bible — c'est-à-dire tous les juifs — jugent ces intrusions parfaitement naturelles. L'écrivain allemand Léo Baeck, juif lui-même, s'est demandé si l'imprégnation première de Saul n'était pas le moteur de sa métamorphose. Pour un juif tel que lui, « une vision avait forcément la signification d'un appel, l'appel à s'engager dans une nouvelle voie. Il n'était désormais plus en droit de poursuivre l'ancien chemin. Un Grec, s'il avait connu une telle vision, aurait réagi en réfléchissant, en méditant sur la chose, en parlant ou écrivant à ce sujet. Jamais il n'aurait entendu le commandement judaïque : pars, tu dois te mettre en route. Les Grecs n'avaient pas un Dieu unique ayant tous les droits sur eux et pouvant en faire ses messagers. Seul le juif a toujours eu conscience qu'une révélation implique une mission, de sorte que la disponibilité immédiate à suivre le chemin prescrit est le premier témoignage de la foi. Paul savait à présent que la fonction apostolique lui était assignée au nom du Messie ».

Voilà qui peut expliquer beaucoup de choses. Pas tout.

L'excellent Ananias appartient à l'abondante communauté juive de Damas et sans doute s'est-il converti depuis peu au christianisme. Avant d'obéir au Seigneur qui lui commande d'aller rendre la vue à Saul, il a regimbé :

— Seigneur, j'ai entendu bien des gens parler de cet homme et dire tout le mal qu'il a fait à tes saints à Jérusalem !

Réplique sans appel du Seigneur :

— Va, car cet homme est un instrument que je me suis choisi.

Ananias ne songe plus à discuter et court chez Judas. Il trouve Saul en prières.

— Saul, mon frère, dit-il, c'est le Seigneur qui m'envoie, ce Jésus qui t'est apparu sur la route que tu suivais, afin que tu retrouves la vue et que tu sois rempli d'Esprit Saint[1].

Il lui impose les mains et, aussitôt, des membranes[2] se détachent des yeux de l'aveugle. Saul passe en un instant de la nuit où il tenait Jésus à la lumière de sa foi en lui. L'épisode s'intègre, avec des détails toujours identiques, dans la toute première tradition chrétienne. Reprenons la lecture de Luc : « Il retrouva la vue et reçut alors le baptême. » Ce baptême, Paul confirme qu'il l'a reçu : « Nous avons tous été baptisés dans un seul Esprit en un seul corps, juifs ou Grecs, esclaves ou hommes libres, et nous avons tous été abreuvés d'un seul Esprit[3]. » Et encore : « Ignorez-vous que nous tous, baptisés en Jésus Christ, c'est en sa mort que nous avons été baptisés[4] ? »

L'eau du baptême n'est pas encore asséchée et Saul a faim. « Puis, dit Luc, quand il se fut alimenté, il reprit des forces. »

Nul ne peut se hasarder à vouloir expliquer comment l'Evénement s'est « décanté » en Saul, comment, peu à peu, il en a explicité le message. Il ne connaît pas Damas, ville imposante, surpeuplée, ne ressemblant en rien à Jérusalem par son architecture, ses mœurs, sa langue. N'importe quel

1. Actes IX, 13 à 17.
2. D'autres traductions proposent : « écailles ».
3. 1 Co XII, 13.
4. Rm VI, 3.

individu s'y trouverait dépaysé. Que peut-il en être de celui qui sort captif d'un tumulte d'idées et d'impressions l'agressant, sans répit ?

Certains objectent qu'il s'agit de saint Paul et qu'une telle détresse a dû lui être épargnée. Proclamée en 258, la sainteté n'indique nullement que la rencontre avec Jésus ait fait sortir Saul de sa condition d'homme [1]. Les raisonnements dignes d'un philosophe grec qui parsèment ses lettres, ses enthousiasmes, ses amertumes, ses colères, ses espoirs, ses doutes nous le rendent infiniment proche. Que Paul se soit senti guidé par une force supérieure peut difficilement être contesté mais, dans l'histoire des religions, c'est le cas de beaucoup d'autres. La simple raison commande ici — et commandera — à l'historien de chercher comment *l'homme* Paul a réagi en cela comme en toutes choses.

A peine baptisé, Paul cherche la porte d'une synagogue : Luc le montre ainsi. Se précipiter dans l'un des temples de sa foi juive n'offre rien que de logique. Face à un grand malheur, un péril menaçant, une interrogation obsédante, quel croyant — même tiède — ne s'est senti porté à s'élancer dans un lieu de culte pour y prier ?

Luc veut croire que Saul proclamait dans les synagogues « que Jésus était le Fils de Dieu [2] ». Vraiment ? Les Actes, il est vrai, dépeignent la stupeur des auditeurs qui reconnaissent en ce prédicateur inattendu le persécuteur numéro un des chrétiens de Jérusalem. « Mais Saul s'affirmait d'autant plus et il confondait les habitants juifs de Damas en prouvant que Jésus était bien le Messie [3]. » Tant mieux pour eux. Tant mieux pour lui.

L'Académie française énumère cinq sens du mot confondre. Il faut s'arrêter au troisième : « déconcerter, troubler, remplir de stupeur ou de confusion ». C'est bien ainsi

1. Depuis 258, saint Paul est fêté le 29 juin, en même temps que saint Pierre.
2. Actes IX, 20.
3. Actes IX, 22.

que nous voyons les juifs de Damas. Les propos de Saul les laissaient confondus.

Je pose la question au lecteur : comment, vous et moi, nous serions-nous conduits si pareil sort nous était advenu ? Je gage que nous nous serions précipités à Jérusalem pour reconnaître notre erreur et proclamer la lumière dans laquelle nous venions d'être baignés. Nous aurions tenu à informer les persécuteurs qui, en notre nom, s'obstinaient à pourchasser des infortunés. Nous aurions fait ouvrir les prisons où ceux-ci se lamentaient. Nous aurions, en toute humilité, cherché à nous informer de ce Jésus qui venait de nous favoriser d'un don inouï. Les hommes qui avaient escorté le Nazôréen depuis les premiers jours de sa vie publique vivaient à Jérusalem. Nous les aurions suppliés de nous dire tout de ce qu'ils savaient.

Saul n'entreprend rien de pareil. Sans prévenir quiconque, il disparaît de Damas. *Exit* Saul. Un tel comportement ressemble à une désertion. Aurait-il eu peur ? Ce serait logique : à Jérusalem, il vient de susciter tant de souffrances et tant de haine ! Ou serait-ce qu'il ne supportait pas le poids gigantesque qui l'accablait soudain ? Au mont des Oliviers, Jésus lui-même a supplié son Père de lui épargner l'agonie qui l'attendait. Pas plus que nous, les premiers chrétiens n'ont compris cette fuite. La preuve ? Les Actes des Apôtres observent un silence absolu sur le séjour de Saul en Arabie. Par un tour de passe-passe d'autant plus sidérant qu'il ne peut qu'être délibéré, Luc veut ignorer l'exil en Arabie et, des deux séjours à Damas, n'en fait qu'un seul. Après « un temps assez long », il montre Saul allant à Jérusalem rendre visite à Céphas (Pierre) et à Jacques, « le frère du Seigneur » !

Dans une unique perspective, notre stupeur pourrait s'estomper, voire s'annuler : au fait, qu'avait-il besoin, ce Saul à jamais imprégné d'une présence *immensurable*, de courir à Jérusalem pour chercher à connaître ce qu'il était sûr de savoir déjà et pour jamais ? « Que Paul ne se soit pas rendu à Jérusalem, prononce Dieter Hildebrandt, est et ne cesse d'être le signe qu'il a *tout su d'un coup.* »

Peut-on, sur les rapports entre Dieu et les hommes, tout apprendre « l'espace d'une culbute », pour reprendre le mot d'André Frossard ? Si l'on a la foi, oui.

Avant son départ, Saul n'a donc pris conseil de personne. Non seulement il ne s'en cache pas mais il le revendique. Sans cet orgueil grandiose, Saul de Tarse ne serait pas devenu saint Paul. On en trouve la trace dans l'Epître aux Galates : « Loin de recourir à aucun conseil humain ou de monter à Jérusalem auprès de ceux qui étaient apôtres avant moi, je suis parti pour l'Arabie [1]. » Selon la critique contemporaine, l'Epître a dû être écrite en 56 ou 57, donc vingt ans après le départ précipité de Damas. A cette époque, Paul cherchera à renforcer sa propre autorité pour être davantage entendu. Comment mieux y parvenir qu'en s'affichant, dès après l'Evénement, libre de toute influence et de toute autorité ? Chacun, dit-on, recompose à quarante ans sa propre biographie. En 56-57, Paul dépassera la quarantaine.

Il marche.

La « route des rois » — nom millénaire — allonge sous ses pas sa piste caillouteuse. Droit vers le sud, elle permet de rejoindre le port d'Akaba. Les yeux brûlés par le soleil, au milieu de la fournaise qui assaille le corps et assèche la bouche, l'homme de Tarse peut-il méconnaître qu'il emprunte à rebours le chemin des Hébreux lors du retour de l'Exode ? Sans doute, comme plus tard Lawrence et ses Bédouins, évite-t-il de marcher en plein midi, préférant les aubes et les crépuscules.

Pendant des jours et des jours, il marche.

L'Arabie des contemporains de Saul désigne une région précise : le pays des Nabatéens. Issus d'une des nombreuses tribus qui nomadisaient dans la région, ils semblent s'être installés, entre le VIIe et le VIe siècle av. J.-C., dans ce

1. Ga I, 16 et 17.

royaume d'Edom connu comme le berceau de Hérode le Grand. Pour assurer leur prédominance sur les peuples des environs, ces voyageurs du désert ont su user d'un moyen que personne n'aurait attendu d'eux : l'irrigation. D'étendues arides, ils ont fait surgir des moissons. Ne dépassant guère quelques dizaines de milliers d'individus, ils ont fondé l'une des plus brillantes civilisations de leur temps.

Leurs caravanes — l'unique moyen de transport étant le chameau — ont sillonné l'Orient. Sous le roi Arétas III, mille cinq cents tonnes d'encens étaient emportées chaque année vers Rome. Pline a dépeint ces caravanes qui transportaient « l'écaille des tortues de Malacca et le nard[1] du Gange, l'écorce de cannelle de l'Himalaya [...] et des Indes, des diamants et des saphirs, de l'ivoire et du coton, de l'indigo, du lapis-lazuli et surtout du poivre, des dattes et du vin, de l'or et des esclaves ».

Singulier royaume dont l'on est incapable de fixer les limites. A son apogée, il s'est étendu sur la Jordanie actuelle, une partie de la Syrie et les déserts de l'Est. La capitale d'Arétas III était Pétra.

S'éloignant de la route des rois, le moment est venu où Saul va bifurquer vers l'ouest et s'enfoncer dans un défilé qui précisément conduit à Pétra.

Je me souviens. Pour escalader la montagne du haut de laquelle on peut le mieux découvrir Pétra au lever du soleil, ma femme et mes enfants avaient quitté l'hôtel en pleine nuit. Mon cardiologue m'interdisant ce genre d'exploit, j'ai simplement calculé l'heure de les rejoindre dans la vallée. Au début de la matinée, ayant fui les mulets proposés en abondance, c'est à pied que j'ai rejoint le chemin par lequel on accède aux merveilles. Après avoir suivi le lit du *wadi* Mûsa et imitant l'exemple de Saul, je me suis glissé entre deux parois de roc hautes chacune de cent mètres. Un kilomètre plus loin a surgi l'un des plus prodigieux sites du monde : Pétra, la ville rouge.

---

1. Herbe indienne odoriférante dont on extrayait un parfum recherché.

Bien sûr, le nom vient de pierre, mot grec. Le miracle est né de la force de l'eau, du vent et des soubresauts de la nature : le tout a sculpté le grès autant que le calcaire et juxtaposé les couleurs, du jaune strié de bleu à l'écarlate, du mauve au lie-de-vin. Des hommes se sont fixés là il y a dix mille ans. Dès le IIIe siècle av. J.-C., fascinés par ce décor offert, les Nabatéens l'ont semé de monuments par centaines, temples et tombeaux souvent sculptés dans la montagne elle-même.

Or, quand Saul parvient à Pétra, ces Nabatéens traversent des moments difficiles. Le tétrarque de Galilée, Hérode Antipas, a épousé la fille d'Arétas IV, leur roi. Après quoi, il s'est pris d'une folle passion pour Hérodiade, la femme de son demi-frère. Répudiée, la fille d'Arétas lui a été renvoyée sans autre forme de procès. Ce qui, comme on pense, n'a pas plu au roi des Nabatéens. Très tenté d'aller faire rendre gorge au gendre qui l'avait offensé, il a dû y renoncer par crainte d'encourir la colère des Romains, fidèles alliés des Hérode. Arétas IV s'est contenté de causer mille ennuis aux juifs de la région. D'évidence, Saul tombe assez mal. Il n'en restera pas moins en Arabie pendant trois ans.

Qu'y a-t-il fait ?

Certains Pères de l'Eglise ont cru qu'il avait gagné cette région dans le seul but d'évangéliser les Nabatéens. L'argument qu'ils avançaient frappe encore aujourd'hui : comment, après l'Evénement, Saul aurait-il *pu se taire* ? Certes. Faut-il cependant en déduire que le détenteur d'un tel secret ait choisi de le confier aux Nabatéens ? Devons-nous voir le petit homme prêcher, dans une langue qu'il ignore, des gens qu'il ne connaît pas ? Etait-il prêt, d'ailleurs, à évangéliser d'autres que des juifs alors qu'il ne se sentait pas la force — le départ de Damas en est le signe — de convaincre ceux de Syrie ?

D'aucuns ont rappelé la conversion de saint Augustin qui a ressenti la nécessité d'un « temps d'arrêt » pour mettre de l'ordre dans le « tumulte » — lui aussi — de ses pensées et de ses sentiments. On a cité Nietzsche : « Quiconque sera un jour porteur d'un message important se tait longtemps ;

quiconque veut produire la foudre doit longtemps être un nuage. » On a rappelé la prédilection des prophètes, des ermites, des stylites pour le désert.

Saul aurait-il alors voulu fuir la question redoutable qui peut-être obsédait son esprit : *Et si j'avais rêvé ?* La repoussant d'un cri d'effroi. Ressentant, l'ayant perdue, la présence du Seigneur pour la perdre encore — et la retrouver.

Questions sans réponse. La seule indication sérieuse nous vient, cette fois encore, de Paul. Rentré à Damas, il devra essuyer de sérieux désagréments de la part de l'envoyé d'Arétas IV. Pour le poursuivre jusque-là de son ressentiment, il faut que ce roi nabatéen se soit précédemment trouvé en rapport avec lui et qu'un grave conflit ait surgi entre eux.

Faisons encore le point. Reprenant conscience après l'Evénement, Saul va vers les juifs parce qu'il ne connaît que les juifs. Ils le repoussent. Impossible de regagner Jérusalem : on se vengerait sur lui de la tragique erreur dans laquelle il a entraîné ses concitoyens. Alors partir. N'importe où. Sans but autre que de laisser derrière lui ce poids trop lourd. L'Evénement ? C'est dans son cœur qu'il l'emportera. Au sortir de Damas, il n'y a guère que le désert. Il s'y enfonce. De l'argent emporté de Jérusalem, il lui reste de quoi vivre quelque temps. Après ? Aucun problème. Il est tisseur de tentes. En Arabie comme ailleurs, on a besoin de tentes. Quand il entamera ses voyages d'apostolat, c'est exactement ce qu'il fera : entrant dans une ville, il se mettra à tisser.

On en vient à se dire que la colère du roi Arétas aurait pu être d'ordre commercial. Conflit de Saul avec des fournisseurs ou des clients proches du roi ? Quand la menace se précise — crainte de la prison ? —, Saul regagne Damas. Aucun document ne vient étayer cette hypothèse. Pourtant, elle se tient.

Le jour viendra où Paul comparera ce qu'il a reçu à un trésor tout en en reconnaissant la fragilité : « Ce trésor, nous le portons dans des vases d'argile, pour que cette incomparable puissance soit de Dieu et non de nous[1]. »

L'homme n'est-il pas lui-même un vase d'argile ?

1. 2 Co IV, 7.

CHAPITRE IV

Quinze jours pour connaître Jésus

De l'Atlantique jusqu'à la Mésopotamie, de Tingi (Tanger) jusqu'au fond de l'Egypte, la *Pax romana* étend son hégémonie, son omnipotence, sa protection.

Sur son île de Capri, dans le raffinement de l'une des douze villas qu'il a fait édifier pour abriter ses débauches, Tibère, le vieil empereur, vit ses derniers jours. Mis de force au pouvoir par Auguste, il avait suscité beaucoup d'espoirs. Peu à peu, l'exercice sans frein du pouvoir absolu a perpétué partout les soupçons et la peur. Protégé par une garde aux mille yeux, il adresse à son ministre Séjan, exécuteur à Rome de ses basses œuvres, une rafale d'arrêts de mort dont s'épouvante le sénat. Quand l'empereur impitoyable passera-t-il de vie à trépas ?

Est-ce de Capri ou de Rome que Vitellius, légat de Syrie, a reçu l'instruction de mettre fin aux empiétements du roi Arétas ? On a laissé trop aisément les Nabatéens prendre Philadelphie, occuper Gérasa, annexer Gamala. Qu'ils accentuent maintenant leur pression sur Damas, voilà qui frôle l'insupportable.

En mars 37, se réglant sur la logique militaire de Pompée, les légions de Vitellius approchent de cette ville qui tremble entre la menace nabatéenne et le péril romain. Pour apaiser Arétas, les Damascènes ont fait savoir que la monnaie romaine allait cesser d'avoir cours dans la ville. Pour se protéger de Vitellius, ils ont mis Damas sur le pied de guerre, renforcé ses défenses, fermé ses portes. Sans doute Saul s'y est-il glissé au dernier moment.

Empêtré dans sa version qui veut ignorer les trois années passées par Saul en Arabie, Luc montre son héros reprenant ses prédications à Damas comme s'il n'était parti que de la veille. Il dépeint ses auditeurs juifs de plus en plus exaspérés par l'affirmation réitérée de « Jésus, Fils de Dieu ». Comprenons-les, ces juifs : personne n'a jamais laissé entendre que le Très-Haut pouvait avoir un fils. Pas un mot chez les Prophètes, pas un verset dans le Livre saint ! Scandale.

Et les chrétiens de Damas ? La logique veut que, depuis trois ans, ils se soient multipliés et que le récit des persécutions menées par le Tarsiote ait été transmis, naturellement amplifié, aux nouveaux convertis. Loin de croire à un Saul sûr de lui, nous le voyons hanté par son exécrable réputation et ne sachant visiblement que faire de lui-même.

« Ces juifs se concertèrent pour le faire périr. Saul eut alors connaissance de leur complot. Ils allaient jusqu'à garder les portes de la ville, jour et nuit, pour pouvoir le tuer[1] » : voilà ce que Luc croit savoir. La version de Paul est tout autre : « A Damas, l'ethnarque du roi Arétas faisait garder la ville pour m'arrêter[2]. » Dans l'Empire romain, le titre d'ethnarque désignait un gouverneur de province. L'envoyé d'Arétas était donc un important personnage. Selon la tradition nabatéenne, les régions conquises ou contrôlées devenaient des districts autonomes confiés, la plupart du temps, à des membres de la famille royale. Que l'ethnarque d'Arétas fasse garder la ville confirme l'étendue des griefs nourris par le roi à l'encontre de Saul et montre en même temps que les Nabatéens contrôlaient Damas.

La petite phrase de Paul éclaire l'épisode d'un jour nouveau : l'hostilité des juifs ne fut pas la cause essentielle du péril qu'il a encouru. C'est à l'ethnarque qu'il a voulu se soustraire. La suite du récit ne permet aucune hésitation : « C'est par une fenêtre, dans un panier, qu'on me laissa glisser le long du rempart, et ainsi je lui échappai. »

1. Actes IX, 23 et 24.
2. 2 Co XI, 32.

L'histoire du panier a fait florès. Elle figure dans tous les guides de voyage, on la trouve dans la bouche des accompagnateurs de toutes langues qui montrent, sur les remparts, les vestiges d'une tour carrée dont les fondations — d'énormes pierres — subsistent aujourd'hui encore. Ils répètent à qui mieux mieux :

— C'est par là que l'on a descendu saint Paul dans un panier !

« Il surgit des eaux divines saisi d'un tel feu, dit de Paul saint Jean Chrysostome, qu'il n'attendit même pas l'enseignement d'un maître. » A ce point de son histoire, le feu brille par son absence. Saul ne cesse de déconcerter. Impatient de nature, il montre trop de patience. Après l'Evénement, on l'attendait à Jérusalem : il passe en Arabie. On voudrait, à Damas, que le messager du Christ fît face : il s'enfuit dans un panier. En ce temps-là, Saul de Tarse serait-il l'homme le plus seul au monde ?

Je sens le lecteur de plus en plus intrigué par tous ces textes qu'il lit : est-on sûr de leur authenticité ? De quelle manière sont-ils parvenus jusqu'à nous ?

Dans le Nouveau Testament, les textes canoniques sont disposés dans un ordre immuable : l'Evangile selon saint Matthieu, l'Evangile selon saint Marc, l'Evangile selon saint Luc, l'Evangile selon saint Jean. Viennent ensuite les Actes des Apôtres, puis les Epîtres de saint Paul, les Epîtres d'autres apôtres, enfin l'Apocalypse. Nous tirons de cette disposition une idée toute faite : la publication des Evangiles doit être antérieure aux Actes et à l'apostolat de Paul. Erreur. Le lecteur le sait : au moment de l'Evénement, aucun texte évangélique n'a encore été diffusé. Il s'en faudra de longtemps.

Que quelques-uns des témoins de la vie de Jésus aient conservé par écrit certains de ses propos, on ne peut l'exclure. A condition que cela ait été rédigé après coup. La notion de notes prises sur-le-champ, familière à notre époque, ne correspond en rien aux conditions de l'écriture antique. Au Iᵉʳ siècle, écrire est un métier exercé par des professionnels qui s'enorgueillissent de leur nom : les scribes. Ils ont acquis leur science à la suite de longues études et, pour l'exercer, exigent un salaire. Le scribe est seul à pouvoir rédiger sans faire de brouillon. Il se sert parfois — plus rarement qu'on le croit — de tablettes de cire sur lesquelles, à l'aide d'un stylet, il grave ce qu'on lui commande d'écrire. Dès que l'on veut aborder un texte plus long — les Epîtres de Paul par exemple —, il faut disposer d'un matériel dont la description est venue jusqu'à nous : une planchette sur laquelle on fixait des godets renfermant de l'encre ; un stylet à pointe sèche qui marquait les alignements ; un grattoir pour effacer.

Le scribe fabrique ses propres encres : noire à partir de noir de fumée, rouge à partir d'une terre ocre. Ses plumes — *calames* — proviennent de joncs ou de roseaux. Outre la tablette de cire, il a le choix entre le papyrus et le parchemin, coûteux l'un et l'autre. Sorte de papier avant la lettre, le papyrus se compose de bandes tirées de la tige d'une plante récoltée en Egypte et juxtaposées pour obtenir des feuilles de vingt à quarante centimètres de côté. Chaque face peut être utilisée. Le parchemin, plus cher mais plus solide, n'est autre que de la peau d'animal — mouton, chèvre, antilope — que l'on a tannée et blanchie. Michel Quesnel, dont l'étude sur ce sujet fait référence, conclut qu'« un tel matériel permettait d'écrire environ trois syllabes à la minute, soit soixante-douze mots à l'heure ».

Imagine-t-on les apôtres transportant un tel attirail dans leur besace et s'en servant, à l'étape, pour donner une forme écrite aux paroles de Jésus ? Issus presque tous des milieux les plus simples, la plupart ne savent ni lire ni écrire. Ils auraient éclaté de rire si quelqu'un avait affirmé le contraire. Ils n'auraient pas songé à discuter, en revanche, si on les avait présentés comme maîtres en transmission orale. C'était alors le lot général : en apprenant par cœur les versets de la Loi, les enfants juifs fortifiaient leur mémoire jusqu'à l'hypertrophie. Les apôtres en sont la meilleure preuve.

La datation des Evangiles et des Epîtres de saint Paul a

fait l'objet de travaux innombrables. On se rassemble aujourd'hui autour d'années dont il faut reconnaître qu'elles sont convaincantes mais approximatives. C'est après la mort de Pierre et de Paul que Marc, entre 65 et 70, a rédigé son Evangile, le premier ; le deuxième, attribué à Matthieu, l'un des Douze, primitivement écrit en hébreu et adapté en grec par un auteur inconnu, a vu le jour dans les années 80, de même que celui de Luc qui n'a pas connu Jésus mais s'est livré à une enquête approfondie auprès des témoins de sa vie ; le dernier, l'Evangile de Jean, probablement le plus jeune des apôtres, monument de l'esprit, profondément différent des autres, est le résultat d'une très longue maturation. On en situe la rédaction vers les années 90.

Il faut en venir à la question qui — légitimement — nous préoccupe le plus : comment ces textes ont-ils pu nous être transmis ? Si l'existence des Epîtres de Paul est attestée en 150, aucun manuscrit de la même époque ne nous est parvenu. Le premier manuscrit des Evangiles, le *Vaticanus*, est daté de 331. Un tel espace de temps nous inquiète. Si les premiers documents concernant Louis XIV voyaient le jour aujourd'hui seulement, serions-nous assurés de leur véracité ? Trois siècles entre la rédaction des Evangiles et le premier manuscrit qui les rassemble, voilà qui est énorme ! Beaucoup de croyants en restent obsédés.

Ils ont tort. Leur inquiétude devrait concerner tous les grands textes de l'Antiquité, qu'ils soient grecs ou latins. Entre le temps où Euripide écrivait et celui où sont apparues les premières copies que nous connaissons, seize siècles se sont écoulés. Pour Sophocle, Eschyle, Aristophane, Thucydide, quatorze siècles. Pour Platon, treize. Pour Démosthène, douze. Pour Térence, sept. Pour Virgile — le plus favorisé —, quatre. Soutiendra-t-on que les œuvres de Sophocle ne sont pas de Sophocle mais d'un moine faussaire du Moyen Age ?

Longtemps il en est allé de même pour l'Ancien Testament que nous ne connaissions que par des copies tardives. Ce n'est plus le cas : la découverte, après la Deuxième

Guerre mondiale, des manuscrits originaux de la mer Morte, a fait surgir de longs passages de la Bible. A peu de chose près, ils sont identiques aux copies tardives. De quoi rassurer les plus sceptiques.

J'ajouterai qu'une collection de papyrus grecs, copiés autour de l'an 200 — les *Papyrus Chester Beatty* —, nous restitue une Bible presque complète, y compris les Epîtres de Paul[1].

Le processus de la survie des textes antiques est clair. Il faut savoir que la seule Epître aux Romains sur papyrus devait couvrir un rouleau de trois à quatre mètres de long. La fragilité extrême du support de ces textes les a peu à peu fait disparaître. Les derniers survivants ont dû périr sous la main des moines quand ils les recopiaient sur parchemin.

Paul mourra avant d'avoir pu lire un seul Evangile. On a peine à en croire ses yeux quand on trouve ces phrases dans une de ses Epîtres : « Voici ce que moi j'ai reçu du Seigneur et ce que je vous ai transmis : le Seigneur Jésus, dans la nuit où il était livré, prit du pain, et après avoir rendu grâce, il le rompit et dit : *Ceci est mon corps, qui est pour vous ; faites cela en mémoire de moi.* Il fit de même pour la coupe, après le repas, en disant : *Cette coupe est la nouvelle Alliance en mon sang ; faites cela, toutes les fois que vous en boirez, en mémoire de moi*[2]. »

Intégrées à l'Evangile, ces lignes de Paul sont maintenant prononcées chaque jour au cours de toutes les célébrations eucharistiques. Dans le monde entier.

Quand Saul va-t-il admettre qu'il est temps de connaître le Fils de l'Homme dans sa réalité terrestre ? Ne voit-il pas que sa foi claudique sur une jambe unique ? Il lui manque toujours d'avoir écouté ceux qui ont vu Jésus, qui se trouvaient là quand on lui a conduit la femme adultère destinée

1. *Chester Beatty Library.*
2. 1 Co XI, 23 à 25.

à la lapidation et l'ont entendu prononcer ces mots : « Que celui qui n'a jamais péché lance la première pierre. » Il lui manquera la réponse de Jésus à sa mère quand, à Cana, elle lui a demandé de mettre fin à la confusion des hôtes qui manquaient de vin : « Femme, mon heure n'est pas venue. » Il lui manquera de savoir que Jésus, en fils affectionné, a quand même changé l'eau en vin. Quand Saul va-t-il se décider à s'informer là où il faut ?

Un texte plutôt obscur de Paul nous inquiète : il lui aurait fallu attendre trois ans pour regagner Jérusalem. Trois ans ajoutés aux trois années d'Arabie ? Aussi embarrassés que nous, les spécialistes sont parvenus à une explication vraisemblable : les trois ans devraient se compter à partir de l'Evénement ; ils engloberaient l'exil en Arabie et les deux séjours à Damas [1]. Nous respirons et, satisfaits, emboîtons le pas au voyageur qui se met en route.

Car il marche vers Jérusalem, Saul. Enfin.

La voilà donc cette ville, tout à la fois redoutée et regrettée, immuable en ses murailles de pierres, cœur de la nation juive où se retrouvent, aux mêmes jours, aux mêmes fêtes, tous ceux qui accourent en son Temple adorer l'Eternel. Des centaines de milliers de pèlerins chantent et prient toujours dans l'enceinte sacrée. Emplis du Très-Haut, ils s'en retournent en scandant l'hymne mille fois répétée : « C'est l'Eternel qui veille sur notre départ, lui qui protège notre retour. Mon secours vient de l'Eternel qui a fait la terre et les cieux. »

Le Saul un peu las qui regagne la ville de David ne peut que ressentir l'intensité de ces forces vives, la vigueur de cette religion millénaire et, en contrepartie, la fragilité de ceux qui croient en Jésus. Ce qu'il ignore, c'est que le flux immense des pèlerins qui s'en retournent chez eux abrite

---

1. Voir le raisonnement convaincant de Jürgen Becker. Le monumental travail scientifique de celui-ci ne peut que susciter l'admiration et, de ma part, la gratitude.

désormais un invisible courant. Telles familles qui regagnent « la Mésopotamie, la Judée et la Cappadoce, le Pont et l'Asie, la Phrygie, la Pamphilie, l'Egypte et la Libye cyrénaïque » — belle énumération de Luc[1] ! — emportent avec elles le secret confié par un parent, un ami, un inconnu : *le Messie est venu sur terre.* Cette « expansion spontanée » prolonge la dispersion qui s'est opérée après l'exécution d'Etienne. A l'image de Philippe, les chrétiens hellénistes ont cherché un refuge loin de Jérusalem ou regagné à la hâte leur pays d'origine. A leur tour, ils ont répandu l'histoire de ce Messie crucifié qui, mis au tombeau, est ressuscité le troisième jour.

Ainsi se confirme peu à peu la prophétie de Jésus adressée aux Douze au jour de l'Ascension : « Vous êtes mes témoins à Jérusalem, dans toute la Judée et la Samarie, jusqu'aux extrémités de la terre. »

Luc montre Saul tentant, à Jérusalem, de se réunir aux fidèles, « mais tous avaient peur de lui, n'arrivant pas à le croire vraiment disciple[2] ». Ici, pour la première fois, entre en scène un personnage que l'on retrouvera à de multiples étapes de la vie de Paul. Les Actes le présentent ainsi : « Joseph, surnommé Barnabas[3] par les apôtres, était un lévite[4] originaire de Chypre. » Il va introduire Saul auprès des apôtres. Sur cette rencontre dont nous attendions tout, nous n'aurons droit, de la part de Paul, qu'à cette sèche allusion : « Je suis monté à Jérusalem pour faire la connaissance de Céphas et je suis resté quinze jours auprès de lui, sans voir cependant aucun autre apôtre, mais seulement Jacques, le frère du Seigneur[5]. »

Quinze jours seulement pour connaître Jésus ! « Incroyable mais vrai », proclamaient les petits journaux que je lisais dans mon enfance. On ne saurait mieux dire. Nous ne doutons pas que les soins de la communauté aient absorbé le temps de Pierre et Jacques, mais tout de même !

1. Actes I, 9.
2. Actes IX, 26.
3. Littéralement : l'homme du réconfort.
4. Membre de la tribu de Lévi voué au service du Temple.
5. Ga I, 18 et 19.

Qu'a pu apprendre Saul en si peu de jours ? Des paroles de Jésus que Pierre, à force de les répéter, sait par cœur ? Le parcours du Seigneur en Galilée et en Judée esquissé à grands traits ? Les premières phases d'une théologie balbutiante, les progrès de la nouvelle communauté, les obstacles qu'elle rencontre. La conversion qu'il a obtenue — lui, Pierre — en baptisant le centurion romain Corneille. Un païen ! L'ex-pêcheur du lac de Tibériade a-t-il tenté de parler de ses amis et de lui-même, jetant leurs filets pour courir à la suite de cet inconnu que d'emblée ils avaient reconnu ? Rien de tout cela ne semble avoir intéressé Saul. Adepte avant la lettre de l'histoire non événementielle, les détails ne le concernent pas.

Dans les Epîtres de saint Paul, le Christ flamboie à chaque page ; Jésus passe inaperçu. Pas une allusion aux paraboles que les gens simples écoutaient si avidement. Pas de discours sur la montagne, pas de pêches miraculeuses, rien des guérisons, rien sur ce Temple d'où furent chassés les marchands et où le fils de Marie prêcha avant d'être crucifié. Pour Paul, « Dieu en Christ réconciliait le monde avec lui-même, ne mettant pas leurs fautes au compte des hommes, et mettant en nous la parole de réconciliation [1] ». Jésus n'a pas besoin de biographie.

Non seulement Paul reconnaît qu'il n'a vu, au cours de ces quinze jours, que Pierre et Jacques, mais il tient à être cru : « Ce que je vous écris, je le dis devant Dieu, ce n'est pas un mensonge. » S'il renforce de la sorte l'affirmation, c'est pour imposer l'idée — essentielle à ses yeux — qu'il n'avait pas *besoin* d'en voir d'autres.

Il ne faut pas négliger pourtant sa rencontre avec Jacques. Même si l'on ne veut pas prendre au pied de la lettre ceux qui à l'époque — pratiquement tous — le nomment « frère du Seigneur », son appartenance à la famille de Jésus ne fait guère de doute. Son influence se révélera considérable, non

1. 2 Co V, 19.

seulement sur la première Eglise mais aussi, paradoxalement, sur les pharisiens non convertis qu'édifiera sa piété rigoureuse dans le judaïsme. Quand la primauté de Pierre s'amenuisera, Jacques prendra la tête des disciples de Jésus. On le désignera comme « premier évêque des Hébreux ». Le cas de ce chrétien acharné à rester pleinement juif sera pesé par Paul quand il devra lui-même arrêter son choix. Le jour viendra où il le trouvera sur sa route, acharné à anéantir les effets de sa mission. Infortunée religion qui, à peine née, va se diviser et se combattre elle-même.

On voit Saul, à la fin de son court séjour, ayant pris peu à peu de l'assurance et se promenant dans les rues avec Pierre et Jacques. Ce qui ne manque pas de choquer fortement les chrétiens qui l'aperçoivent. A plusieurs reprises, il tente de s'expliquer auprès de ces gens si clairement hostiles : « Il s'entretenait avec les hellénistes et discutait avec eux ; mais eux cherchaient à le faire périr [1]. » Ils n'ont pas oublié. Ce qu'il redoutait est arrivé : sa réputation de persécuteur lui est devenue une tunique de Nessus. Par chance, tous ne lui veulent pas de mal : ayant appris qu'on lui réservait un mauvais parti, le pire peut-être, « les frères le conduisirent à Césarée [2] ». Information à ne pas négliger : de Césarée, Paul va être « renvoyé par l'Eglise à Tarse ». Echec à Damas, échec à Jérusalem, échec à Césarée, c'est beaucoup.

Pour être équitable, cherchons le sens, en langue grecque, du verbe renvoyer. *Exapostellein* peut signifier « éloigné » mais, dans la Septante et d'autres textes contemporains, il prend le sens d'« envoyé en mission ». C'est ce que semble évoquer Paul quand il écrit : « Je me suis rendu dans les régions de Syrie et de Cilicie [3]. » Dans ce cas, les faits se déduiraient d'eux-mêmes : Saul, s'étant rallié Pierre et Jacques, aurait obtenu d'eux une sorte de mission apostolique à exercer dans les provinces voisines de sa ville natale. Tarse ferait figure de base de départ.

1. Actes IX, 29.
2. Actes IX, 30.
3. Ga I, 21.

Aucun texte ne nous informe de l'accueil de ses parents : bras grands ouverts, larmes de bonheur, inquiétude face à cet étrange ayant-vu-Dieu ? Assez vite, il se sera remis à tailler et coudre des tentes dans l'atelier paternel : on l'imagine mal vivre aux crochets de ses parents. On peut même supposer que son père vieillissant lui aura confié des responsabilités accrues. On croit le voir discuter de délais de livraison, de prix à tenir, ou tout simplement — nous sommes en Orient — en train de marchander.

L'un de ses biographes le dépeint, pendant ces trois années, « parcourant sa province pour vendre ses marchandises et annoncer l'Evangile, un peu comme les colporteurs de bibles qui, dans le Sud américain, faisaient office de charlatans ou de vendeurs d'élixirs [1] ». Est-ce alors que s'est esquissée l'unicité d'un destin, l'éventualité de se faire en même temps artisan et prédicateur d'Evangile ?

Une fois encore, il fait naître en nous un malaise. Même si, de temps à autre, il quitte Tarse pour prendre contact avec quelque communauté embryonnaire, ces années de retrait en famille, dans la position la plus « bourgeoise » qui soit, voilà ce que l'on a beaucoup de mal à s'expliquer. L'Evénement ne bouillonne-t-il plus dans son esprit, dans sa mémoire, dans son cœur ? De la table familiale aux soucis de son travail, a-t-il fini par n'y plus penser, sans toutefois le rayer délibérément de sa mémoire, comme on le fait d'un livre que l'on range dans sa bibliothèque en sachant que, le cas échéant, on pourra s'y référer ? La question reste entière : pour quelles raisons Saul s'éternise-t-il à Tarse ?

Depuis que Tibère est mort en 37 — enfin —, un empereur fou règne à Rome : Caligula. Arrière-petit-fils d'Auguste, fils du populaire Germanicus et d'Agrippine, fils adoptif et successeur de Tibère, reconnu sans difficulté par le sénat et par l'armée, son déséquilibre naissant lui a sug-

1. Jean-Robert Armogathe.

géré l'idée de s'offrir à l'adoration de ses sujets comme le « Nouveau Soleil ». Peu à peu cette bizarrerie s'est muée en folie furieuse. Non seulement il a fait sénateur son cheval préféré, mais il a pris les juifs en haine. En Orient, l'antisémitisme impérial va trouver un foyer de choix. Un impitoyable pogrom ravage, en 38, Alexandrie, ville juive par excellence. A Antioche, on quadrille le quartier juif, on tue et on pille. Les tensions entre l'autorité romaine et la communauté juive atteignent leur paroxysme quand Caligula — en 40 — exige que l'on dresse sa statue dans l'enceinte du Temple de Jérusalem. Un an plus tard, un tribun de la garde prétorienne abattra le fou dans son palais.

De peur d'être massacré à son tour, son oncle Claude — épileptique, bègue, dénué de toute volonté — s'est tapi dans une cachette du même palais. Découvert par les prétoriens, il est sur-le-champ proclamé empereur. Les disciples de Yahweh vont pouvoir respirer : un édit de Claude confirme aux juifs d'Alexandrie la liberté de pratiquer leur religion et fait connaître à ceux d'Antioche sa volonté de tolérance : leurs droits seront inscrits sur des tables de bronze. Disposant de ses propres chefs, la communauté juive d'Antioche jouit désormais d'une législation particulière protégeant les droits familiaux et les règles du culte, sans néanmoins que ses membres soient reconnus citoyens à part entière.

Dans le même temps, les conversions au christianisme se multiplient. Elles vont poser des problèmes, non seulement à la hiérarchie juive de plus en plus irritée, mais au sein même de la nouvelle communauté des disciples de Jésus.

Après la tourmente qui a suivi la lapidation d'Etienne, une partie notable des chrétiens hellénistes chassés de Jérusalem s'est en effet réfugiée à Antioche. Tout porte à croire que c'est l'un des Sept, Nicolas, qui y a fondé une communauté chrétienne. Prudents, ses membres n'ont d'abord « annoncé la Parole » qu'aux seuls juifs. Ils ont bientôt remarqué que nombre de païens affichaient un intérêt insolite pour la religion de Moïse. Plus étonnant encore : il ne s'agit pas de cas exceptionnels. Ces gens sont assez nombreux pour que l'on commence à leur donner un nom : les « craignant-Dieu ».

Pour comprendre ce que cette appellation signifie, il faut imaginer un « Grec » qui, depuis l'enfance, a vécu dans le culte des dieux de l'Olympe et, au moment de leur offrir des sacrifices, n'a toujours eu que l'embarras du choix. Il nomme les mêmes dieux tantôt en grec, tantôt en latin : Zeus ou Jupiter, Dionysos ou Bacchus. Il s'adresse à cette famille multiple avec l'agilité d'esprit que lui procure une culture ancestrale. Tous y passent : Junon, Hermès, Vénus, Eros, Apollon, Aphrodite, Mars, Minerve. Notre homme connaît tout de leur existence ou de leur rôle dans la nature, de leurs mérites, de leurs vices — car ils en ont —, de leurs affrontements, de leurs amours, de leur progéniture. Rien de plus séduisant, de plus attachant, de plus propre à susciter le rêve mais notre Grec commence à se lasser des exploits de ces dieux trop humains. De là à s'en éloigner, il n'aurait qu'un pas à franchir mais, par fidélité, il n'a pas voulu y songer. Cela jusqu'au jour où on lui a chuchoté à l'oreille que des gens de la ville croyaient en un Dieu unique. Unique ? Ce Grec s'est récrié mais a montré de la curiosité. Qui est-il, qu'a-t-il fait, ce Dieu ? On lui répond qu'il a créé l'univers et tout ce qui vit. Il veille sur les hommes, les préserve des embûches qui les menacent, les récompense s'ils font le bien et les châtie s'ils font le mal. Le Grec n'y croit guère. Il demande qui sont les fidèles de ce Dieu-là. On lui répond : les juifs. Comme tout le monde, le Grec connaît leur existence mais où peut-on les voir ? Dans une synagogue. Il arrive que le « craignant-Dieu » — qu'il vaudrait mieux dénommer : « cherchant-Dieu » — franchisse le seuil de la maison privée où s'assemblent les juifs : l'idée d'un lieu édifié dans le seul but d'y prier ensemble n'est pas encore implantée dans leur mentalité.

Découvrant dans ce milieu insoupçonné un terreau propice, les chrétiens vont se hasarder à y recruter. Ils réussissent au-delà de toute espérance. Aux « craignant-Dieu » prêts à se faire juifs pour découvrir le Dieu unique, ils proposent Jésus, Dieu et homme, juif mais infiniment plus proche que les personnages de la Bible que jusque-là ils tentaient d'aborder. Le raisonnement est simple : inutile de passer par le judaïsme pour rejoindre ce Jésus. Allez à lui directement.

Le problème des conversions de païens déborde les simples questions d'obéissance aux rites. Il oblige à une option fondamentale : depuis leur petite enfance, les fidèles d'origine juive de Jésus ont obéi à la Loi. Qu'en sera-t-il des païens qui demanderont le baptême en ignorant tout de cette Loi ? A-t-on le droit d'admettre des « gentils » dans l'Eglise du Christ ? Cette redoutable question va être posée aux anciens de Jérusalem contrôlés par le sourcilleux Jacques. Est-il permis de vivre en contact avec des Grecs, Scythes ou autres, tous gens qui n'ont pas été circoncis ? Comment tolérer que des disciples de la Loi, en partageant leurs repas, risquent de toucher des viandes d'animaux tués hors des règles ?

L'éloignement exagérant la portée du débat, tout cela, annoncé à Jérusalem, commence à dégager une odeur de soufre aux yeux de Jacques et des siens. Pas de temps à perdre : pour y regarder de près, il faut envoyer à Antioche un « enquêteur » de toute confiance. On le trouve. C'est Barnabas, celui-là même qui a introduit Saul auprès de Pierre et de Jacques. « Homme droit rempli d'Esprit Saint et de foi », on ne l'a pas seulement retenu en raison de son origine cypriote qui le rend proche d'Antioche par la distance mais, surtout, à cause de sa connaissance des mentalités antiochiennes.

A peine arrivé, Barnabas se met au travail. Il ne veut pas reconsidérer les conversions que l'on a obtenues des païens mais il tient — pour percer à jour la sincérité des engagements — à rencontrer chaque nouveau chrétien. Chez les païens convertis d'Antioche, Barnabas découvre une foi profonde qui l'enchante : « Quant il vit sur place la grâce de Dieu à l'œuvre, il fut dans la joie et il les pressait tous de rester du fond du cœur attachés au Seigneur [1]. » Il constatera vite que, dans cette ville immense, la tâche est au-dessus de ses forces.

1. Actes XI, 23.

Que faire ?

Que lui soit alors revenu le souvenir de ce Saul si complexe, haï par tant de gens mais qui, à Jérusalem, l'avait ému, voilà qui semble évident. Il s'informe : qu'est-il devenu ? Il est retourné à Tarse où il fabrique des tentes ; on lui a confié une vague mission de délégué apostolique. Qui la lui a délivrée ? Pierre et Jacques. Barnabas n'en doute plus : il tient l'homme du destin. Luc relate cela en sept mots, parce que, pour lui, l'affaire coule de source : « Barnabas partit alors chercher Saul à Tarse. »

Laissons courir notre imagination. Arrivée de Barnabas à Tarse. Enquête pour découvrir la maison de Saul. La porte à laquelle il frappe. Renvoyé par la mère à l'atelier. Couleur locale. Les morceaux de tente que Saul assemble ou le marché qu'il traite. Hésitation respective au moment de se reconnaître : comme on change ! Le tour intéressant qu'a pris la calvitie de Saul. Naturellement tu couches à la maison. Mais non. Mais si. Les parents. Les petits plats dans les grands. Exposé de Barnabas. Silence. Quelques larmes de la mère à l'idée de perdre de nouveau son fils. Le vieux monsieur la fait taire. Silence. Question de Saul, lourde de sens : quand partons-nous ? Demain.

Qui prouvera que cela ne s'est pas passé ainsi ? Les grandes entreprises commencent souvent petitement. J'aime le commentaire de l'historienne Marie-Françoise Baslez : « La chance lui vint d'Antioche et de Barnabé. »

Excellente occasion de rendre à Barnabas le nom sous lequel il est devenu saint.

Saul a trente-cinq ans. Il marche.

Barnabé marche.

Comment leurs propos ne concerneraient-ils pas — avant tout — le débat fondamental d'Antioche ? Logiquement tout aurait dû porter le Tarsiote, élève du tolérant Gamaliel, vers les hellénistes. Or ceux-ci, depuis l'affaire d'Etienne, le haïssent. La réponse de Saul aux questions qu'a pu lui poser Barnabé n'a pas dû se faire attendre : sa rencontre avec Jésus a fait de lui un chrétien sans annuler rien de sa judaïté. L'essentiel qu'il en a retenu et l'ordre qu'il a reçu sont de faire connaître à *tous les hommes* que le Fils de Dieu a été crucifié pour racheter les fautes de *tous les hommes*. Exclure les païens pour quelque raison que ce soit serait une grande faute. Barnabé peut compter sur un frère qui, imprégné de culture grecque, formé par l'artisanat et le négoce, se trouvera partout à l'aise pour annoncer le Christ.

Quand on marche, on n'échange pas seulement des idées générales. On s'informe, on informe. On parle d'Hérode Agrippa Ier, que son compagnon de débauche Caligula a fait roi en lui attribuant la Palestine du Nord, la Galilée et la Pérée auxquelles Claude a ajouté la Judée et la Samarie : le royaume du grand-père Hérode le Grand reconstitué ! Dans son zèle à se faire apprécier par des sujets rétifs, Agrippa s'est mis à pourchasser les chrétiens. Jacques, fils de Zébédée, est « mort par l'épée » : le premier des apôtres à verser son sang. De nouveau Pierre a été arrêté mais — Barnabé est prêt à en jurer — un ange lui a ouvert les portes de sa prison. Libre, il a fait avertir Jacques, frère du Seigneur, ainsi que les Anciens. Ils se sont mis en lieu sûr.

Agrippa ? Alors qu'en avril 44 il prononçait un discours à la tribune royale, « l'ange du Seigneur le frappa[1] ». Flavius Josèphe n'a pas eu vent de la même mort : « Il entra au théâtre à l'aurore, vêtu d'une robe entièrement en argent et d'un tissu admirable... Alors il fut pris de maux d'intestin et mourut trois jours plus tard. » Luc ajoute que « dévoré par les vers, il expira ». Il n'y va pas de main morte, l'ange du Seigneur de Luc.

Et puis, voici Antioche.

Se préoccupe-t-il, Saul, du passé de la ville qu'il retrouve ? Ce n'est pas son genre. Quel intérêt pour lui qu'Antioche ait été fondée trois siècles plus tôt par Séleucos Ier, dit le Vainqueur, qu'elle soit devenue la capitale de l'Empire

1. Actes XII, 23.

séleucide, que treize souverains y aient régné jusqu'en 64 av. J.-C., époque où Pompée a dépouillé Antiochos XIII de son trône ? Le génie séleucide a tiré un parti magnifique d'une position unique sur la Méditerranée. Très vite, la ville a attiré les négociants, les commerçants, les armateurs, les banquiers. Aussi est née la plus cosmopolite des cités, ruisselante de richesses et de passions extrêmes. Au IIe siècle av. J.-C., l'Empire séleucide rayonnait déjà de la Grèce à l'Hindou Kouch. Rivale d'Alexandrie, Antioche comptait cinq cent mille habitants. Au Ier siècle de notre ère, quand Saul la rejoint, elle n'a que peu changé.

Bien difficile pour le Tarsiote d'appréhender les contradictions d'une telle ville. Evoquant Séleucie, le port d'Antioche, Juvénal s'indignait d'y voir, chaque année, s'embarquer des « êtres corrompus » nés d'une « pourriture séculaire » prêts à s'abattre sur Rome pour l'infecter. Cette entrée en matière sans ambiguïté inspirera Renan. Des sources dont aucune ne lui a échappé, il a tiré d'Antioche une description saisissante. Nous la voyons, cette « ville de courses, de jeux, de danses, de processions, de fêtes, de bacchanales » où règnent « un luxe effréné, toutes les folies de l'Orient, les superstitions les plus malsaines, le fanatisme de l'orgie ». Sur la grande avenue qui traverse la cité de part en part, roulent « les flots d'une population futile, légère, changeante, émeutière, parfois spirituelle, occupée de chansons, de parodies, de plaisanteries, d'impertinence de toutes espèces ». Renan devine là « comme un enivrement, un songe de Sardanapale » où se déroulent « pêle-mêle toutes les voluptés, toutes les débauches, n'excluant pas certaines délicatesses ».

Prenons garde au manichéisme : dans la ville de toutes les folies, on lit et admire Aristote, on représente Aristophane et Euripide, les écoles sont les plus cotées du Proche-Orient, les bibliothèques regorgent d'ouvrages. De loin, on vient admirer les temples où l'on prie.

Que l'un des débats les plus décisifs de l'histoire du christianisme se soit engagé dans un tel cadre et un tel climat, voilà qui nous laisse, vingt siècles après, incrédules. Pourtant cela fut.

Le premier sujet d'étonnement de Saul à Antioche a sûrement été de découvrir le nom que ses frères en Jésus portaient désormais : « C'est à Antioche que, pour la première fois, le nom de *chrétiens* fut donné aux disciples[1]. » De quelque croyance que l'on se réclame, on ne peut que ressentir de l'émotion en voyant surgir un mot appelé à un si prodigieux avenir et qui renfermera tant de foi, de sainteté, d'esprit de conquête dans le meilleur et — parfois — pire sens du terme. La source du mot est le grec *christianos*, formé sur *Christos* : le Christ. Etrangement, ce sont les milieux non chrétiens qui l'ont forgé. Les intéressés qui se désignaient jusque-là comme *frères*, *saints*, *croyants*, *disciples*, *la Voie* semblent l'avoir accueilli sans réticence puisqu'ils se sont empressés de l'adopter. Le biographe se sent soulagé de pouvoir écrire enfin chrétien sans périphrase, avertissement, guillemets ou note explicative.

Peut-être devons-nous voir désormais Saul à travers les mosaïques et les peintures qui, vraisemblablement nées de portraits plus anciens, nous livrent l'image invariable d'un homme au regard dominateur, maigre, chauve, le front large et une barbe taillée en pointe.

Sent-il que l'avenir de l'Eglise du Christ est en train de se jouer ? De toute part elle s'organise. A Antioche, c'est à un groupe de cinq hommes exemplaires qu'il revient — à côté de « l'Assemblée » — de diriger la communauté. Au milieu de telles autorités, Saul figure seulement comme un disciple zélé. Bien que recommandé par Barnabé, il doit faire ses preuves. Les disciples d'Etienne sont loin d'avoir oublié leur persécuteur de Jérusalem. Les autres savent-ils seulement ce qui lui est arrivé sur le chemin de Damas ? Saul a dû, pendant une durée assez longue, renoncer à s'en targuer : s'exposer à des doutes — logiques et vraisemblables — sur l'Evénement lui eût été insupportable. Ses lettres le démontrent : il se sent toujours dans la dépendance immédiate du Christ. De cette certitude, il ne déviera plus.

1. Actes XI, 26.

Durant une année entière, Saul vit avec Barnabé en communauté charismatique, jeûnant et priant en compagnie de « permanents » de l'Eglise locale. Il prêche dans les synagogues mais aussi — voilà qui est nouveau — ailleurs dans la ville. Une tradition, longtemps évoquée à Antioche, l'a montré parlant près du Panthéon et notamment à des auditoires romanisés. Il enseigne plus volontiers qu'il ne baptise. De jour en jour, de mois en mois, Barnabé peut se convaincre de l'excellence de son choix. Que Saul ait subi profondément son influence ne fait aucun doute, non plus que l'amitié qui les unira si longtemps. L'un et l'autre restent célibataires alors que d'autres parmi les têtes de l'Eglise — tels Pierre et Jacques — sont mariés. Barnabé, pourtant issu d'une riche famille de Chypre, s'obstinera, comme Saul, à travailler de ses mains pour ne pas être à la charge de la communauté. Sur la liste des cinq principaux membres de la communauté chrétienne d'Antioche, Barnabé a droit à la première place, Saul à la dernière.

Est-ce parce qu'il cherche éperdument la lumière que Saul va être frappé par ce que d'aucuns désigneront comme un encouragement manifeste, d'autres comme le plus insolite des rappels à l'ordre ? « Cela vous tombe dessus », disent ceux qui en ont été l'objet. La vision que reçoit Saul le marquera à jamais. Se refusant par humilité à s'exprimer à la première personne du singulier, il l'évoquera plus tard en ces termes : « Je connais un homme en Christ qui, voici quatorze ans — était-ce dans son corps ? je ne sais, était-ce hors de son corps ? je ne sais, Dieu le sait — cet homme-là fut enlevé jusqu'au troisième ciel [1].

« Et je sais que cet homme — était-ce dans son corps ? était-ce sans son corps ? je ne sais, Dieu le sait — cet homme fut enlevé jusqu'au paradis et entendit des paroles inexprimables qu'il n'est pas permis à l'homme de redire. Pour cet homme-là, je m'enorgueillirai, mais pour moi, je ne mettrai mon orgueil que dans mes faiblesses. Ah ! si je vou-

1. La tradition juive a retenu de cinq à dix ciels. Sept est le chiffre le plus courant. On situait généralement le paradis au troisième ciel.

lais m'enorgueillir, je ne serais pas fou, je ne dirais que la vérité ; mais je m'abstiens, pour qu'on n'ait pas sur mon compte une opinion supérieure à ce qu'on voit de moi, ou à ce qu'on m'entend dire. Et parce que ces révélations étaient extraordinaires, pour m'éviter tout orgueil, il a été mis une écharde dans ma chair, un ange de Satan chargé de me frapper, pour m'éviter tout orgueil. A ce sujet, par trois fois, j'ai prié le Seigneur de l'écarter de moi. Mais il m'a déclaré : “Ma grâce te suffit ; ma puissance donne toute sa mesure dans la faiblesse.” Aussi mettrai-je mon orgueil bien plutôt dans mes faiblesses, afin que repose sur moi la puissance du Christ.

« Donc je me complais dans les faiblesses, les insultes, les contraintes, les persécutions, les angoisses pour Christ !

« Car lorsque je suis faible, c'est alors que je suis fort[1]. »

A ceux qui vont répétant que les bénéficiaires de visions n'en rapportent que des pauvretés, quelle réponse !

Une écharde dans la chair. L'expression a fait couler des flots d'encre. Toutes les maladies qui peuvent frapper un corps humain ont été proposées : arthrose, tendinite, sciatique chronique, goutte ; tachycardie, angine de poitrine ; démangeaisons, prurit, gale, anthrax, furoncle, hémorroïdes, fissure anale ; eczéma, lèpre, zona ; peste, rage, fièvre de Malte, érysipèle ; gastralgie, colique ; maladie de la pierre ; otite chronique, sinusite, trachéo-bronchite ; rétention d'urine, urétrite ; paludisme, filariose, teigne ; céphalée, gangrène, suppuration, abcès, hoquet chronique, convulsions ; épilepsie.

Dernière hypothèse à la mode — mais s'agit-il d'une maladie ? —, l'homosexualité. Que choisir ? Comme Paul a traversé victorieusement des épreuves sans nombre et n'a trouvé la mort, à un âge respectable, que sous l'épée du bourreau, il faut exclure les maladies qui tuent à coup sûr : la peste, la lèpre, la rage, la gangrène ; celles qui l'auraient

1. 2 Co XII, 2 à 10.

trop affaibli pour qu'il pût poursuivre longtemps sa mission : l'angine de poitrine, le paludisme, la suppuration, voire un hoquet comparable à celui dont souffrira Pie XII. Plus simplement, il faudrait revenir au sens du mot et à ce qu'il suggère. Une écharde est un corps quelconque, particulièrement de bois, entré dans la peau par accident et qui peut susciter, lors de certains mouvements, une vive douleur. En l'occurrence il faut imaginer une écharde restant en place durant une vie presque entière. La plupart des noms évoqués n'entrent pas dans ce cadre. Restent au premier rang les douleurs arthritiques ; si, dans les premiers films de Chaplin, les rhumatisants font rire, ceux qui en souffrent ne s'en amusent jamais. Certaines arthrites se révèlent de véritables martyres ; au temps de Paul rien ne pouvait les soulager. On peut y ajouter les coliques néphrétiques récurrentes. Une lettre de Paul fait allusion à une maladie qui l'a immobilisé plusieurs mois. Il ne s'agit pas de l'écharde. Les maladies sont occasionnelles, l'écharde est permanente.

L'écharde ne doit pas masquer l'essentiel : l'homme qui a traversé la vision qu'il évoque dans la Deuxième Epître aux Corinthiens en sort touché jusqu'au fond de l'âme. Les grands mystiques ont trouvé des mots rares pour relater la faveur dont ils ont été l'objet.

Soyons-en sûrs : la vision est venue à point nommé. Un nouveau Saul est né. Alors que la plupart des chrétiens de la première génération estiment que le plus important, pour un juif converti, est de persuader les autres juifs de se rallier au Messie, Saul confirme son autre ambition : faire connaître le message du Christ à ceux qui ne sont pas juifs.

Entre juifs christianisés, on discute toujours. Ceux qui refusent de transiger avec la Loi accentuent leur désaccord avec ceux qui veulent à tout prix s'ouvrir au monde. De part et d'autre, on se crispe, on s'acharne. Saul s'affirme comme l'un des plus ardents parmi les « libéraux ». L'affrontement va trouver son terrain de prédilection : la circoncision.

Que la question doive être posée, le camp de Barnabé et Paul n'en disconvient pas. Simplement il s'interroge : les païens qui demandent le baptême n'ont pas été circoncis comme le veut la Loi. Faut-il, avant de les recevoir parmi les fidèles de Jésus, les livrer à la lame du rabbin quel que soit leur l'âge, vingt, trente, quarante ans ? Ces païens y répugnent. Va-t-on priver le Christ de la foi dont ils témoignent ?

Chacun campe sur ses positions.

Un jour que Barnabé, Syméon, Lucius de Cyrène, Manaen et Saul sont réunis pour célébrer le culte du Seigneur, ils perçoivent ensemble un ordre qu'ils sentent venu d'ailleurs. Il est clair : *Réservez-moi donc Barnabé et Saul pour l'œuvre à laquelle je les destine.*

« Alors, après avoir jeûné et prié, et leur avoir imposé les mains, ils [Syméon, Lucius et Manaen] leur donnèrent congé. Se trouvant ainsi envoyés en mission par le Saint-Esprit, Barnabas et Saul descendirent à Séleucie, d'où ils firent voile vers Chypre [1]. »

Pour la deuxième fois, Barnabé va donc jouer un rôle essentiel dans la vie de Saul. Après l'avoir tiré de sa retraite de Tarse, il va le conduire dans le pays qu'il connaît le mieux parce qu'il y est né : Chypre.

1. Actes XIII, 3 et 4.

CHAPITRE V

Où Saul devient Paul

Trois chrétiens s'acheminent vers Séleucie, port d'Antioche : Barnabé, Saul et un jeune homme du nom de Marc, cousin du premier et qui fera parler de lui ; l'un des Evangiles lui sera attribué, ce que l'on ne saurait considérer comme la moindre des choses. Nous sommes au printemps 45.

Dix-neuf siècles plus tard, en compagnie de cette Cornélie Scheffer à qui il a dédié son *Saint Paul*, Ernest Renan quittera lui aussi Antioche pour Séleucie. La marche, écrit-il, est « d'une petite journée ». Nous autres, automobilistes, sommes ramenés à la réalité par un cavalier, ex-séminariste quadragénaire, hanté par le doute et guetté par l'embonpoint.

Suivons-les, ces trois chrétiens dont la tunique s'alourdit de poussière et cet Ernest Renan que j'imagine volontiers vêtu à la manière d'un voyageur de Jules Verne[1]. L'auteur de *L'Avenir de la science* a observé les mêmes paysages que Saul. De l'an 45 à 1861, on est sûr que ceux-ci ont bien peu changé. Renan a traversé et dépeint des hameaux guère éloignés — choses et gens — des villages bibliques. Il devient donc une source pour aborder les itinéraires de Saul puis de Paul. La preuve : « La route suit à distance la rive

1. Chargé, en 1860, par le gouvernement impérial d'une mission archéologique en Syrie, Renan visitera la Palestine voisine en avril-mai 1861 et en rapportera sa propre vision de Jésus, « homme incomparable, si grand que je ne veux pas contredire ceux qui, frappés du caractère exceptionnel de son œuvre, l'appellent Dieu ».

droite de l'Oronte, chevauchant sur les dernières ondulations des montagnes de la Piérie, et traversant à gué les nombreux cours d'eau qui en descendent. Ce sont de tous côtés des bois taillés de myrtes, d'arbousiers, de lauriers, de chênes verts ; de riches villages sont suspendus aux crêtes vivement coupées de la montagne. » Trente-deux kilomètres séparent Antioche de Séleucie. A mi-chemin, la route franchit un col d'où l'on aperçoit la mer. « Les sommets boisés des montagnes de Daphné forment l'horizon du côté du sud. »

On espère que les émigrants efféminés signalés par Juvénal n'auront pas trop encombré l'endroit de l'embarquement et que le vent, tombant des montagnes, n'aura pas soulevé sur le golfe cette « forte houle » signalée par Renan alors que « les quais, le môle formé de blocs énormes » existaient encore. Au XXIe siècle, il n'en reste que des vestiges — môle et remparts — auprès du village turc de Magaraçik.

Cependant que leur bateau gagne le large, nos trois chrétiens peuvent considérer devant eux « le bel arc de cercle formé par la côte à l'embouchure de l'Oronte » ; à leur droite, « le cône symétrique du Casius » ; à leur gauche, « les pentes déchirées du mont Coryphée » ; derrière eux, « les neiges du Taurus et la côte de Cilicie qui ferme le golfe d'Issus » [1]. Ernest ne s'est pas embarqué. Il s'est contenté, sur le sable noir de la grève, de saluer la mer où s'élançaient trois conquérants du Christ.

Simple observation : Saul et Ernest ont été, l'un et l'autre, traités de renégats.

Etablissant, au Ier siècle, le catalogue des épreuves physiques qui peuvent affliger l'homme, Sénèque situe les naufrages à égalité avec les incendies et les glissements de terrain. Durant toute l'Antiquité, les voyageurs ont privilégié le transport par mer, infiniment plus rapide et moins épuisant

1. Je tiens à saluer ici la mémoire de Renan, sorti de son cabinet de travail et des bibliothèques pour affronter des régions où les rares Européens ne se hasardaient guère que pour des raisons commerciales. Je vois en lui le précurseur des historiens modernes avides d'extirper la vérité de la contemplation des lieux.

que le voyage terrestre, mais ils n'en ont jamais méconnu les risques. Si réels, si fréquents étaient les dangers que l'on a dû édicter des règles pour les pallier en partie, la plus exigeante étant de naviguer seulement à la belle saison — de mai à septembre — afin que matelots et passagers ne deviennent point « le jouet des vents ». Les textes du temps maudissent l'avidité des armateurs : la plupart des naufrages avaient pour origine la surcharge du navire en marchandises et voyageurs. En 64, si Flavius Josèphe fait naufrage dans l'Adriatique, c'est parce que son bateau a embarqué six cents passagers.

Aucun navire n'est conçu pour recevoir exclusivement des passagers. On les accueille en surplus des « marchandises », mot générique pour désigner les denrées et les animaux, surtout bovins et ovins. Aux gros porteurs, *naves onerariae*, on oppose les caboteurs, *naves orariae*. Quand Barnabé, Saul et Marc se sont embarqués, ils savaient à l'avance qu'ils ne disposeraient d'aucun aménagement particulier. Ils ont dû emporter au moins une couverture et une natte pour dormir à même le pont. Très exceptionnellement, il advient que l'arrière du bateau, surélevé en forme de dunette, comporte des cabines — *dietae* —, toujours réservées à des passagers de marque. Dans le meilleur des cas, on dresse pour le vulgaire une tente destinée à le protéger des ardeurs du soleil. Certains se voient relégués « au fond du tillac », sort peu enviable car la cale recueille toutes les eaux du navire, y compris les plus malodorantes : le mot « sentine » résume tout. Le passager doit se munir de nourriture pour l'ensemble du voyage ; le capitaine ne fournit que l'eau potable.

Barnabé — chef d'expédition — a dû acquitter auprès de l'armateur le prix de la traversée. Le voyageur qui n'a pas retenu ses places à temps peut, au dernier moment, négocier avec le capitaine et ce sont des marchandages interminables. Pour une distance relativement courte — 76 milles, 214 kilomètres —, l'*oneraria* choisi par nos trois chrétiens est probablement un bateau plus rond que long, doté d'un seul mât, auquel s'arrime une voile rectangulaire moins haute que large. Pas de gouvernail mais, à l'arrière, deux longues rames fixées de part et d'autre de la poupe dans des « trous de guidage » et réunies par des « mèches » fixées à une barre, le *clavus*, par lequel le timonier gouverne le navire.

Des voyageurs comme les autres : c'est ainsi que ceux qui ont embarqué avec eux ont dû voir les trois hommes. Nous savons — nous — que s'engage une « expédition d'Alexandre à rebours » qui, de l'Orient, va conduire Paul jusqu'à l'Occident extrême — et à la mort sous le glaive du bourreau. Jusqu'ici le message du Christ ne s'est fait entendre qu'en bordure de la Méditerranée orientale. Il va retentir sur deux continents.

Que Saul ressente profondément la volonté d'évangéliser les païens, nous n'en doutons pas un instant. Va-t-il, comme les apôtres, « raconter » Jésus à ceux qui ne le connaissent pas ? Il en est incapable. Face à cette difficulté fondamentale, s'inquiète-t-il ? Lui qui vient, pendant des années, de se préoccuper seulement de tissage, de la manière de faire des tentes et du bénéfice qu'il pouvait en tirer, n'a-t-il pas tout à coup éprouvé le sentiment d'être présomptueux ? J'en doute. Même s'il a pu quelque temps reléguer l'Evénement, il lui a rendu toute sa place. A lui de communiquer à tous l'essentiel : *Christ est ressuscité.* Si Jésus a vaincu la mort, c'est pour sauver les hommes. Tous : « Les païens sont admis au même héritage, membres du même corps, associés à la même promesse en Jésus Christ[1]. » Si la mort est pour chacun au bout de la route, la peur, au moment de basculer, découle de cet inconnu qui menace. Paul clame : *Christ vous apporte le salut.* Il insiste : on peut rebrousser tous les chemins, même le plus mauvais. Il n'est pas de faute qui ne puisse être pardonnée. « Mort où est ta victoire ? » Paul est devenu le messager de « la bonne nouvelle du Christ », plus simplement la Bonne Nouvelle : « Moi, qui suis le dernier de tous les saints, j'ai reçu cette grâce d'annoncer aux païens l'impénétrable richesse du Christ et de mettre en lumière

1. Ep III, 6.

comment Dieu réalise le mystère tenu caché depuis toujours en lui, le Créateur de l'Univers[1]. » Tel est le thème qu'il veut transmettre à ceux vers lesquels il va. Il le fera dans son propre langage et celui-ci sera si exigeant, parfois si abscons que l'on se demande comment tant de gens l'ont compris et reçu. Voilà un autre mystère.

Une trentaine d'heures accroupis ou allongés parmi les sacs et les ballots sur un pont sonorisé par des mugissements et des bêlements : c'est le temps que Barnabé, Saul et Marc ont passé à bord. Observant l'interdit qui s'impose à tous les voyageurs par mer, ils se sont abstenus de manger du poisson et de se livrer à des rapports sexuels. Le dernier point ne concerne guère les deux premiers, ancrés dans leur célibat. Il semble exclu qu'un jeune homme destiné à la canonisation — saint Marc — ait pu, dans la tiédeur de la nuit, se laisser tenter par une belle créature. Sait-on jamais ?

Le jour s'est levé. Au loin se dessinent, dans l'éclat de leur blancheur, les falaises de Chypre. Blanches, elles aussi, les maisons qui, au port de Salamine, se découpent sur le bleu cru du ciel[2]. Bien que romaine depuis 58 av. J.-C., l'île reste presque totalement grecque : par sa langue, son écriture, son cadre de vie. De quoi ne pas mécontenter le quasi-Grec Saul. Quant à Barnabé, il retrouve « son » île et c'est tout dire.

Aujourd'hui subsistent, au nord de Famagouste, des vestiges qui rappellent l'ancienne grandeur de la ville : des thermes, un gymnase, un théâtre romain. Saul les a vus. La communauté juive de Chypre est particulièrement prospère : Flavius Josèphe l'affirme en précisant qu'elle envoyait du vin de Chypre au temple de Jérusalem. La principale ressource de l'île, ce sont les mines de cuivre. Leur rendement est tel que Rome a confié le gouvernement de l'île à un proconsul. Hérode le Grand, toujours soucieux d'accroître

1. Ep III, 8 et 9.
2. A ne pas confondre avec l'île grecque de Salamine qui, au large du Pirée, vit la défaite de Xerxès par la flotte athénienne.

sa puissance et d'arrondir sa fortune, a obtenu d'Auguste « la moitié du revenu des mines de cuivre de Chypre et la direction de l'autre moitié ». Ce n'est pas du cuivre que Barnabé, Saul et Marc sont venus chercher à Chypre.

« Arrivés à Salamine, ils annonçaient la parole de Dieu dans les synagogues des juifs [1]. » Comme on voit, ils ne perdent pas une minute. Qu'ils se soient adressés en priorité aux juifs de la ville, nombreux depuis l'époque des Ptolémées, annonce une méthode — singulièrement efficace — dont plus tard Paul fera sa principale force de frappe. Pour évangéliser les païens, on commencera toujours par prêcher les juifs. De ce fait, la Diaspora va se révéler l'agent principal de l'expansion du christianisme.

L'empressement des juifs à accueillir leurs coreligionnaires est devenu proverbial. Un voyageur juif arrive-t-il quelque part ? Il cherche le quartier juif, y court, on lui ouvre les bras. Au Moyen Age, le juif Benjamin de Tudèle parvient à parcourir toute l'Europe « sans avoir vu autre chose que des juifs ». Pourquoi en eût-il été autrement dans l'Antiquité ?

C'est le samedi, jour du sabbat, que nos missionnaires se rendent à la synagogue. On les entoure, on les questionne sur leur famille, le pays d'où ils viennent. On est avide de nouvelles ; les voyageurs en apportent. Jésus lui-même a procédé ainsi : « Il entra suivant la coutume le jour du sabbat dans la synagogue, et il se leva pour faire la lecture [2]. » Barnabé et Saul se gardent de parler trop tôt d'un Messie nommé Jésus. Mieux vaut laisser passer une semaine.

Je ne puis croire à l'émerveillement général qui aurait accompagné leur prise de parole et dont Luc s'est fait l'écho. Songeons que l'on vient annoncer à des croyants, élevés dans une religion millénaire et qui n'a nullement vieilli, qu'il leur faut modifier tout un pan de leur foi. Certains auront

1. Actes XIII, 5.
2. Lc IV, 16.

refusé d'écouter, d'autres protesté. De ce comportement qui deviendra le pain quotidien de Barnabé et Saul, ceux-ci ne s'affecteront pas : si quelques-uns veulent en savoir davantage, ils appellent cela un succès. Un unique converti signifie une victoire. Quelquefois, l'affaire tourne mal. Un auditeur se fâche, crie à l'imposture, au sacrilège. Cela se traduit par des violences, allant parfois jusqu'aux châtiments que l'on réserve aux hérétiques, les coups de fouet réglementés par les rabbins ou la flagellation spécifiquement romaine administrée par des licteurs : « Des juifs, dit Paul, j'ai reçu cinq fois les trente-neuf coups, trois fois j'ai été flagellé [1]. »

Deux routes s'offrent aux voyageurs. Vont-ils choisir celle du haut plateau montagneux, la plus directe, qui suit le cours du Pédias ? Cela représente cent cinquante kilomètres à vol d'oiseau à travers une montagne dont l'escalade n'évoque pas une partie de plaisir. Si l'on approche de l'été, on est sûr de subir les chaleurs insupportables dont, au Ier siècle, le poète Martial se plaignait déjà.

Tout porte à penser que le trio a choisi l'autre route : celle de la côte. Certes il faut parcourir cinquante kilomètres de plus mais, outre que cette dernière est incomparablement plus aisée, elle offre un avantage que nos missionnaires ne sauraient négliger : elle traverse des villes dotées de synagogues, Citium, Larnaca — plantée au milieu des paysages qui ont inspiré Homère — et Amatus.

On contourne les massifs montagneux de Troghodos. Nos missionnaires parcourent environ trente-cinq kilomètres par jour, vitesse légèrement inférieure à celle que l'on présentait, dans les écoles de mon enfance, comme la vitesse moyenne d'un homme à pied : quarante kilomètres par jour.

Ne les plaignons pas trop. Au printemps, l'air est léger, les paysages enchantent. A leur gauche, sur les pentes de montagnes aux sommets encore blanchis, les arbres, cerisiers ou pommiers, sont en fleur. Les vignes, artistement taillées,

1. 2 Cor XI, 24.

annoncent les grappes dont on fera un vin savoureux. Les orangers offrent des fruits que l'on pressent juteux. Les oliviers proclament la promesse de cette huile excellente que l'on exporte au loin.

Sur la droite des marcheurs, la mer, entamée par d'innombrables caps et promontoires, déploie toutes les gammes de bleu, ajoutant le bruit du ressac à la fascination du spectacle.

Plus le trio marche, et davantage il s'afflige : outre le culte d'Apollon célébré au nord de Currium, l'île vit tout entière sous le signe d'Aphrodite. Née, selon la légende, de l'écume des mers, la déesse grecque de l'amour s'est trouvée opportunément assimilée à la Vénus de Rome ; la conquête romaine de 58 av. J.-C. n'a en rien dérangé son culte, ses temples, ses prêtres et ses fidèles. Salamine, Amathonte, Idalion et Paphos, principales villes de l'île, lui restent vouées. On célèbre ses amours innombrables, sa sensualité sans limites — voire ses infidélités — et les enfants que lui ont donnés ses amants : Harmonie, Eros, Antéros, Priape, Hermaphrodite. Qu'elle favorise ouvertement les amours illicites n'est pas sans arranger bien des gens : commode Aphrodite !

Sur les hauteurs d'Amathonte se dresse son sanctuaire le plus fréquenté, aussi bien par les habitants de l'île que par les étrangers avides de participer aux fêtes que l'on y célèbre. De jeunes prêtresses y font montre d'un enthousiasme religieux qui va, certains jours de grande presse, jusqu'à un véritable stakhanovisme.

Comment venir à bout d'une telle foi qui flatte si bien les désirs, les instincts et les faiblesses des hommes ? Comment lui opposer les rigueurs et les interdits d'une Loi qui, pour être celle d'un Dieu unique, risque de susciter l'effroi ? On ne peut douter qu'une telle question ait obsédé Paul. Jusqu'au jour où il aura compris : nombreux étaient ceux qui, inconsciemment lassés d'un laxisme si ancien, cherchaient de nouvelles règles.

Dans chaque port, le pieux manège se réitère. A la synagogue, il est probable que Barnabé, du fait de sa double primauté — chef de mission et Cypriote — prend la parole le premier et privilégie l'image concrète de Jésus. Il le montre prêchant amour et pardon sur les routes de Galilée comme sur celles de Judée, guérissant les malades, ressuscitant des morts et, au moment où il pouvait être roi, choisissant de mourir sur la croix pour sauver tous les hommes.

Après quoi, c'est le tour de Paul. Il éprouve peu de confiance dans ses moyens oratoires : il reconnaît lui-même que « sa parole est nulle[1] ». Quelle importance ? Barnabé a parlé de l'homme-Jésus. Allons à l'essentiel : démontrons que ce Jésus est le fils de Dieu et en même temps Dieu lui-même. De l'anecdote on passe à l'abstraction. Nul n'a mis en doute sa force démonstrative, mais, pour certains de ceux qui l'écoutent, c'est dur. Ils ont heureusement des points de repère : Saul s'appuie surtout sur la Bible, ce qui suscite toujours un vif intérêt parmi les auditeurs juifs. Il souligne les passages qui annoncent la venue d'un Messie et affirme qu'ils s'appliquent très exactement à la personne de Jésus Christ. Il développe très certainement — comme il le fera dans ses lettres — le thème de la Résurrection, épicentre de son raisonnement. Peut-être les paroles se bousculent-elles dans sa bouche mais ceux qui écoutent sont frappés par ce petit homme qui bafouille parce que sa foi est trop forte. Et Marc ? On doit penser que, pour le moment, il se borne à écouter Saul. Plus tard, il apprendra tout autre chose en écoutant Pierre.

Le trio obtient-il des conversions ? Les Actes le sous-entendent. Sans plus. On rêverait d'un coup de filet superbe, de nouveaux chrétiens s'engouffrant en foule à la suite des trois hommes. Contentons-nous du rêve. Les marcheurs gagnent enfin la nouvelle Paphos, l'ancienne ayant été détruite par un tremblement de terre : l'empereur Auguste en a lui-même ordonné la reconstruction. Là réside le proconsul romain Sergius Paulus.

---

1. 2 Co X, 10.

On a cru longtemps ne connaître ce haut fonctionnaire romain que par les Actes qui citent le « proconsul Sergius Paulus, un homme intelligent [1] ». C'était peu. Des chercheurs patients nous permettent aujourd'hui d'attribuer à ce Romain des traits beaucoup plus accusés [2]. Appartenant à la troisième génération de colons installés sur les plateaux anatoliens, Paulus est originaire de Galatie centrale. Propriétaire à Venissius d'un vaste domaine, il a préféré en confier l'exploitation à des affranchis et entamer une carrière dans l'administration impériale : il sera un jour sénateur. Si aucun document ne confirme sa nomination comme proconsul à Chypre — poste assez médiocre aux yeux de Rome —, on sait que son prédécesseur est resté en place de juillet 43 à juillet 44 : le mandat durait un an. La rencontre de Sergius et de Saul se situe donc logiquement entre juillet 44 et juillet 45.

A Paphos, la magie a droit de cité. C'est tout juste si on ne lui accorde pas le rang de religion. Ses zélateurs se réfèrent à des doctrines qui plongent leurs racines en Egypte ou en Mésopotamie. Le proconsul accueille volontiers dans son palais un magicien plus recherché que les autres : un certain Elymas appelé aussi Bar-Jésus, ce qui indique des origines juives. Après s'être amusé de ses tours, Sergius entame avec lui l'un de ces débats dont raffolaient les intellectuels de l'Antiquité. En ce temps, « les philosophes se transformaient en sophistes et les sophistes en magiciens [3] ». Cela est si vrai qu'ayant appris la présence à Paphos de trois prédicateurs d'un dieu inconnu, Sergius Paulus — « homme avisé » selon Luther — a tenu à les rencontrer. Il « invita Barnabé et Saul et manifesta le désir d'entendre la parole de Dieu [4] ». On croira plutôt que, s'ennuyant dans son île, le proconsul a voulu se distraire en appelant à lui ces visiteurs insolites. Dénué de tout, le trio se voit du jour au lendemain jeté dans

1. Actes XIII, 7.
2. Voir T.-B. Mitford et H. Halfman.
3. Joseph Holzner.
4. Actes XIII, 7.

un luxe dont aucun n'avait la moindre idée. Accueil, salutations, questions. Barnabé s'explique. Et Paulus s'étonne : qu'est-ce donc que ce Messie ? En arrière-plan de la scène, le magicien Elymas s'énerve. Lui aussi est venu s'informer ; et s'il s'agissait de concurrents déloyaux ? Soudain il explose : que ces gens apportent la preuve de leurs dires ! Et que le proconsul ait à se méfier !

La violence que Saul porte en lui, et qu'il tente d'apprivoiser de son mieux, se réveille d'un seul coup. Son visage se courrouce. Il tonne :

— Toi qui es pétri de ruse et de manigances, fils du Diable, ennemi juré de la justice, ne vas-tu pas cesser de fausser la rectitude des voies du Seigneur ?

Pétrifiée, l'assistance l'écoute. Saul lance à son adversaire une botte ultime :

— Voici, du reste, que la main du Seigneur est sur toi : tu vas être aveugle et, jusqu'à nouvel ordre, tu ne verras même plus le soleil !

« A l'instant même, dit Luc, l'obscurité et les ténèbres l'envahirent et il tournait en rond à la recherche d'un guide. » Un miracle de Paul ? Tous les hypnotiseurs de quelque expérience obtiennent des résultats similaires. Sur sa lancée, Luc ajoute : « Quant il eut vu ce qui se passait, le proconsul devint croyant. » Admirable à lire mais peu convaincant. L'histoire n'enregistre, en ce temps, aucune conversion d'un personnage d'un tel rang. Si tel eût été le cas, l'intéressé serait aujourd'hui célébré sur les autels. Il arrive à Luc de prendre ses désirs pour des réalités.

De ces entrevues mémorables va découler un événement lourd de conséquences : *Saul va changer de nom*. Il demande qu'on l'appelle Paul et se nommera ainsi pour l'éternité. De Paulus à Paul, on ne peut nier le rapport. L'influence du proconsul aurait-elle été si forte ? Certains — dont saint Jérôme — ont avancé l'hypothèse d'une adoption de Saul par le Romain. Supposition gratuite : si une certaine intimité semble être née entre les deux hommes, elle reste plus philosophique que religieuse. L'immersion en un territoire si profondément grec n'aurait-elle pas conduit Saul à abandonner son nom juif ? Paulos, en grec, signifie petit : outre la réalité de sa taille exiguë, a-t-il voulu confirmer à ses propres yeux sa condition de serviteur réduit à rien du fait de la puissance infinie de Dieu ?

Au vrai, sous les enseignes romaines, coexistent tant de nations, de peuples et de langues que la substitution d'un nom à un autre se révèle chose courante et moyen d'intégration. L'exemple le plus frappant est celui de Simon, chef des apôtres, devenu d'abord Céphas et plus tard Petrus [1]. Pour un temps le Tarsiote sera Saul *dit* Paul. Assez vite, Saul disparaîtra et il ne restera que Paul. Adieu le souvenir du premier roi juif.

Autre changement décisif : à Chypre, on voit Paul passer insensiblement du second rôle à celui de chef de mission. La transition est indiquée avec une discrétion voulue par les Actes. Dans son Epître aux Galates, Paul la confirmera. Avec une modestie que l'on ne peut qu'admirer, Barnabé s'est effacé sans discussion. Comprend-il que le caractère entier de Paul le désigne pour être le maître ? Jusqu'ici les textes parlent de « Barnabé et Saul ». Il ne sera plus question que de « Paul et Barnabé ».

A Paphos relâchent des bateaux en partance pour toutes les directions. Il suffit de choisir. Il en est temps, d'ailleurs, car l'époque fatidique approche — l'automne de 45 — qui interdit les voyages par mer. Entre autres destinations, Ephèse se propose. On serait sûr d'y trouver, comme partout en Asie Mineure, beaucoup de juifs. Paul ne semble pas y penser. Il préfère Attaleia. Inutile de s'interroger sur l'initiateur de la décision : le nom de Sergius Paulus vient aussitôt à l'esprit, l'homme de l'Anatolie centrale, celui qui y possède de grands biens et des relations qui ne manqueront pas d'être fort utiles.

Il ne faut que trente-six heures de navigation pour saluer

---

1. *Képha* est le nom commun araméen pour « rocher ». Il a d'abord été traduit en grec par *Petros*, lequel a été ensuite transposé en latin sous la forme *Petrus*.

le golfe au fond duquel s'étale la majestueuse Attaleia. Tous les marins de Méditerranée savent y trouver, en période de tempête, un asile incomparable.

J'ai cherché Attaleia à Antalya, le site turc aujourd'hui le plus vendu à travers le monde par les agences de tourisme. De la présence romaine, je n'ai trouvé que la porte d'Hadrien, impressionnant propylée de marbre blanc dont le seul défaut, relativement à l'histoire de Paul, est d'avoir été édifié soixante-six ans après sa mort. Au musée, les salles phrygiennes et grecques l'emportent de loin sur les effigies de quelques empereurs. Quant à la *Danseuse*, excitante bacchante de 2,25 mètres de haut en marbre blanc et noir, elle vaut le détour même si nous doutons fortement que Paul s'en soit donné la peine.

Difficile, au milieu de cette ville balnéaire de sept cent mille habitants, plus européenne que turque, d'imaginer les missionnaires du Christ déambulant de par les rues. Le seul lieu que nous sommes sûrs d'avoir admiré en commun, c'est la haute falaise, au fond du golfe, que les voyageurs ont sous les yeux avant que leur bateau aborde. Au temps de Paul, elle formait le socle sur lequel la ville avait été édifiée. Il en est toujours de même aujourd'hui.

La région dans laquelle viennent de débarquer Paul, Barnabé et Marc s'appelle l'Anatolie[1]. Les Romains y règnent en maîtres. Non seulement les peuples y consentent mais ils s'en réjouissent. La plupart se sont soumis sans résister à la conquête. D'anciennes unités politiques, comme celles de Phrygie, de Carie, de Lydie, ont disparu. Aussi les royaumes de Pergame, de Bithynie, du Pont. Toute cette partie de l'empire implore la faveur d'être désignée comme « amie de César ». Les villes supplient que leur soit accordé le titre de « métropole » ou de « très illustre » : Tacite et Dion Cassius en témoignent. Le culte d'Auguste est devenu la religion

---

1. Le nom d'Asie Mineure ne date que du Xe siècle.

dominante. On élève partout des temples aux empereurs-dieux. Culte sincère ? On penchera plutôt pour une platitude génératrice d'avantages.

D'Attaleia, le trio gagne, à moins d'une demi-journée de marche, la ville de Pergé. Dans les *Verrines*, Cicéron a dénoncé des pillages du questeur Caius Verres : n'est-il pas allé jusqu'à arracher le revêtement en or de la statue de la déesse Artémis, protectrice de la cité ? De l'apparence de Pergé, on ignorait presque tout jusqu'en 1946, année où les archéologues turcs ont commencé à exhumer le merveilleux site qui dormait sous terre. Quand je l'ai visité, on y travaillait toujours.

Rien ne peut donner meilleure idée de ce qu'était une cité romaine en Asie Mineure. Paul l'a vue emprisonnée dans ses remparts. Il y est entré entre deux tours hellénistiques hautes de douze mètres et, sauf s'il a décidément choisi de rester insensible au monde extérieur, il n'a pas dû manquer d'être impressionné par leur majesté. En agrandissant la ville, les Romains ont tenu à conserver les vestiges de l'ancienne enceinte : merci, Romains !

Une fois franchie la porte monumentale, une avenue pavée de marbre s'est offerte aux regards du Tarsiote et de ses compagnons : longue de trois cents mètres, large de vingt, elle s'étire de part et d'autre d'un canal où l'eau coule en abondance. Des portiques permettent à la fois de marcher à l'ombre et de faire ses emplettes dans les boutiques. Si Paul s'est senti malade à Pergé, il aura pu consulter le médecin dont le cabinet s'ouvrait à l'est, dans la trente-neuvième échoppe en partant de la porte monumentale : une mosaïque le confirme aujourd'hui encore.

Nul ne peut ignorer l'édifice majeur de Pergé : l'imposant nymphée qui se dresse au fond de l'avenue. Au pied de l'acropole, sur deux étages, il recueille les eaux des sources voisines pour les offrir au canal. Comment Paul n'aurait-il pas foulé, à droite de la grande avenue, le pavement en mosaïque de l'agora — carré de soixante-quinze mètres de côté — où se retrouvait, aux heures fraîches, toute la ville ? Il a dû passer sous l'une des portes de marbre qui permettaient d'accéder aux rues adjacentes. Les temples païens ne l'auront sans doute pas retenu. Ce qu'il aura privilégié c'est, bien sûr, la synagogue.

C'est d'elle que Paul, Barnabé et Marc se sont enquis. « Ils annoncèrent la parole à Pergé », dit Luc. Où l'auraient-il fait, sinon devant leurs frères juifs ?

Surprise : quand ils quitteront la ville, ils ne seront plus que deux. Marc les aura abandonnés. Il semble avoir été rebuté par la peinture horrifiante qu'on a dû lui faire du voyage à venir ; c'est du moins ce que l'on affirme généralement. Je proposerai une explication différente. Tout le monde n'est pas Barnabé. Il est bien possible que la personnalité de plus en plus égocentrique de Paul se soit révélée à la longue insupportable au jeune homme. A l'annonce de cette désertion, on imagine assez bien, alors que l'automne 45 touche à sa fin, ce que furent les adieux : les larmes de Marc, les propos conciliants de Barnabé, les cris de Paul.

CHAPITRE VI

A l'assaut de l'Anatolie

Nous roulions sur l'excellente route qui, dès la sortie d'Antalya, s'élève aussitôt vers le nord. On l'a littéralement creusée dans la montagne. A l'arrière de la voiture, Anne-Hélène, ma fille cadette, et son amie Aurore ne quittaient pas des yeux les bois touffus qui s'allongeaient de part et d'autre de la route. Imprégnées qu'elles étaient par le sens de notre voyage, y cherchaient-elles les ombres de Paul et Barnabé ? Micheline Pelletier, ma femme, un appareil photographique toujours à portée de main, conduisait. J'avais tout loisir de scruter l'immensité sauvage du Taurus dans laquelle nos deux missionnaires, il y a vingt siècles, s'étaient enfoncés. Je les imaginais, sur des chemins à peine tracés, ahanant au cœur de la forêt, visages griffés par les branches, peinant à escalader les pentes abruptes, glissant sur des traînées de roc en dévalant jusqu'au fond des ravins.

Pour affronter les dangers et les nécessités d'une telle expédition, il leur a fallu s'équiper : des chaussures robustes, un manteau à capuchon — le *birrus* — et un chapeau à large bord : le *pétase.* La toile de tente indispensable, on la devine avoir été choisie, avec un soin méticuleux, par quelqu'un de notre connaissance. Il faudra cuisiner, donc emporter un minimum d'accessoires. Impossible de fourrer tout cela dans des besaces. Ici intervient l'âne ou le mulet : ces idéales bêtes de somme ont le sabot très sûr en montagne. Louer l'un d'eux ou même l'acheter n'est pas ruineux : les voyageurs n'auront à s'occuper que d'eux-mêmes. L'indispensable bâton les y aidera et, à l'occasion, leur permettra de tenir en respect aussi bien les loups que les ours ou d'autres fauves qui grouillent dans ces parages. Sans oublier les brigands qui, tapis dans leurs repaires, tiennent en échec la police romaine pourtant si efficace dans tout l'Empire.

Sans relâche pèse l'écrasante toile de fond qui a marqué notre propre voyage, les mêmes sommets enneigés jusqu'au cœur de l'été. Bien entendu, aucune carte, aucune boussole, aucun compas. Inutile de croire à quelque poteau indicateur. Restent les étoiles mais il faut attendre la nuit et prier pour que des nuages ne voilent pas le ciel. Aujourd'hui encore, les villages sont rares : Paul et Barnabé ont pu marcher plusieurs jours sans rencontrer un être humain. La perspective d'une auberge se mue, la plupart du temps, en faux espoir. De temps à autre, une ferme ou une maison de bûcheron. On refuse rarement l'hospitalité à des voyageurs : la grange est toujours là, avec sa paille accueillante. Chaque fois qu'ils s'arrêtent, ils se ravitaillent de leur mieux : peu de chose, car ils ont peu d'argent. On remplit leur calebasse de lait de chèvre, ce qui rompra la monotonie de l'eau des sources ou des ruisseaux.

Quand les côtes sont moins rudes, les descentes moins périlleuses, ils échangent des propos de marcheurs. Banalités, observations sur le temps qu'il fait, les difficultés du parcours, les besoins naturels. Tout à coup, une confidence échappée presque malgré soi. De longues plages de silence peuplées assurément de prières. Comment en serait-il autrement de la part de deux hommes si violemment motivés ? S'adresser directement au Seigneur, lui confier tout d'eux-mêmes, lui offrir leur personne, implorer son aide, l'appeler parfois au secours : tout cela se situe dans la logique d'un tel projet. Faute d'écho, le dialogue avec Dieu peut tourner court. Alors des prières apprises depuis longtemps leur reviennent aux lèvres. Ce ne peuvent être que des prières juives : il n'en existe pas encore de chrétiennes. La première d'entre elles, le Notre Père, dictée par Jésus, n'apparaîtra que bien plus tard, lors de la publication des Evangiles. Ni Paul ni Barnabé n'ont dû y voir d'inconvénient : Jésus lui-même récitait des prières juives. Leur assurance d'être chrétiens sans cesser d'être juifs n'en prend que plus de force.

Je vois Paul toujours chétif mais musclé par les distances parcourues, mâchoires serrées, acharné, presque agressif.

Ce qui, lui et Barnabé, les a portés, motivés, soutenus, c'est la certitude d'agir selon un ordre qui leur venait de Dieu. On ne pouvait remettre d'un jour l'annonce que le Messie — le *Fils de Dieu*, martèle Paul — avait visité les hommes et que, dès lors, un espoir démesuré s'ouvrait à tous. L'histoire des mystiques — grands et petits — démontre qu'une telle foi peut centupler les forces. Elle permet même d'annuler les lois de la nature : des êtres humains ont vécu durant des années, au XXe siècle encore, sans nourriture.

La végétation change. Nous nous disions que cela ressemblait un peu aux Alpes suisses. Tout à coup, au détour d'un chemin, un lac a surgi d'entre les arbres. A l'instant nous est venu à l'esprit le soulagement des deux hommes quand — après quelles épreuves ! — ils l'ont aperçu. Par la route actuelle qui coupe au plus court, cela représente cent trente kilomètres. Il faut au moins tripler la distance pour des gens à pied qui montent et qui grimpent. Ce lac, Paul et Barnabé savaient par ouï-dire qu'il se trouverait sur leur route ; ils en connaissaient le nom. Aujourd'hui, le lac d'Egridir est en superficie le quatrième de Turquie : d'une beauté qui saisit, long de quarante-huit kilomètres, large de trois à dix-sept kilomètres, nul ne peut oublier sa couleur bleu turquoise. L'hiver, souvent gelé, il ressemble à un lac sibérien. L'été, alimentées par deux cents sources, ses eaux sont tièdes. Quand nous nous sommes arrêtés sur ses rives, le vent soufflait violemment et des vagues courtes se pressaient. Au loin, la masse rocheuse du Sultan Dag écrasait tout. Elle s'élève ici à plus de 2 500 mètres.

Pour poursuivre leur route, Paul et Barnabé ont longé ce lac. Peut-être ont-ils été tentés par la proposition d'un pêcheur de les conduire jusqu'à son extrémité nord. Ils ont refusé : trop cher. D'ailleurs, le nord les aurait éloignés de leur chemin vers Antioche de Pisidie : soixante-cinq kilomètres par la route d'aujourd'hui.

Les dangers évoqués plus tard par Paul ne sont pas des artifices littéraires : « voyages à pied, souvent ; dangers des fleuves ; dangers des brigands ; dangers dans le désert ; fatigues et peine, veilles souvent ; froid et dénuement... [1] » De là, on conçoit le bonheur des voyageurs en approchant de cette autre Antioche, mais aussi leur étonnement quand ils y pénètrent.

Certes, Paul a connu de grandes villes : Jérusalem, Damas, Antioche de Syrie et même Tarse ne méritaient aucun dédain. Eût-il imaginé une métropole romaine au milieu d'une région que Luc jugera barbare et sauvage ? Que dire de ces édifices qui ne datent que de soixante-quinze ans seulement ? Imaginez un quartier de Paris construit en 1925 au milieu du Sud tunisien. Les remparts que découvrent les deux hommes sont romains. Après avoir franchi la porte, romaine bien entendu, les voici en présence de deux avenues perpendiculaires bordées de portiques : l'une — du sud au nord — portant le nom de l'empereur Auguste ; l'autre — d'est en ouest — érigée sous le signe de Tibère. La dernière les conduira jusqu'à une porte monumentale à trois arches, ornée d'emblèmes magnifiant la victoire d'Actium. Ces propylées permettent d'accéder au centre d'une vaste esplanade entourée d'un portique à deux étages taillé dans le roc : la place d'Auguste. En son milieu : le temple principal de la ville, naturellement dédié à l'empereur-dieu Auguste.

Fondée par les rois séleucides au IIIe siècle av. J.-C., c'était une agglomération fort mince lorsque les armées de Rome, en –25, l'ont occupée. La décision prise par Auguste d'y établir une colonie romaine l'a métamorphosée. Les vétérans démobilisés après Actium y ont obtenu des terres qu'ils ont cultivées. A une condition : faire régner l'ordre parmi la population, ce à quoi ils étaient parfaitement préparés. La

1. 2 Co XI, 26.

colonia Caesarea, carrefour de routes, est devenue le moteur de la romanisation en Pisidie[1]. Antioche s'est voulue une réplique de la capitale de l'Empire : administration, traditions religieuses, division en quartiers, corps de citoyens. On a pris l'habitude de la surnommer : « la petite Rome ». Dans son testament, l'empereur Auguste a mentionné les colonies pisidiennes comme l'une des réalisations ayant le mieux marqué son règne.

Le premier soin de Paul et Barnabé : se loger et tout aussitôt se laver, souci impérieux de tous les juifs. Après quoi, ils peuvent détendre leurs muscles durcis et enduire d'huile leurs pieds douloureux. Si Sergius Paulus a remis aux deux voyageurs des lettres de recommandation, des portes ont dû s'ouvrir, des asiles se trouver. Après quoi, brûlant d'impatience, ils ont attendu le sabbat.

Tout indique que les juifs vivant à cette époque en Asie Mineure sont nombreux, « autant qu'en Egypte », ce qui ne signifie pas qu'il en était ainsi en Galatie. Flavius Josèphe fait état du traitement de faveur que leur accordaient les Romains : le commerce qu'ils pratiquaient les rendait plus proches d'eux, ils parlaient plus souvent grec ou latin que les populations autochtones. Les textes — entre autres ceux de Cicéron et de Philon d'Alexandrie — confirment l'existence de fortes communautés juives habiles à réclamer des droits et ne redoutant pas d'en appeler des décisions locales à l'autorité romaine. Elles ont même obtenu l'exonération des charges communes. Si quelque démêlé les opposait aux gens du pays, la plupart du temps les Romains leur donnaient raison, éventualité qui semble s'être révélée peu fréquente car on nous montre païens et juifs vivant en bonne intelligence. Après avoir intrigué la population, les mœurs des juifs ont même fini par séduire. Les « craignant-Dieu » étaient nombreux à fréquenter les synagogues. On s'étonne : des « craignant-Dieu » à Antioche de Pisidie ? Ils étaient partout : remarquable opportunité proposée aux chrétiens.

1. Michel Hubaut.

Pour Paul et Barnabé, l'heure est venue : « Le jour du sabbat, ils entrèrent dans la synagogue et s'assirent[1]. » On les observe. Simple curiosité à l'égard d'inconnus. L'intérêt va venir. « Après la lecture de la Loi et des Prophètes, les chefs de la synagogue leur firent dire : “Frères, si vous avez quelques mots d'exhortation à adresser au peuple, prenez la parole !” »

Ils n'attendent que cette invite. Paul se lève, prononce un long discours sur le thème de la continuité de l'histoire d'Israël. Pour le transcrire, Luc usera de tout son talent.

— Israélites, et vous qui craignez Dieu, écoutez-moi !

On ne peut s'empêcher de penser à Pierre parlant au Temple, à Etienne s'exprimant au Sanhédrin, d'autant plus que leurs discours sortent également du stylet de Luc. Tous les chapitres de la Bible défilent :

— Le Dieu de notre peuple d'Israël a choisi nos pères. Il a fait grandir le peuple pendant son séjour au pays d'Egypte ; puis, à la force du bras, il les en a fait sortir...

Le désert, le retour en Israël, le territoire partagé et distribué, les juges, les prophètes, les rois : rien ne manque.

— Dieu leur a suscité David comme roi. C'est à lui qu'il a rendu ce témoignage : *J'ai trouvé David, fils de Jessé, un homme selon mon cœur.*

Il n'est pas exclu que des têtes dodelinent, que des paupières luttent pour ne pas se clore. Ces paroles, on les a entendues tant et tant ! En ce qui nous concerne, la connaissance d'un tel discours est essentielle. Elle nous permet de découvrir le sens et les arguments dont use, dès cette époque, l'homme de Damas. La voix de Paul s'enfle. La synagogue se réveille :

— C'est de sa descendance que Dieu, selon sa promesse, a fait sortir Jésus, le sauveur d'Israël !

L'attention monte :

— Frères, que vous soyez des fils de la race d'Abraham ou de ceux, parmi nous, qui craignent Dieu, c'est à nous que cette parole de salut a été envoyée !

---

1. Actes XIII, 14.

« Ceux qui craignent Dieu » : dans une réunion publique, ce sont les minorités utiles que l'on salue. Paul n'y manque pas. Il poursuit :

— La population de Jérusalem et ses chefs ont méconnu Jésus ; et, en le condamnant, ils ont accompli les paroles des prophètes qu'on lit à chaque sabbat. Sans avoir trouvé aucune raison de le mettre à mort, ils ont demandé à Pilate de le faire périr et, une fois qu'ils ont eu accompli tout ce qui était écrit à son sujet, ils l'ont descendu du bois et déposé dans un tombeau. Mais Dieu l'a ressuscité des morts et il est apparu pendant plusieurs jours à ceux qui étaient montés avec lui de la Galilée à Jérusalem, eux qui sont maintenant ses témoins devant le peuple. Nous aussi, nous vous annonçons cette bonne nouvelle : la promesse faite aux pères, Dieu l'a pleinement accomplie à l'égard de nous, leurs enfants, quand il a ressuscité Jésus, comme il est écrit au psaume second : *Tu es mon fils, moi, aujourd'hui, je t'ai engendré !*

La résurrection de Jésus est, affirme Paul, chose unique :

— Sachez-le donc, frères, c'est grâce à lui que vous vient l'annonce du pardon des péchés, et cette justification que vous n'avez pas pu trouver dans la Loi de Moïse, c'est en lui qu'elle est pleinement accordée à tout homme qui croit[1].

Cette démonstration, il la reprendra désormais sans se lasser, il en enrichira le raisonnement, en développera les arguments et clarifiera ce qui a pu paraître obscur. Quel juif, hors Paul, aurait osé soutenir que la Loi de Moïse comportait des limites et qu'elles pouvaient être franchies ? Un seul jusque-là : Etienne. Il en est mort. Non seulement Paul lui emboîte le pas mais il va plus loin que lui. Quelle revanche, ô Etienne !

D'étape en étape, de mois en mois, d'année en année — d'obstacle en obstacle — va s'édifier une théologie.

Pour Schalom Ben-Chorin, spécialiste juif de l'histoire des religions déjà cité, disciple et ami de Martin Buber, le

1. Actes XIII, 15 à 39.

comportement de Paul dans les synagogues s'inscrit très exactement dans le cadre de l'office traditionnel : lecture de la *parasha* (chapitre de la Torah choisi pour la semaine), puis de la *haptara* (passage correspondant des Prophètes). Vient ensuite la *drasha* (prédication). Pour cette interprétation, « on fait souvent appel à un rabbin de passage ou à quelque autre visiteur érudit. Il en va toujours de même de nos jours ». Ben-Chorin estime conforme à la tradition que, « dans les synagogues de la Diaspora, on invite volontiers Paul, qui peut se présenter comme un disciple de Gamaliel, à prononcer ce type de sermon. Il commence alors par présenter une interprétation traditionnelle de l'Ecriture (essentiellement au sens du judaïsme hellénique) ; puis il annonce le message de Jésus, ce qui est régulièrement ressenti, par ses auditeurs juifs, comme un scandale ».

Pas toujours. Le scandale ne s'est pas produit à Antioche de Pisidie. Au contraire, on prie instamment Paul de traiter le même sujet lors du sabbat suivant : « Quand l'assemblée se fut dispersée, un bon nombre de juifs et de prosélytes adorateurs accompagnèrent Paul et Barnabé qui, dans leurs entretiens avec eux, les engageaient à rester attachés à la grâce de Dieu[1]. »

Les « prosélytes adorateurs » ? Tout simplement des « craignant-Dieu ». L'appellation a évolué suivant les époques. On parlera désormais d'« adorateurs », terme auquel on ajoutera fréquemment « incirconcis » : on ne saurait être trop précis.

Tout indique que les auditeurs — juifs et païens — ont été fortement remués par le discours de Paul. L'histoire des deux hommes arrivés d'on ne sait où et l'étrangeté de ce qu'ils annoncent se répand dans la ville au point d'en devenir le principal sujet de conversation. A la prière du samedi suivant, la synagogue accueille une affluence record. Au milieu des païens avides d'écouter les étrangers, les juifs se découvrent en minorité ! « A la vue de cette foule, les juifs

1. Actes XIII, 42 et 43.

furent pris de fureur et c'était des injures qu'ils opposaient aux paroles de Paul[1]. »

Qui ne l'imaginerait, cette demeure où l'on s'écrase, où l'on transpire et dont la foule déborde sans doute au dehors ? Comme la semaine précédente, Paul prend la parole. Au premier mot sur Jésus, des cris de colère éclatent.

Pour comprendre une telle réaction, il faut revenir à Ben-Chorin. Il sait ce dont il parle : « Les juifs — même s'il s'agit de juifs hellénistiques et libéraux de la Diaspora — ont à coup sûr le sentiment qu'il y a là une aliénation de leur tradition, une interprétation illégitime. Contrairement à ce qu'ont pu penser de nombreux théologiens chrétiens, ce sentiment ne découle pas de l'affirmation, par Paul, de la messianité de Jésus. Ce n'est pas là que se situe le scandale. [...] Si Paul s'était contenté d'annoncer le Messie en la personne de Jésus de Nazareth, il n'aurait pas provoqué ce conflit insoluble avec la synagogue qui marque toute sa vie. L'affrontement est dû au fait que d'une part, aux yeux des juifs, il déprécie la Loi au sens le plus large du terme et que, d'autre part, il prône l'égalité absolue entre païens et juifs, ce qui revient à supprimer l'Election d'Israël. »

Refuser aux juifs d'être le *peuple élu*, c'est en effet leur demander beaucoup. La meilleure preuve, on la trouve ce soir-là. Au moment où les juifs se répandent en injures, le reste de l'assistance proteste : « Laissez-le parler ! » Les païens veulent en savoir davantage sur ce Jésus qui commence à les faire rêver. Le paganisme s'enrichit sans cesse de nouveaux dieux : pourquoi pas celui-ci ?

D'où un violent affrontement heureusement limité à des mots. Paul et Barnabé doivent-ils mettre une sourdine à leurs discours ? Ce n'est pas dans leur nature. La présence dans la synagogue d'une majorité de païens est une chance à ne pas laisser de côté. Ils rappellent les juifs à l'ordre :

— C'est à vous que devait être adressée la parole de Dieu !

Une volée de protestations provoque une réplique prévisible :

1. Actes XIII, 45.

— Puisque vous la repoussez et que vous vous jugez vous-mêmes indignes de la Vie éternelle, alors nous nous tournons vers les païens !

Du coup, les juifs se taisent : abasourdis. C'est désormais aux païens que, se relayant, Paul et Barnabé s'adressent :

— Car tel est bien l'ordre que nous avons reçu du Seigneur : *Je t'ai destiné à être la lumière des nations afin que mon salut soit présent jusqu'à l'extrémité de la terre*[1].

« A ces mots, dit Luc, les païens, tout joyeux, glorifiaient la parole du Seigneur et tous ceux qui se trouvaient destinés à la Vie éternelle devinrent croyants. »

Tous ? L'enthousiasme de Luc l'entraîne une fois encore un peu loin. Qu'il y ait eu des conversions ce jour-là et d'autres les jours suivants, on peut le croire. Que « toute la contrée » ait été gagnée — ce que nous lisons dans les Actes —, il faudrait pour l'admettre que Luc nous précisât le laps de temps que suppose cette conquête. On estime aujourd'hui que cela a pu durer un an. Admettons que le succès fut grand, puisque Paul le confirmera dans sa lettre aux Galates en se vantant d'avoir convaincu des païens qui « ne connaissaient pas Dieu » et étaient « asservis à des dieux qui, de leur nature, ne le sont pas »[2]. Il s'agit donc d'Anatoliens fidèles à leurs cultes anciens, c'est-à-dire célébrant Men qui guérit les vivants, hommes et bêtes ; Sabazios, le ressuscité, et un cavalier fantôme qui promet l'immortalité.

Quel terrain eût été plus propice à la prédication de Paul et Barnabé que cette mythologie originale se référant à des dieux qui sauvent et — peut-être — à un seul ?

Pour gagner le périmètre, sévèrement protégé, des ruines d'Antioche de Pisidie, nous avons traversé la petite ville de Jalvac. Avant toute chose, nous avons vu l'aqueduc. Ses nombreuses arches amorcent, dans le lointain, une longue

---

1. Es IL, 6.
2. Ga IV, 8.

courbe vers la montagne. Tout autour, dans la campagne, des monticules trop réguliers abritent les ruines que l'on n'a pas encore pu dégager.

A l'entrée du site, on grimpe par une pente raide vers une porte monumentale dont ne subsistent que quelques piliers et qui donne accès à l'esplanade ainsi qu'à l'avenue dédiée à Tibère. Sur la gauche, une longue voie dallée s'élève jusqu'à l'hémicycle d'un théâtre construit au IIe siècle av. J.-C. et que Paul a donc pu voir. Surprise : l'avenue passe, par un tunnel, sous les gradins du théâtre. J'ai gagné l'un des plus hauts de ceux-ci. Sous l'étendue herbeuse qui s'étendait dans la campagne à mes pieds, j'ai cherché les quartiers de la ville qui restent à exhumer. La synagogue où tout a commencé gît-elle sous la terre brunâtre dont on a dégagé seulement les bains romains ? Ce matin-là, il faisait beau, il faisait chaud. Un unique ouvrier, protégé par un casque rouge, travaillait au milieu des pierres.

Paul et Barnabé ne cessent de marquer des points et la colère des juifs atteint des paroxysmes. Les femmes se montrent les plus exaltées. Elles assaillent de leurs plaintes les notables de la ville. En d'autres cas, ces Romains, soucieux d'harmonie entre les couches d'une population appelée à s'intégrer dans l'empire, auraient refusé d'intervenir dans un tel débat, mais les dames juives qui protestent si fort sont d'excellente condition sociale. Et riches. Le résultat ne se fait pas attendre : c'est aux perturbateurs que s'en prend l'occupant. Ils sont chassés de la ville. « Ceux-ci, ayant secoué contre eux la poussière de leurs pieds, gagnèrent Iconium ; quant aux disciples, ils restaient remplis de joie et d'Esprit Saint[1]. »

Sans l'épître immense que Paul leur a adressée, qui connaîtrait les Galates ? Il s'agit d'un peuple celte venu des Balkans au IIIe siècle avant notre ère. A l'encontre des conquérants dévalés de l'Est vers les terres fertiles de

1. Actes XIII, 51 et 52.

l'Ouest, il a manifesté son esprit de contradiction en choisissant de s'installer sur les rudes plateaux anatoliens. Après la bataille de Philippes, le roi galate Amynta a reçu d'Antoine le gouvernement de la Pisidie, puis celui de la Galatie, d'une partie de la Lycaonie et de la Pamphilie, puis s'est vu confirmer par Auguste la domination de cette région considérable. A la fin du règne d'Auguste (–25), les Romains se sont emparés purement et simplement de l'ensemble pour en former une province romaine. Pourquoi se charger d'alliés quand on peut régner en maître ?

Ce n'est rien de gagner Iconium — aujourd'hui Konya — en voiture : cent quatre-vingts kilomètres dont trente de montagne. Mais à pied ? Paul et Barnabé abordent maintenant des gorges dont les rochers noirs et déchiquetés sont propres à susciter l'effroi. A chaque détour du chemin, ils ont pu s'attendre à voir surgir des brigands. Les villages qui, à l'étape, les ont accueillis ont depuis longtemps disparu.

On peut les imaginer soulagés dès lors qu'ils rejoignent la voie dallée. A peine installée en Asie, Rome a prolongé jusque-là le prodigieux réseau qui sillonnait déjà l'Europe et symbolisera toujours sa toute-puissance. A l'origine, l'intention était purement militaire : il s'agissait de faciliter le déplacement rapide des légions. En 6 av. J.-C., l'empereur Auguste a donné l'ordre d'ouvrir un nouveau réseau sur le territoire actuel de la Turquie. Les ingénieurs se sont mis au travail et ont tracé des voies partant d'Antioche de Pisidie : l'une, traversant vers l'est vallées et montagnes, franchissait le Sultan Dag et, par un défilé étroit, rejoignait Iconium ; l'autre s'élançait d'Antioche de Pisidie vers le nord-est pour atteindre la Cappadoce[1]. En l'honneur d'Auguste, on a donné le nom de *Via Sebastè* aux deux routes : le grec Sebastos était l'équivalent du latin Augustus.

Filant à travers plaines et montagnes, le plus souvent en droite ligne, et les semant d'ouvrages d'art, les constructeurs ont multiplié les prodiges. On n'a oublié aucune des règles

1. Victor W. von Hagen.

impératives suivies en Europe et en Afrique : quatre à huit mètres de largeur, soubassement standard composé d'une base de maçonnerie recouverte d'une chape de béton, le tout atteignant jusqu'à deux mètres d'épaisseur. Les dalles sont si habilement découpées que l'on n'aura pas besoin de ciment pour les joindre. Tout cela fut l'œuvre des légionnaires renforcés par des « volontaires » locaux naturellement requis de force. L'expression travail de Romains vient-elle de là ? Songeons que le réseau — au IIIe siècle de notre ère — finira par atteindre le golfe Persique ! On en est à s'interroger sur l'insuffisance des verdicts prononcés par les gens de l'Antiquité : il fallait, d'urgence, décréter les voies romaines huitième merveille du monde.

Nous voici rassurés : nos voyageurs vont allonger leurs pas sur des dalles solides. A moins que, parallèlement à la voie, ils n'aient préféré cheminer sur un terrain plus propice à la déambulation. Les marcheurs qui me lisent comprendront.

Ce qui surprend quand on traverse les faubourgs de la Konya turque, c'est l'abondance des immeubles neufs ou en construction, d'ailleurs agréables à voir avec leurs couleurs vives : il faut répondre à la réalité d'une population en augmentation constante.

Impossible de découvrir le moindre souvenir de saint Paul dans cette métropole moderne de six cent mille habitants. Konya, dont les derviches tourneurs furent célébrés au XIIIe siècle par le Tekke de Mevlana, est avant tout consacrée au prophète Mahomet : impressionnante, la mosquée offerte par le sultan Selim à son père Soliman le Magnifique ; intéressante, Alâadin Camii, la plus ancienne (1220), où se dressent quarante-deux colonnes antiques surmontées de chapiteaux arrachés aux monuments romains : tout ce qui reste peut-être de ce qu'a vu Paul[1]. C'est de l'empereur Claude que la ville tient son nom : Claudiconium est devenu

1. On peut y ajouter, dans le jardin du musée d'archéologie, de nombreux tombeaux romains de grande taille — pierre ou marbre — dont la richesse s'affiche naturellement en proportion de l'importance des défunts.

Iconium. Au temps de Paul, on y célèbre surtout les cultes d'Héraclès et des divinités phrygiennes, Zeus, Magistos et Cybèle [1].

Paul et Barnabé ont réédité la manœuvre qui a finalement donné de si bons résultats à Antioche de Pisidie : visite à la synagogue le jour du sabbat, proposition de prendre la parole acceptée avec empressement. En définitive, « des juifs et des Grecs en grand nombre devinrent croyants », au grand dam, il faut le dire, des juifs demeurés rétifs lesquels « suscitèrent dans l'esprit des païens la malveillance à l'égard des frères » [2].

Les juifs ne sont donc plus seuls à s'indigner ; la conversion de certains païens scandalise aussi les leurs. La colère rassemble les deux camps qui vont se liguer contre les intrus. On décide de s'en emparer et — en toute simplicité — de les lapider. Prévenus, ils se dérobent à temps et rejoignent la voie romaine qui, à l'époque, s'achève à Lystre : une journée de marche au sein de l'un des plus beaux sites qui se puisse voir en Anatolie centrale. Un immense cirque de montagnes dentelées, dont les couleurs vont de l'ocre au vert doux pour passer au vert sombre, domine le haut plateau.

Nous avons voulu connaître Lystre, dont le village d'Hatursaray a aujourd'hui pris la place. Aucune trace de la voie romaine. A mesure que nous approchions, les lacets de la route actuelle se resserraient. Un panneau nous a égarés : il annonçait Lystra. Nous nous sommes engagés dans un chemin dont nous espérions qu'il conduirait à des restes évocateurs. Notre erreur fut bientôt patente : il n'existe de Lystre que de rares vestiges enfouis sous terre. N'émergent de cette ville, fondée par Auguste en 6 av. J.-C., que des pierres éparses, un fragment de l'enceinte et, dans la cour de quelques maisons du village, des sarcophages devenus auges : un gros village très pauvre dont les habitations aux murs de terre sèche sont coiffées de branchages enrobés

1. Simon Légasse.
2. Actes XIV, 2.

d'argile. Une petite mosquée. Des paysans étonnés de nous voir. Rien qui rappelle ici que c'est à Lystre que Paul a failli perdre la vie.

Sur toute la région, les jugements méprisants de l'Antiquité n'ont pas manqué. Strabon ne la ménage guère : « Un haut plateau froid et nu, sans ombre, à l'eau très rare et aux puits extrêmement profonds. » Là où paissaient de vastes troupeaux d'onagres, on manquait tellement d'eau qu'il fallait l'acheter à l'étape. Cicéron, qui y séjourna en tant que proconsul, ne manifesta que dédain à l'égard de cette population ignare et peu évoluée. Malgré les efforts des vétérans romains, Lystre se présentait encore, quand Paul et Barnabé y sont arrivés, comme une bourgade grossie artificiellement et à peine humanisée par les cultures auxquelles s'acharnaient les nouveaux attributaires.

Comment prêcher la Bonne Nouvelle à une population qui ne parle ni grec, ni latin, ni hébreu ? Paul et Barnabé s'entêtent. Le premier étonnement passé, la population s'habitue à les voir. On s'interroge sur l'origine de ces étrangers. Quand Paul prend la parole, on vient l'écouter, on ne comprend pas un mot de ce qu'il dit mais on admire l'enchaînement balancé des phrases et le ton enflammé qui les soutient.

Ce jour-là, au milieu de la petite foule réunie, un infirme ne perd pas un son du langage mystérieux : « Il se trouvait à Lystre un homme qui ne pouvait pas tenir sur ses pieds ; étant infirme de naissance, il n'avait jamais marché. » Le pauvre homme dévore des yeux Paul qui rencontre ce regard. « Voyant qu'il avait la foi pour être sauvé », le Tarsiote le fixe et, d'une voix forte, ordonne :

— Lève-toi, droit sur tes pieds [1] !

L'homme a compris l'invite par le ton de la voix et le geste qui l'accompagne. Il obéit. Il bondit. Il marche !

Jugez de l'émerveillement des gens de Lystre. On accourt, on s'attroupe, on s'émeut. On veut voir, toucher l'infirme

1. Actes XIV, 8 à 10.

guéri. Frappé plus que tous les autres, un Lystrien influent tire la conclusion, évidente à ses yeux, de ce miracle. Il s'écrie en dialecte lycaonien :

— Les dieux se sont rendus semblables à des hommes et sont descendus vers nous !

Non seulement ce langage convainc mais il correspond si fort à ce que ces gens ressentent qu'ils l'acclament. On ne perd pas un instant pour identifier ces dieux-là. Barnabé, plus grand et plus fort, est sûrement Zeus. Quant à Paul le discoureur, c'est à n'en pas douter Hermès, dieu messager des Olympiens et Mercure des Latins. L'hypothèse devient réalité. On se prosterne. A ces dieux reconnus, on adresse des prières. Le prêtre de Zeus-hors-les-murs, temple édifié devant la porte du bourg, est lui-même convaincu. Il accourt, brandissant des couronnes et tirant avec lui des taureaux. Il faut à l'instant les offrir en sacrifice à ces grands dieux qui honorent la ville de leur visite ! Stupéfaits, Paul et Barnabé cherchent en vain à comprendre le sens de ce manège. La vérité s'impose. Ils oscillent entre l'étonnement et la colère. Les prendre pour des dieux, eux qui se sont donné pour devoir de transmettre la parole du vrai Dieu ! Voyant que les protestations ne suffisent pas et sans que rien ait pu le laisser prévoir, nos deux chrétiens déchirent leurs manteaux, geste qui, dans l'Antiquité, frappe toujours :

— Que faites-vous là ? Nous aussi, nous sommes des hommes au même titre que vous !

Il y a, dans cette foule, quelqu'un qui parle grec. Il traduit de son mieux les explications enflammées de Paul. On l'écoute avec attention :

— La Bonne Nouvelle que nous vous annonçons, c'est d'abandonner ces sottises pour vous tourner vers le Dieu vivant *qui a créé le ciel, la terre, la mer et tout ce qui s'y trouve* ! Dans les générations maintenant révolues, il a laissé toutes les nations suivre leurs voies, sans manquer de leur témoigner sa bienfaisance, puisqu'il vous a envoyé du ciel pluies et saisons fertiles, comblant vos cœurs de nourriture et de satisfaction[1] !

1. Actes XIV, 15 à 17.

L'intraitable Paul fait place ici au stratège. Inutile de les attaquer de face, ces païens dont on ne peut prévoir les réactions. Ce serait risquer de mettre en cause l'essence même de la mission. Donc il n'en dit pas plus. Suit un lourd silence. Les visages se marquent de tristesse, à moins que ce ne soit de mécontentement. Comme ils sont déçus, ces Lycaoniens ! « Ces paroles calmèrent à grand-peine la foule, la détournant ainsi de leur offrir un sacrifice. »

Entre les missionnaires et le peuple lycaonien, la porte restera ouverte. Des gens demandent que leur soit expliqué ce Dieu vivant. Les interprètes traduisent. Paul et Barnabé assimilent peu à peu l'essentiel du vocabulaire lycaonien. Les conversions se multiplient. Deux femmes sont les premières à réclamer le baptême : Eunice et Loïs, sa mère. Suit un jeune homme nommé Timothée, fils d'Eunice, presque un enfant encore mais élevé par son père grec dans la langue de Périclès. Bouleversé par les discours de Paul, il le supplie de l'emmener avec lui. *Sois patient !* dit Paul.

Le bruit de ces succès a rejoint Iconium et frappé de plein fouet la communauté juive qui croyait être débarrassée de ces dangereux hurluberlus. Les juifs d'Iconium se précipitent à Lystre pour éclairer les naïfs et mettre fin à la forfanterie des imposteurs. Leur colère est communicative. En un tournemain, voilà les habitants de Lystre retournés. C'est à Paul qu'ils en veulent surtout : en guérissant l'infirme, ce magicien les a engagés sur un mauvais chemin ! On se saisit de lui et l'on repousse Barnabé qui volait à son secours. Toujours furieux, ceux d'Iconium les interrogent sur ce qu'ils vont faire du faux Hermès. Réponse sans ambiguïté :

— Le lapider !

Comment, à cet instant, Paul ne songerait-il pas au calvaire de l'infortuné Etienne ? Comme lui, il est entraîné hors de la ville, jeté à terre. Les furieux rassemblent des pierres et l'avalanche s'abat. Quand les gens de Lystre et les juifs qui ont suscité leur courroux voient Paul inanimé, ils le croient mort. Laissant le corps pantelant face contre terre, ils s'en retournent.

Fermes dans leur foi nouvelle, les premiers chrétiens convertis accourent à la suite de Barnabé. On se penche vers Paul. Le cœur bat toujours. La tête est intacte. Apparemment, il n'a pas reçu de blessures majeures. Echapper à une lapidation est presque sans exemple. Les lapideurs auraient-ils retenu leur main ? Outre une chance exceptionnelle, voilà qui confirme l'intensité de vie qui habite le petit homme. Affirmer comme l'a fait Luc que, le lendemain, Paul a repris la route en compagnie de Barnabé, relève d'une méconnaissance de la gravité des blessures qu'un tel supplice a dû nécessairement entraîner. Pour aller de Lystre à Derbé — dernière étape prévue de la mission — il faut parcourir cent quarante kilomètres. Impossible que le lapidé les affronte dans l'état où il est. Il faut croire qu'une famille convertie de Lystre l'aura abrité, caché, soigné. Quelques jours plus tard, Barnabé empruntera un chariot, y étendra Paul et, en plusieurs étapes, le conduira à Derbé où est implantée une colonie romaine. Là, il se rétablira et pourra reprendre sa mission.

Il ne reste rien aujourd'hui de Derbé — ce qui s'appelle rien. On admet que le tell de Kerti Hüyük, au sud-est de Konya, marquerait le site. A l'époque de Paul, il s'agit d'une ville importante. On lit dans les Actes que les deux missionnaires y ont réuni « d'assez nombreux disciples » mais rien sur la durée du séjour.

Ce silence de Luc ne facilite pas la datation des faits. Les lettres de Paul n'apportent pas plus de secours ; elles ne renferment aucune référence à la situation du monde extérieur. Luc s'en rapporte volontiers à des événements de l'histoire, mais ses « mises en synchronie » sont souvent fautives. Il use facilement de l'expression « il y a peu », ce qui n'apporte à l'historien qu'une aide bien relative. Il faut se résigner à l'approximatif en se souvenant que les auteurs antiques — qu'ils soient grecs ou latins — ne se préoccupent pas davantage de chronologie. La notion en soi mettra longtemps à voir le jour.

Combien de temps faut-il pour guérir les plaies d'un

lapidé ? Combien de temps pour convertir un peuple ? Répondre à la première question est plus aisé qu'à la seconde. Parions pour plusieurs mois.

Pourquoi Paul, rétabli, ne choisit-il pas de gagner Tarse directement ? Est-ce parce que l'hiver est venu ? Traverser le Taurus en cette saison n'offre certes pas une perspective bien tentante. Les auteurs parlent souvent de « l'infranchissable » Taurus. Connaissant l'obstination de Paul, il faut chercher ailleurs. On pensera qu'il a estimé nécessaire de consolider les « Eglises » et, à l'image des *conseils* que l'on trouve à la tête des communautés juives, installer sur place des responsables : « Dans chaque Eglise, ils leur désignèrent des anciens, firent des prières accompagnées de jeûne et les confièrent au Seigneur en qui ils avaient mis leur confiance [1]. »

Ni Paul ni Barnabé ne semblent avoir hésité. Après les adieux à la nouvelle communauté de Derbé, ils rebroussent chemin. Ils vont repasser par Lystre, Iconium et Antioche de Pisidie. Chaque fois qu'ils retrouveront ces villes, on imagine les risques qu'ils prennent. Que reste-t-il de ces convertis à qui ils avaient donné le baptême ? Joie : ils persistent à vivre en chrétiens. Les deux missionnaires resteront le plus de temps possible en compagnie de leurs frères nouveaux. Un passage de quelques jours n'aurait pas suffi à confirmer l'avenir de ces communautés dont l'histoire montre qu'elles deviendront des Eglises à part entière : « Ils y affermissaient le cœur des disciples et les engageaient à persévérer dans la foi. »

Pour Paul, la leçon reçue sera précieuse. Ces Eglises qu'il a fait naître sont presque exclusivement composées de païens. Face à l'obstruction systématique des juifs, il a trouvé en Asie Mineure, auprès de peuples baignant dans des mythologies parallèles, des gens disposés à recevoir le grand message. Autre leçon tirée de cette odyssée asiatique : nulle part il n'a été question de circoncision. Tout est résumé

1. Actes XIV, 23.

dans ces mots plus tard adressés par Paul aux nouvelles communautés :

— Il nous faut passer par beaucoup de détresses pour entrer dans le Royaume de Dieu...

CHAPITRE VII

Sous le signe de la circoncision

Le plus dur, quand on rebrousse chemin, est que l'on connaît déjà la profondeur des gorges dans lesquelles on dévalera et que l'on mesure à l'avance la raideur des pentes à gravir. On entendra de nouveau ces mille bruits annonçant les périls auxquels on a échappé à l'aller et qui risquent de se muer en réalité. De la hâte d'arriver ou de l'angoisse de n'y point parvenir, comment savoir ce qui, chez Paul et Barnabé, l'a emporté sur le chemin d'Attaleia ? Aucun moyen de mesurer le temps si ce n'est par des encoches aux bâtons. Entre les branches, on guette le moment où, dans la violence de la lumière que chacun connaît d'expérience, surgiront la mer et le ciel. Chaque faux espoir est reçu comme un échec.

Bonheur ! voici *Mare nostrum*. Les cœurs battent, les esprits se libèrent. A Pergé comme à Attaleia, ils vont retrouver, bien vivantes, les Eglises mises en place. Quand ils s'en arracheront et — enfin — s'embarqueront, on peut estimer, au rythme logique de leurs aventures, que leur mission aura duré deux ans.

Traversée sans histoire. En bout de course, le bateau cargue sa voile devant le port d'Antioche, l'autre, celle de Syrie. Quand ils débarquent, comment croire que le contraste n'a pas saisi ces hommes qui viennent de traverser des montagnes sauvages et de vivre auprès de peuples d'une simplicité presque primitive ? De l'énorme ville, rien n'est modifié, ni le grouillement de la population, ni l'orgueil de se proclamer ville libre, ni le mouvement des affaires, ni les grands airs que se donnent ceux qu'elle enrichit, ni la misère de ceux qui n'ont que leurs bras à offrir.

Depuis deux ans, nos missionnaires n'ont donné aucune nouvelle ; comment l'auraient-ils pu ? Chez les chrétiens d'Antioche, l'inquiétude a crû en proportion du temps qui passait. Les voici enfin de retour et qui racontent, alternant le récit des échecs et celui des conversions. On les écoute, on s'émerveille. Pas tous : certains ne cachent pas leurs réticences en apprenant que l'on a baptisé surtout des païens. On en reste donc à l'antagonisme entre judéo-chrétiens et pagano-chrétiens, ce qui nécessairement navre Paul.

Selon Pierre-Antoine Bernheim, auteur d'une biographie de l'apôtre Jacques, les juifs adoptaient, au Iᵉʳ siècle, une attitude « relativement tolérante » à l'égard des païens et des idolâtres. L'hostilité, voire la haine, que l'on rencontre encore, s'adressent surtout aux païens « qui vénèrent d'autres dieux en Terre d'Israël et contre ceux qui, à l'extérieur d'Israël, s'opposent au dessein de YHWH [Yahweh] ». Le prophète Esaïe affirme que « la Maison du Seigneur sera établie au sommet des montagnes et dominera sur les collines. Toutes les nations y afflueront [1] ». Par deux fois, Esaïe fait parler YHWH : « Je viens pour rassembler toutes les nations, de toutes langues, elles viendront et verront ma gloire [2]. » Le désir d'expansion semble démontré. Cependant, d'autres livres de la Bible condamnent tout rapport avec les gentils, notamment le Lévitique, Ezéchiel, Esdras et Néhémie. Rien n'est facile dans ce domaine.

Le comportement des juifs contemporains de Paul reflète la même diversité que la Bible. Le phénomène des « craignant-Dieu » marque néanmoins une ouverture. Si des païens, attirés par un monothéisme qui représente une immense nouveauté pour eux, fréquentent les synagogues,

1. Es II, 2.
2. Es LXVI, 18.

c'est qu'on ne leur en ferme pas les portes. Flavius Josèphe, évoquant ce qu'il a vu chez les juifs d'Antioche, s'étonne du « nombre des Grecs qu'ils attiraient à leurs cérémonies religieuses », faisant « d'eux en quelque sorte une partie de leur communauté ».

Que les juifs devenus chrétiens ouvrent leurs rangs aux païens n'offre donc rien d'extraordinaire mais Paul ne peut que le constater : deux camps s'obstinent, le premier qui exige qu'un païen, pour obtenir le baptême chrétien, se fasse juif ; le second, qui a toutes les sympathies du Tarsiote, se réclamant de la « liberté qui vient de Jésus [1] ». Pour Paul, le baptême crée des chrétiens même si l'on ne mange pas *casher*, même s'il n'y a pas circoncision « car le règne de Dieu n'est pas affaire de nourriture ou de boisson ; il est justice, paix et joie dans l'Esprit Saint [2] ».

Les positions peuvent-elles encore se rejoindre ? A si peu de distance de la mort de Jésus, va-t-on vers une scission qui mettrait fin à un espoir inouï ?

De bons esprits vont réagir à temps. De part et d'autre, on décide d'en référer à l'autorité suprême : l'Eglise de Jérusalem. Une mission comprenant des représentants des deux camps va se mettre en route pour Jérusalem. La présence de Paul et Barnabé à la tête de la délégation fait pressentir les positions qu'elle défendra.

« Je suis monté de nouveau à Jérusalem, écrira Paul. J'emmenai aussi Tite. » De ce Tite, il nous dit qu'il était né d'une famille païenne et non circoncis. Détail fourni par Luc et qui compte : « L'Eglise d'Antioche pourvut à leur voyage [3]. »

C'est par voie terrestre que l'on s'achemine vers la Ville sainte. « Passant par la Phénicie et la Samarie, ils y racontaient la conversion des nations païennes et procuraient ainsi

1. C'est ce que lui-même évoquera dans son Epître aux Galates (II, 4).
2. Rm XIV, 17.
3. Actes XV, 3.

une grande joie à tous les frères[1]. » A Jérusalem, les attend l'élite de l'Eglise.

La réunion nous est connue à la fois par l'Epître aux Galates et les Actes des Apôtres. Les conséquences qui en découlent dans l'histoire du christianisme sont telles que certains l'ont audacieusement désignée plus tard comme le « concile de Jérusalem », ce qui laisserait supposer une assemblée officielle et protocolaire. Il faut s'arrêter plutôt à une réunion d'ordre privé rassemblant les quelques représentants de l'Eglise d'Antioche que nous connaissons : voici Jacques, Pierre, Jean, face à Paul et Barnabé. D'anciens pharisiens — au désespoir de Paul — défendent avec hargne le point de vue judéo-chrétien, répétant sans relâche qu'il faut circoncire les païens et leur prescrire d'observer la Loi — toute la Loi — de Moïse. Toujours brutal quand il polémique, Paul parlera de « faux-frères intrus ».

Il faut s'arrêter un instant au personnage de Jacques qui, concernant le destin de Paul, va tenir un rôle capital. Les Evangiles le montrent, comme la plupart des membres de la famille de Jésus, réservé et plutôt hostile à celui-ci durant son apostolat. Tout change quand le Christ ressuscite. Que Paul, dans la Première Epître aux Corinthiens, accorde à Jacques une place à part ne manque pas de frapper : il le présente comme ayant été favorisé pour lui seul d'une apparition de Jésus. Dès lors, on voit Jacques persuadé que le retour de Jésus est imminent et que le Royaume de Dieu l'est aussi. La promesse faite par Yahweh à Israël va se réaliser.

Représentant et porte-parole respecté des chrétiens, il pourra, en fait de piété juive, être donné en exemple aux membres les plus zélés de la communauté. Dès après son évasion de la prison d'Agrippa Ier, Pierre ordonne : « Annoncez-le à Jacques. » On estime que c'est à la même époque, quand Pierre fuit Jérusalem — en 43 ou 44 —, que Jacques l'a remplacé non seulement à la tête de l'Eglise de la ville

1. Actes XV, 3.

mais comme chef de tout le mouvement chrétien. En attachant tant d'importance à l'adhésion de l'Eglise de Jérusalem à ses thèses, Paul démontre la réalité de la prééminence de celle-ci. Pour lui, les « trois colonnes de l'Eglise » sont Jacques, Pierre et Jean. L'ordre des noms traduit sans nul doute une hiérarchie.

La discussion s'enlise. Nimbé de l'autorité sacrée que tous lui reconnaissent, Pierre intervient :

— Pourquoi provoquer Dieu en imposant à la nuque des disciples un joug que ni nos pères ni nous-mêmes n'avons été capables de porter ?... C'est par la grâce du Seigneur Jésus, nous le croyons, que nous avons été sauvés, exactement comme eux [1].

Propos dont nul ne pourra minimiser l'importance : Pierre convient que les règles imposées aux juifs par la Loi sont si dures que la plupart des fils d'Abraham ne peuvent s'y plier. Paul et Barnabé exposent avec fougue « les signes et les prodiges que Dieu, par leur intermédiaire, avait accomplis chez les païens ». On les écoute avec une attention marquée. Jacques, dont chacun — à commencer par Paul — guette l'opinion, prend la parole :

— Je suis d'avis de ne pas accumuler les obstacles devant ceux des païens qui se tournent vers Dieu...

Voilà qui balaye les hésitations. Les apôtres et les anciens décident d'envoyer à Antioche deux délégués, Judas et Silas, « personnages en vue parmi les frères », qui feront route avec Paul et Barnabé. On leur confie une lettre qui développe très exactement la proposition de Jacques : « L'Esprit Saint et nous-mêmes, nous avons décidé de ne vous imposer aucune autre charge que ces exigences inévitables : vous abstenir des viandes des sacrifices païens, du sang des animaux étouffés et de l'immoralité. Si vous évitez tout cela avec soin, vous aurez bien agi. Adieu [2] ! »

1. Actes XV, 10 et 11.
2. Actes XV, 28 et 29. Luc présente cette lettre comme un document d'archives, fait exceptionnel dans les Actes.

Bien qu'écrivant plusieurs années après la réunion, il est clair que celle-ci a profondément marqué le Tarsiote : au moment où il en dictera le récit, il sera encore tout échauffé. Il se souviendra avoir accepté de se rendre à Jérusalem « à la suite d'une révélation » et consigne les paroles qu'il a prononcées devant l'Eglise réunie : « Je leur exposai l'Evangile[1] que je prêche parmi les païens. » Il fera état de la forte opposition qui s'est élevée parmi les judéo-chrétiens : « A ces gens-là nous ne nous sommes pas soumis, même pour une concession momentanée. [...] Ces personnages ne m'ont rien imposé de plus. » Le plus frappant est que Paul gardera le souvenir d'avoir été entendu : « Ils virent que l'évangélisation des incirconcis m'avait été confiée, comme à Pierre celle des circoncis. » Il n'en doutera pas : cette répartition historique de la prédication a été inspirée par le Seigneur. Impressionnante, la scène finale : « Reconnaissant la grâce qui m'a été donnée, Jacques, Céphas et Jean, considérés comme des colonnes, nous donnèrent la main, à moi et Barnabé, en signe de communion, afin que nous allions, nous, vers les païens, eux vers les circoncis[2]. » Simple condition : on leur a demandé de ne jamais oublier les pauvres. Le Tarsiote saura s'en souvenir.

Le timide triomphalisme de Paul est-il propre à nous convaincre ? Nous avons beau relire son Epître et les Actes de Luc, nous ne constatons, de la part de l'Eglise mère, qu'une sorte de tolérance accordée avec condescendance à une minorité. Triste.

A peine arrivés à Antioche, Judas et Silas, pourtant délégués officiels de l'Eglise, ne vont pas hésiter à faire cause commune avec les pagano-chrétiens, affirmant hautement « encouragement et soutien[3] ». Si Judas s'en retourne un peu plus tard, Silas tient à rester sur place. On apprend

1. Il faut prendre le mot dans le sens de « bonne nouvelle du salut en Jésus Christ ». Il n'a jamais existé d'Evangile de Paul comparable à ceux de Marc, Matthieu, Luc et Jean.
2. Ga II, 5 à 9.
3. Actes XV, 32.

tout à coup que Pierre lui-même a décidé de faire le voyage. Dans quel but ? La nouvelle a dû bouleverser la communauté. Très rares sont, dans la ville, ceux qui ont rencontré le chef des apôtres, peut-être aucun, mais son prestige est immense. En matière de symbole, ces gens n'ont pas tort.

L'arrivée du pêcheur du lac de Tibériade ne peut que produire l'effet ordinaire : enthousiasme et vénération. Tout de suite, les chrétiens guettent le comportement de l'apôtre. Les ralliés à la position de Paul ne cachent pas leur joie quand ils voient Pierre partager volontiers les repas des païens. Il est bien évident qu'il ne se comporte pas ainsi par hasard[1]. Nous assistons au premier épisode de ce que l'on appellera « l'affaire des tables ». Il faut comprendre qu'il s'agit de ces tables auxquelles, en mémoire du dernier repas de Jésus, les fidèles s'asseyent non seulement pour manger mais pour prier. Souvenons-nous que la nourriture prise en commun a représenté l'une des premières options de la communauté chrétienne naissante de Jérusalem ; il s'agit d'une eucharistie dont l'ensemble du repas constitue le lien.

Tout est donc, parmi les chrétiens d'Antioche, pour le mieux dans le meilleur des mondes ? Illusion. A Jérusalem, l'inquiétude se change en méfiance. L'Eglise mère, inspirée par Jacques, juge que Pierre en fait trop ; on lui expédie de nouveaux messagers dont la mission peut se résumer ainsi : « Ce n'est pas parce que certains païens ont reconnu YHWH et son Messie qu'ils deviennent des membres à part entière du peuple de Dieu. [...] Les juifs qui ont reconnu Jésus, ceux qui forment l'Israël véritable, doivent maintenir leur identité et respecter un certain niveau de séparatisme rituel vis-à-vis de ces pagano-chrétiens[2]. »

A peine les nouveaux délégués de Jérusalem sont-ils arrivés à Antioche, et Pierre vacille. Relisons Paul : « Je me suis opposé à lui ouvertement car il s'était mis dans son tort.

1. La présence assez longue de Pierre à Antioche, attestée par la tradition locale, est aussi évoquée par une grotte, à trois kilomètres du centre-ville vers la frontière syrienne. Elle renferme des traces de la présence ancienne de chrétiens et on l'appelle la « grotte de saint Pierre ».
2. Pierre-Antoine Bernheim.

En effet, avant que soient venus les gens envoyés par Jacques, il prenait ses repas avec les païens ; mais, après leur arrivée, il se mit à se dérober et se tint à l'écart, par crainte des circoncis. »

S'étonnera-t-on que cette reculade ait piqué Paul au vif ? On ne peut guère accuser de couardise ce Pierre qui, pour le Christ, a connu la prison, la flagellation et qui mourra en martyr de sa foi. Paul, hors de lui, aurait été capable de faire une allusion à ce coq qui avait chanté trois fois pour ponctuer trois reniements. Rassurons le lecteur : ce n'est que pure hypothèse.

Le drame est que certains, impressionnés, vont suivre l'exemple de Pierre. Le comble est que le cher Barnabé — compagnon et frère — est du nombre. Ce qui, aux yeux de Paul, pouvait arriver de pire. On le sent au comble du désespoir : « De sorte, écrira-t-il, que *Barnabé lui-même* fut entraîné dans ce double jeu ! » Tempête à Antioche. Par malchance, Pierre et Paul vont se trouver inopinément face à face. On les voit, l'un très gêné, l'autre bouillant de fureur : « Je dis à Céphas devant tout le monde : "Si toi qui es juif, tu vis à la manière des païens et non à la juive, comment peux-tu contraindre les païens à se comporter en juifs ? Nous sommes, nous, des juifs de naissance et non pas des païens, ces pécheurs [1] !" »

Paul contre Pierre ? Qui aurait pu croire que cela adviendrait jamais ? Dressé dans sa petite taille, sûr de lui comme il le sera toujours, le tisseur de tentes fait la leçon à celui que tous reconnaissent comme le roc de l'Eglise :

— L'homme n'est pas justifié par les œuvres de la Loi, mais seulement par la foi de Jésus Christ : nous avons cru, nous aussi, en Jésus Christ, afin d'être justifiés par la foi au Christ et non par les œuvres de la Loi parce que, par les œuvres de la Loi, personne ne sera justifié. Mais si, en cherchant à être justifiés en Christ, nous avons été pécheurs nous aussi, Christ serait-il ministre du péché ? Certes non. En

1. Ga II, 14 et 15. Dans l'ensemble des lettres de Paul, c'est l'unique fois où il cite lui-même les termes d'un discours prononcé par lui.

effet, si je rebâtis ce que j'ai détruit, c'est moi qui me constitue transgresseur. Car moi, c'est par la Loi que je suis mort à la loi afin de vivre pour Dieu. Avec le Christ, je suis un crucifié ; je vis, mais ce n'est plus moi, c'est Christ qui vit en moi. Car ma vie présente dans la chair, je la vis dans la foi au fils de Dieu qui m'a aimé et s'est livré pour moi. Je ne rends pas inutile la grâce de Dieu ; car si, par la Loi, on atteint la justice, c'est donc pour rien que Christ est mort[1].

Quelle dialectique ! On y discerne déjà les prémices de l'Epître aux Romains, testament de la pensée paulinienne. La position de Paul à Antioche sortira affaiblie de l'affrontement. Ce qui rend l'affaire plus inquiétante encore, c'est que ce ne sont pas seulement deux camps qui s'opposent à Antioche ; l'Eglise tout entière apparaît littéralement fractionnée. Dans les réunions communes se rencontrent désormais des hébreux intégristes, des convertis païens non circoncis et d'autres qui le sont. On voit les hellénistes, anciens partisans d'Etienne — quoique se proclamant toujours juifs —, se détacher de plus en plus des pratiques de la Torah et accentuer leur pessimisme quant à la perspective d'une conversion de tous les juifs.

Paul, lui, persiste. Dans l'Epître aux Romains, il répétera avec force que juifs et païens ont le même Seigneur et que Dieu n'a jamais rejeté Israël. Bien plus : les nouveaux chrétiens ne doivent jamais oublier qu'ils ne seraient rien si Dieu n'avait pas, à travers Abraham, élu le peuple juif. D'où la comparaison célèbre de la racine et des branches de l'olivier : « Et si la racine est sainte, les branches le sont aussi. Mais si quelques-unes des branches ont été coupées, tandis que toi, olivier sauvage, tu as été greffé parmi les branches restantes de l'olivier pour avoir part avec elles à la richesse de la racine, ne va pas faire le fier aux dépens des branches. Tu peux bien faire le fier ! Ce n'est pas toi qui portes la racine, mais c'est la racine qui te porte[2]. » Conclusion *ne varietur* : le christianisme est un rameau du judaïsme. Ce qui est l'évidence.

1. Ga II, 16 à 21.
2. Rm XI, 16 à 19.

Comment Paul pourrait-il se sentir à l'aise au milieu de conflits qui, selon le concept forgé sur le chemin de Damas, ne peuvent lui paraître que dérisoires ? Malheureux, sans doute amer, tout le pousse à retrouver ces grands espaces où le combat, en pleine clarté, se résume à conquérir au Christ de nouvelles âmes. On apprend soudain qu'il repart vers les Eglises qu'il a mises en place et dont il brûle de savoir ce qu'elles sont devenues.

Paul et Barnabé referont-ils équipe ? Malgré la « désertion » de son ami, Paul est allé vers lui. Barnabé s'est dérobé. Est-ce, comme on l'a soutenu, parce qu'il voulait emmener Marc et que Paul, n'étant pas de ceux qui oublient, a repoussé le jeune qui lui avait « manqué » ? Je croirais plutôt que Paul en a voulu à Barnabé de son ralliement à Pierre. Il le lui a dit et — nous le connaissons — a sans doute dépassé les bornes. Barnabé ne l'a pas supporté. Leur amitié est morte. Barnabé va regagner Chypre en compagnie de Marc.

Impossible de partir seul. Paul va s'adjoindre Silas, juif de Palestine, celui-là même qui a fait rapport des décisions de l'assemblée de Jérusalem aux chrétiens d'Antioche. Dire qu'une longue collaboration va se nouer entre eux n'est pas suffisant : Silas va s'attacher corps et âme à Paul, illustrant la force des sentiments, les fidélités passionnées que le Tarsiote suscitera tout au long de sa vie. Citoyen romain comme Paul, Silas ira jusqu'à adopter le nom de Silvanus, ce qui étymologiquement signifie « dieu des forêts ». Joli.

Cette fois, pas de bateau. La voie de terre, refusée par Paul pour le retour lors du premier voyage, le Taurus n'étant pas accessible l'hiver, est jugée préférable : on est au printemps. « Paul, parcourant la Syrie et la Cilicie, disent les Actes des Apôtres, affermissait les Eglises[1]. » Elles sont déjà nombreuses, les Eglises qui fleurissent en Syrie.

1. Actes XV, 41.

Remontant vers le nord, les deux hommes franchissent les chaînes boisées de l'Amanus, de nos jours le Kizyl Dag. Ils redescendent vers le golfe d'Issos qui baigne la plaine où Alexandre le Grand, en 333 av. J.-C., a écrasé Darius III, roi des Perses. Ce jour-là, l'Orient s'est ouvert à la pensée hellène [1].

Ayant traversé Adana, étape familière de sa jeunesse, Paul rejoint Tarse, si chère. Comment croire qu'il n'y ait pas fait halte ? Il y a vingt-sept ans que le jeune Saul, besace sur l'épaule, est parti de chez lui pour Jérusalem ; treize ans que Barnabé est venu le chercher pour le conduire à Antioche. Si ses parents sont toujours vivants, ils ont dépassé la soixantaine, la vieillesse en ce temps. Il est exclu — mission oblige — que les deux hommes se soient arrêtés longtemps. En remontant le cours du Cydnos, leur perspective est de franchir la barrière du Taurus.

Ce chemin, je l'ai suivi. Comme d'autres voyageurs, je me suis senti déçu parce que cette chaîne, présentée comme redoutable — elle l'est en d'autres endroits —, ne le paraît guère quand on l'aperçoit aujourd'hui. Réaction d'automobiliste ? La route que nous avons empruntée ne passe nullement par les fameuses Portes de Cilicie, ce qui serait chimérique. Pour les découvrir, il faut laisser la voiture et s'enfoncer à pied dans un défilé creusé entre deux parois à pic : cent vingt mètres de hauteur et vingt mètres à peine de large. On comprend alors comment s'est forgée la réputation des Portes. On songe à ces conquérants de toutes sortes — les Perses, les Grecs d'Alexandre, les Romains de César — qui, en franchissant la passe, emprisonnés entre ces murailles de pierre, ont dû sentir monter l'angoisse sournoise qu'ils ont transmise aux générations futures.

De plus en plus roides, les chemins. Soufflant au milieu d'arbres enchevêtrés, ont-ils prêté attention au cadre qui les entourait ? Le paysage se transforme sans cesse. Rocheux

---

1. Sur cet itinéraire, voir Michel Hubaut ainsi que Paul Dreyfus, l'un et l'autre experts des routes de saint Paul.

d'abord, plutôt aride, il change du tout au tout à quarante kilomètres de Tarse où les conifères abondent. A 1 268 mètres, nos marcheurs ont franchi le dernier col et débouché sur ce haut plateau où je me suis rassuré pour eux : pendant plusieurs jours ils n'auront plus à s'élever ni à descendre. Ont-ils marché sous une pluie battante comme celle qui a frappé notre pare-brise en avril ? S'ils y sont parvenus plus tard dans la saison — ce qui, compte tenu de la longueur du chemin, est probable —, ils auront cheminé sous un soleil implacable. Ce n'est pas mieux. En toute saison, ils auront eu à lutter contre le vent auquel, aujourd'hui, les Turcs opposent des milliers de jeunes peupliers.

Un paysage que Paul croit reconnaître : pas de doute, c'est Derbé. Comment n'aurait-il pas évoqué, à l'intention de Silas, le piteux état dans lequel il est arrivé dans la bourgade et la convalescence dont tant de conversions ont découlé ? Ils paraissent, on reconnaît Paul, on accourt, on l'entoure. Dix maisons s'offrent à les recevoir, lui et son compagnon. Joie de découvrir une communauté qui n'a subi que peu de dégâts spirituels. Examen de passage. Prédications. Jeûnes en commun. On ne quitte Derbé que lorsque l'on sent ces chrétiens solidement attachés à la rectitude reçue de Paul.

C'est en pays galate, sans que le lieu nous en soit signalé, qu'une maladie va clouer Paul sur place. On le sent comme foudroyé. Evoquant plus tard ce triste épisode, il se montrera effrayé rétrospectivement par l'état dans lequel l'ont aperçu ses fidèles : « Si éprouvant pour vous que fût mon corps, vous n'avez montré ni dédain, ni dégoût. Au contraire, vous m'avez accueilli comme un ange de Dieu, comme le Christ Jésus. [...] Je vous rends ce témoignage : si vous l'aviez pu, vous vous seriez arraché les yeux pour me les donner[1]. »

Quand Paul parle du dégoût qu'il a pu susciter, souvenons-nous que rencontrer un malade gravement et visiblement atteint était alors considéré comme de mauvais augure. On se hâtait de l'éviter.

---

1. Ga IV, 14 et 15.

Combien de temps a-t-il mis à guérir ? Il ne nous le dit pas. Le certain est qu'il a repris son chemin.

A Lystre, chacun tient à oublier la lapidation. Paul retrouve, méconnaissable à dix-huit ans, le jeune Timothée, toujours chrétien fervent, qui lui rappelle la promesse faite trois ans plus tôt. Paul se renseigne : « Sa réputation était bonne parmi les frères de Lystre et d'Iconium[1]. » Plus aucune raison de repousser une telle démarche. Au comble du bonheur, l'adolescent va vite déchanter : avant le départ, Paul se met en devoir de le circoncire.

Circoncire Timothée ! Et pourquoi ? Ouvrons les Actes : « Paul désirait l'emmener avec lui ; il le prit donc et le circoncit à cause des juifs qui se trouvaient dans ces parages. Ils savaient tous en effet que son père était grec[2]. » Vraiment ? Est-ce là toute l'explication ? Je demande au lecteur la permission de m'adresser — pour une seule fois, je le jure ! — directement à Paul.

— Cher et grand Paul, que t'est-il arrivé en pays galate ? Tu te battais depuis des lustres pour que les païens puissent devenir chrétiens sans que la circoncision leur fût imposée. Ta position avait été admise à Jérusalem auprès de tes frères juifs les plus hésitants. De père grec et de mère juive, Timothée était déjà chrétien lors de ton premier voyage. Les juifs de la région ne pouvaient l'ignorer et, selon ce que nous en savons, ne s'étaient guère alarmés de cette conversion. Fallait-il, pour leur complaire, te renier ? Ne proteste pas : tu t'es renié. Cher et grand Paul, plus nous te suivons et plus nous t'admirons. Pourquoi nous déranges-tu dans cette ferveur ? Pourquoi nous déçois-tu ? On doit la franchise à ses amis, à plus forte raison à ceux que l'on admire.

« Dans les villes où ils passaient, dit Luc, Paul et Silas transmettaient les décisions qu'avaient prises les apôtres et les anciens de Jérusalem et ils demandaient de s'y conformer. Les Eglises devenaient plus fortes dans la foi et croissaient en nombre de jour en jour[3]. »

1. Actes XVI, 2.
2. Actes XVI, 3.
3. Actes XVI, 4 et 5.

En puisant dans les diverses Epîtres de Paul, on peut se faire une idée claire de ces communautés nées de lui. Il écrira à Tite : « Si je t'ai laissé en Crète, c'est pour que tu y achèves l'organisation et que tu établisses dans chaque ville des Anciens, suivant mes instructions. » De ces Anciens — référence immuable aux règles du judaïsme —, il fixera peu à peu les obligations : « Chacun d'eux doit être irréprochable, mari d'une seule femme, avoir des enfants croyants qu'on ne puisse accuser d'inconduite ou d'insoumission. » L'*épiscope* — qui deviendra plus tard l'évêque — a pour mission principale de faire preuve de vigilance : aucune communauté n'est totalement sûre. A Timothée : « Ainsi faut-il que l'épiscope soit [...] sobre, pondéré, de bonne tenue, hospitalier, capable d'enseigner, ni buveur, ni batailleur, mais doux ; qu'il ne soit ni querelleur, ni cupide. Qu'il sache gouverner sa propre maison et tenir ses enfants dans la soumission en toute dignité : quelqu'un, en effet, qui ne saurait gouverner sa propre maison, comment prendrait-il soin d'une Eglise de Dieu[1] ? »

Dans l'Epître aux Philippiens, Paul présente les diacres — institués par les Douze à Jérusalem — comme les adjoints des épiscopes[2]. A Timothée encore : « Les diacres, pareillement, doivent être dignes, n'avoir qu'une parole, ne pas s'adonner au vin, ni rechercher des gains honteux. Qu'ils gardent le mystère de la foi dans une conscience pure. » A Timothée toujours : « Les femmes [des diacres], pareillement, doivent être dignes, point médisantes, sobres, fidèles en toute chose. Que les diacres soient maris d'une seule femme, qu'ils gouvernent bien leurs enfants et leur propre maison. Car ceux qui exercent bien le ministère de diacre s'acquièrent un beau rang ainsi qu'une grande assurance fondée sur la foi qui est dans le Christ Jésus[3]. »

Ce n'est pas d'emblée que cette hiérarchie a été mise en

1. I Tm III, 3 à 5.
2. Ph I, 1.
3. I Tm III, 11 à 13.

place mais les règles qui la préfiguraient ont été édictées très tôt. L'essentiel est de convertir et, en second lieu, de constater la fermeté des convictions des nouveaux chrétiens. Le reste viendra.

Comment les communautés doivent-elles s'adresser à Dieu ? « Que les hommes prient en tout lieu, levant vers le ciel des mains saintes, sans colère ni dispute. Quant aux femmes, qu'elles aient une tenue décente, qu'elles se parent avec pudeur et modestie : ni tresses, ni bijoux d'or ou perles ou toilettes somptueuses, mais qu'elles se parent au contraire de bonnes œuvres, comme il convient à des femmes qui font profession de piété. Pendant l'instruction, la femme doit garder le silence, en toute soumission. Je ne permets pas à la femme d'enseigner ni de dominer l'homme. Qu'elles se tiennent donc en silence. C'est Adam, en effet, qui fut formé le premier. Eve ensuite. Et ce n'est pas Adam qui fut séduit, mais c'est la femme qui, séduite, tomba dans la transgression. Cependant elle sera sauvée par sa maternité, à condition de persévérer dans la foi, l'amour et la sainteté, avec modestie[1]. »

Voici donc abordé, de plain-pied, cet antiféminisme qui sera éternellement reproché à Paul. Nous n'avons pas épuisé le sujet mais un constat ressort du texte précédent. L'origine de cette attitude à l'égard de la femme découle exclusivement du livre de la Genèse. Lequel a été écrit sept siècles avant Paul.

Quand les Actes nous informent que Paul et les siens ont parcouru « la Phrygie et la région galate », il faut comprendre que la mission n'a fait que revisiter la région explorée lors du premier voyage. Derbé, Lystre, Antioche de Pisidie se situent en Galatie du Sud, Iconium à la lisière de la Phrygie et la Lycaonie. Maintenant que la mission est accomplie, où aller ?

Au sortir d'Antioche de Pisidie, Paul hésite : alternative

1. I Tm II, 8 à 15.

qui doit s'entendre dans un sens spirituel autant que géographique. Il lui faut choisir entre le sud-ouest par la *Via Sebastè* qui le conduirait directement à Ephèse — perspective *a priori* séduisante — et la route du nord qui lui permettrait de gagner la province romaine de Bithynie. Une soudaine répulsion — il sera sûr qu'elle lui est venue du Saint-Esprit — l'éloigne d'Ephèse où, il est vrai, d'autres missionnaires l'ont précédé dès les premiers temps de l'évangélisation. Nulle part Paul n'aime à être le second.

Il ne faut pas traiter à la légère ces « forces de l'Esprit » qui interviennent régulièrement dans la vie de Paul. Car Paul n'existe que par elles. Depuis Damas, il demeure à l'écoute. Chaque impression, il la ressent tellement qu'elle le renforce dans sa certitude que Dieu l'a choisi. Il n'en doute pas : les messages du Père ou du Fils ne lui manqueront jamais. Il l'a cru dès lors qu'il a écrit : « Celui qui m'a mis à part depuis le sein de ma mère[1]. » Pour admettre un tel orgueil, pour oser aller aussi loin, il faut croire jusqu'au tréfonds de l'âme. Si l'orgueil avait dominé, nous pourrions redouter d'être victimes de la plus grande supercherie de l'histoire.

Ce qui n'est pas.

La logique incline à penser que Paul et les siens ont traversé l'actuelle Ankara, Midas Sehri — capitale du roi Midas —, Gordion où Alexandre le Grand trancha le nœud fameux, qu'ils se sont arrêtés à Pergame où réside une communauté juive. Ils l'ont haranguée sans résultat. Là subsiste aujourd'hui, au sommet d'un piton, une acropole qui abrite des temples superbes. Ils ont dû laisser Paul indifférent : il ne faut jamais penser à lui comme un touriste.

L'obstiné Renan a suivi ces mêmes chemins, aussi étroits qu'au temps de Paul — environ deux mètres de largeur —, dont il a retrouvé souvent les « pavés antiques ». Cette chevauchée « durant des jours et des jours » a fatigué l'écrivain, il le confesse honnêtement. Il se console par les haltes qu'il

1. Ga I, 15.

juge « délicieuses » : il faut bien faire boire les chevaux. « Un repos d'une heure, un morceau de pain mangé sur le bord de ces ruisseaux limpides, courant sur des lits de cailloux, vous soutient pour longtemps. » De ce pays traversé par Paul, tout l'enchante, l'eau abondante, les montagnes variées à l'infini et « qu'on prendrait pour des rêves si un artiste osait les imiter : sommets dentelés comme une scie, flancs déchirés et déchiquetés, cônes étranges et murs à pic, où s'étalent avec éclat toutes les beautés de la pierre ». Et les arbres ! « De longues files de peupliers, de petits platanistes dans les larges lits des torrents divers, de superbes cépées d'arbres dont le pied plonge dans les fontaines et qui s'élancent en touffes sombres du bas de chaque montagne. » Du haut de son cheval, il pense à Paul, à Silas, à Timothée qui marchaient, eux.

Ces trois-là ont désormais un but : Troas. Pour une raison toute simple : une nuit, un Macédonien est apparu en rêve à Paul et l'a supplié : « Passe en Macédoine, viens à notre secours ! » A la suite de cette vision, « nous avons immédiatement cherché à partir pour la Macédoine car nous étions convaincus que Dieu venait de nous appeler à y annoncer la bonne nouvelle ».

Nous ? De qui s'agit-il ? Ce n'est pas Paul qui s'exprime. Ce témoin inespéré est parfaitement connu du lecteur : il s'agit de ce Luc qui jusqu'ici s'est montré, en tant que chroniqueur, un informateur de premier ordre. Quand il écrit : « Ils traversèrent alors la Mysie et descendirent à Troas », il narre mais n'est pas partie prenante. Revenons aux Actes : « A la suite de cette vision de Paul, *nous avons* immédiatement cherché à partir pour la Macédoine. » C'est clair : Luc cesse d'être chroniqueur. Il entre dans l'action. Dès lors, à trois reprises, c'est en témoin qu'il rapportera ce qu'il a vu.

Quand et comment les deux hommes se sont-ils connus ? Nous ne le savons pas. Il faut se borner à saluer le moment où Luc rencontre son sujet de prédilection. Si le treizième apôtre a pris peu à peu la place qu'il occupe dans les Actes, c'est du fait de cette rencontre. Il arrive à chacun de nous de croiser quelqu'un — un homme, une femme — que nous éprouvons le besoin impérieux de revoir. C'est exactement le cas de Luc. Mettons les choses au point : ce n'est pas là, sur la route de Troas, que Paul et lui se sont vus pour la première fois. Dans ce cas, Luc n'aurait pu, comme il l'a fait, mettre déjà en scène le « jeune homme » qui garda les vêtements des bourreaux d'Etienne. La logique incline à penser qu'il l'observe depuis longtemps. Quand il le rejoint pour le voir agir *en direct*, il franchit une étape.

De l'auteur des Actes des Apôtres, que savons-nous ? Ceci d'abord : une tradition très ancienne fait de lui un médecin. Ne l'imaginons donc pas occupé exclusivement à scruter les agissements des douze apôtres et particulièrement du treizième. De nos jours encore, on rencontre des médecins excellant dans leur métier et passionnés en même temps d'art ou de littérature. Luc, médecin, est un écrivain-né. On pense à l'un de ces journalistes qui, devant écrire la biographie d'un contemporain et rencontrer les amis et les ennemis de son personnage, l'ayant interviewé lui-même, tient à le découvrir sur le terrain de ses activités. Quand j'évoque Luc, j'ai souvent envie d'écrire « notre envoyé spécial ».

Chaque page, chaque paragraphe, chaque ligne de Luc ont été scrutés par une myriade de spécialistes. Aucun doute : le grec est sa langue naturelle. Selon l'helléniste Edouard Delebecque, « sa connaissance approfondie de la meilleure langue grecque, voire son atticisme, transparaît d'un bout à l'autre de son œuvre, et plus particulièrement là où, libéré de ses sources, du milieu qui l'entoure, il peut redevenir tout à fait lui-même, c'est-à-dire un lettré formé au grec littéraire. »

On trouve dans son œuvre mainte réminiscence des bons écrivains de la Grèce. De tous les auteurs accueillis dans le Nouveau Testament, il est « le seul à obéir à tous les tours, à tous les usages et particularités de la langue classique ». Qu'il soit un conteur saute aux yeux. Il l'est même quand il narre des épisodes dont il n'a pas été témoin. Le pittoresque ne l'intéresse nullement et pourtant, en quelques mots, il dresse un décor. De Tabitha que l'on croit morte, il écrit :

« Elle ouvrit les yeux et, à la vue de Pierre, elle se redressa et s'assit. » Parlant du goût des Athéniens, il souligne leur attirance pour « les dernières nouveautés ». A peine esquissé, son dialogue n'en est pas moins percutant. Il fait questionner l'eunuque de la reine d'Ethiopie en train de lire sur son char : « Est-ce que tu comprends ce que tu lis ? » Se tenant toujours à la hauteur de son sujet, il ne dissimule pas son naturel qui est l'allégresse ou l'ironie, ce qui se traduit par le mouvement vif et spontané de son récit. Luc eût fait un excellent romancier.

Son nom apparaît dans les lettres de Paul : il désigne l'un de ses collaborateurs, fort peu important il est vrai. Effacement qui permet à Jean-Robert Armogathe d'en tirer argument pour démontrer que le Luc des Epîtres et celui des Actes ne font qu'un : « S'il s'était agi d'appuyer le livre des Actes par l'autorité de son auteur, on aurait plutôt recouru à d'autres compagnons de Paul, plus prestigieux, mieux identifiés. » Bien vu. Dès les IIe et IIIe siècles, Irénée, Tertullien, Origène nomment Luc comme l'auteur des Actes des Apôtres. La préface du troisième Evangile — Luc l'écrit à la même époque — montre clairement son intention. A destination de ce Théophile à qui il dédie son travail, il tient à mettre les choses au point : « Puisque beaucoup ont entrepris de composer un récit des événements accomplis parmi nous, d'après ce que nous ont transmis ceux qui furent dès le début témoins oculaires et sont devenus serviteurs de la parole, il m'a paru bon, à moi aussi, *après m'être soigneusement informé de tout à partir des origines*, d'en écrire pour toi un récit ordonné. » Exigence qui, bien sûr, s'applique aussi à ses Actes.

Quand il rencontre Paul, Luc est déjà chrétien. Il a vécu personnellement les problèmes, les entraves, les conflits, les périls qui ont accompagné sa propre conversion. Comme tout croyant, il se pose des questions ; Paul y répond. Il traverse des doutes ; Paul les dissipe. Luc comprend qu'une chance insigne s'est présentée à lui, de celles que l'on ne rencontre qu'une fois dans sa vie. Ainsi se composera peu à peu le portrait de Paul qu'une enquête exhaustive lui permettra de parachever. Juif pétri d'hellénisme, Luc se campera pour toutes les générations à venir comme le disciple exemplaire, confiant, soumis, dévoué, doté de cette qualité rare qu'est l'admiration.

CHAPITRE VIII

Au-delà de l'Egée

Paul fut-il le plus grand voyageur de son temps ? J'en fus longtemps persuadé. L'étude des auteurs de l'époque m'a révélé mon erreur. Voyageur obstiné, motivé — et pour cause —, Paul le fut, mais pareil à beaucoup d'autres. Pline le Jeune s'est moqué de cette fièvre de voyages qui jetait les gens hors de chez eux à ce point que « l'on en venait à ignorer ce qui était à sa porte ». L'histoire a gardé le souvenir d'un marchand ayant doublé soixante-douze fois ce cap Malée qui, selon Hervé Duchêne, grand connaisseur des voyages dans l'Antiquité, « était chargé du prestige dont le cap Horn a joui du temps des grands navires à voile ».

Que dire du record apparemment battu par Apollonios de Tyane, contemporain de Paul et comme lui citoyen de Tarse ? Philostrate, son biographe, le montre parcourant l'Asie Mineure, l'Inde, la Mésopotamie, Chypre, la Grèce, la Crète, l'Italie, l'Espagne, la Sicile, Chios, Rhodes, l'Egypte, l'Ethiopie !

Paul emprunte les routes que fréquentaient en même temps que lui les marchands et les commerçants — les plus nombreux —, les responsables politiques, les militaires, les médecins, ceux aussi que nous appellerions des touristes et ces foules de pèlerins acharnés à se sanctifier dans les temples qui abondent en Europe et en Asie. Leur piété s'accompagne souvent d'ailleurs — cela n'a pas changé — d'une soif de découverte.

Concernant les voyages de Paul, les Actes des Apôtres se

contentent de notations très brèves comme celle qui ponctue la suite de cette histoire : « Prenant la mer à Troas, nous avons mis le cap directement sur Samothrace. » Au-delà, les auteurs antiques sont là pour nous informer. Ainsi savons-nous que Paul, Silas, Timothée et Luc, s'embarquant à Troas au printemps 49, ont emprunté l'un des « bateaux ronds » ainsi dénommés parce qu'ils évoquaient plutôt de grosses barques que des voiliers effilés destinés au long cours et au transport de grandes quantités de marchandises. Dotés d'un mât auquel s'attachait une grande voile carrée renforcée par une voile de proue qui aidait à virer de bord, on dénommait indifféremment ces bateaux ronds *olcas*, *gaulos*, *ploïon*. Un simple aviron planté à l'arrière servait de gouvernail.

Voguant vers Samothrace, comment le Tarsiote ne serait-il pas obsédé par la mission — et les risques — qui l'attend ? Le bateau emporte-t-il un Paul sûr de lui ? Les hésitations qui l'ont habité sur les chemins d'Asie et de Bithynie ne montrent pas un homme déterminé. Là où il se rend, nul chrétien n'est venu annoncer la parole du Christ. Cette terre vierge se laissera-t-elle labourer ? Jusque-là le recours aux synagogues a constitué son principal atout. La région vers laquelle il se dirige — la Macédoine — compte bien moins de communautés juives que l'Asie. On en connaît seulement à Thessalonique et à Philippes. Au reste, l'orgueilleux Tarsiote ne veut pas marcher sur les brisées de quiconque. Il s'en ouvrira plus tard aux Romains : « J'ai pleinement assuré l'annonce de l'Evangile du Christ. Mais je me suis fait un point d'honneur de n'annoncer l'Evangile que là où le nom de Christ n'avait pas encore été prononcé, pour ne pas bâtir sur les fondations qu'un autre avait posées [1]. » Il évitera les zones dont la première lettre attribuée à Pierre annonce qu'elles ont déjà été évangélisées [2].

Paul et ses amis ne passent qu'une courte nuit dans l'île de Samothrace, longue montagne verte surgie de la mer, que

1. Rm XV, 19 et 20.
2. Jean Colson.

son sanctuaire — on le visite au sommet du mont Phongari — a rendue célèbre : une colossale déesse de marbre y déploie ses ailes. Engloutie plus tard par un séisme, il faudra, en 1863, beaucoup de chance à un consul de France pour l'exhumer sans d'ailleurs lui restituer sa tête. La *Victoire de Samothrace* est aujourd'hui l'orgueil du musée du Louvre.

Tôt le lendemain matin, ils ont repris la mer. Il faut, selon les saisons, de quatre à cinq jours pour traverser l'Egée. En juin, on peut parier pour quatre. Contournant l'île de Thasos, on aborde à Neapolis (aujourd'hui Kavala), sur ces rivages qui, parmi tant d'autres, ont si fort ému lord Byron : « O Grèce ! bien froid est le cœur de l'homme qui peut te voir et ne pas sentir ce qu'éprouve un amant sur les cendres de celle qui l'aima ! » Impossible de croire que Paul a ressenti une telle émotion. Je le vois plutôt embrassant d'un regard peu amène le temple d'Athéna Parthénos planté au faîte d'un promontoire. Dans un tel état d'esprit, débarquer en Grèce équivaut à une autoflagellation.

Rectiligne et orgueilleuse, la *Via Egnatia* s'offre à lui. Sans en quitter le tracé ni cesser d'en fouler les dalles, il pourrait — par Philippes, Thessalonique, Edesse — gagner, sur la côte de l'actuelle Albanie, le port d'Apollonia. Un bateau le mènerait aisément à Brindisi où il trouverait la *Via Appia.* Celle qui conduit à Rome.

Tous les gens de son temps ont ressenti de l'attirance pour Rome. Paul ne fait pas exception. La fascination de la toute-puissance — même quand elle s'entoure de haine — est un phénomène spécifiquement humain. Paul le sait. Il n'entend pas brûler les étapes. Il s'engage sur la *Via Egnatia.*

Combien de fois n'a-t-on pas commenté ce « changement total de monde » qui, au moment de passer d'Asie en Europe, aurait attendu Paul ? Or la notion d'Europe n'existait pas en son temps. Affirmer que le Tarsiote a quitté la barbarie pour rejoindre la civilisation est un autre non-sens. Il passe d'une province romaine à une autre province romaine, voilà tout. Sur les deux rives de la mer Egée, on parle la même langue : le grec. Sans se perdre, une même famille se disperse sur l'une et l'autre rive. A travers l'Egée, les échanges commerciaux ne cessent jamais. Le négoce des tissus, par exemple, ignore les frontières, fussent-elles maritimes. Philippes, ville grecque, est peuplée de commerçants venus d'Asie Mineure : des inscriptions les mentionnent comme bienfaiteurs de la cité. Après trois siècles, l'éblouissement que suscite toujours Alexandre le Grand unit les peuples de l'Ouest et de l'Est. Outre certains correspondants d'affaires de son père dont il peut se réclamer, Paul compte des parents de l'autre côté de l'Egée : Jason à Thessalonique, Sopatros (ou Sosipatros) à Béroia, Lucius à Cenchrées, port de Corinthe[1]. A la conquête des âmes, Paul s'avance armé.

Quatorze kilomètres parcourus sur la *Via Egnatia* et voici la ville fortifiée que Philippe II, père d'Alexandre, a fait édifier en 356 av. J.-C. en lui accordant son nom. Il l'a aussitôt dotée d'un théâtre : ainsi se comportaient alors les guerriers. Bien conservé, on le voit toujours au flanc d'une colline. Si l'on y ajoute quelques colonnes et l'encadrement d'une porte, c'est à peu près tout ce qui reste, au XXIe siècle, de la ville où résida Démosthène. A trois kilomètres de là, en 42 av. J.-C., une bataille mémorable a opposé d'une part Antoine et Octave, de l'autre Brutus et Cassius. Vaincus, les meurtriers de César se sont donné la mort. Vestige émouvant : les quelques dalles de la *Via Egnatia* dans lesquelles les roues des chariots ont inscrit leur double sillon et dont on ne peut douter que Paul les ait foulées.

Luc est entré en même temps que Paul dans Philippes. Nous le découvrons plein d'entrain : « Le jour du sabbat, nous en avons franchi la porte pour gagner, le long d'une rivière, un endroit où, pensions-nous, devait se trouver un lieu de prière ; une fois assis, nous avons parlé aux femmes qui s'y trouvaient réunies. L'une d'elles, nommée Lydie, était une marchande de pourpre, originaire de la ville de Thyatire, qui adorait déjà Dieu. Elle était tout oreilles ; car le Seigneur avait ouvert son cœur pour la rendre attentive

1. On trouve ces identifications dans Rm XVI, 20 et 21, ainsi que dans les Actes XVII et XX. Cf. Marie-Françoise Baslez.

aux paroles de Paul. Lorsqu'elle eut reçu le baptême, elle et sa maison, elle nous invita en ces termes : "Puisque vous estimez que je crois au Seigneur, venez loger chez moi." Et elle nous a forcés d'accepter[1]. »

Cette Lydie vient donc d'Asie Mineure. Le métier qu'elle exerce confirme les liens dont Paul a pu bénéficier dans le commerce du textile. Installé chez Lydie, il se liera avec deux autres femmes : Syntyche, nom qui signifie « rencontre », et Evodie que l'on traduit — non sans quelque ironie parfois — par « chemin facile ». Ainsi trois femmes figurent-elles à l'origine de l'apostolat de Paul en Europe. Ce n'est qu'un début : dès que la première apparaîtra, d'autres viendront à lui, le serviront, l'hébergeront et souvent se convertiront. Mieux : dans nombre d'Eglises fondées par lui, Paul confiera des responsabilités non négligeables à des femmes.

Les succès remportés par Paul auprès des Philippiens forment le thème principal de l'Epître qu'il leur a adressée et qui, tout entière, fait état des liens étroits noués dans les semaines — ou les mois — qui ont suivi son séjour à Philippes : « Je rends grâce à mon Dieu chaque fois que j'évoque votre souvenir : toujours, en chaque prière pour vous tous, c'est avec joie que je prie, à cause de la part que vous prenez avec nous à l'Evangile depuis le premier jour jusqu'à maintenant[2]. » Paul ne cessera de donner en exemple aux autres communautés la fidélité des convertis de Philippes. Un incident grave va soudain compromettre une réussite en si bonne voie. Paul et les siens aiment à revenir auprès de cette rivière où ils ont rencontré Lydie. Un jour, ils croisent une jeune esclave dotée de dons de voyance, exploités d'ailleurs sans vergogne par ses propriétaires. Les apercevant pour la première fois, cette voyante s'écrie :

— Ces hommes sont les serviteurs du Dieu Très-Haut. Ils vous annoncent la voie du salut !

---

1. Actes XVI, 13 à 15. La rivière dont il est question a été identifiée, à l'ouest de la ville, par des recherches archéologiques : il s'agit du ruisseau Cangitès.
2. Ph I, 3 à 5.

Les intéressés ne semblent guère avoir prêté attention à ces vaticinations. Or, à chaque visite, la femme réitère son manège. Excédé, Paul finit par soupçonner que les « dons » en question lui viennent d'un esprit mauvais. S'approchant d'elle, il met l'esprit en demeure et lui commande de les laisser en paix :

— Au nom de Jésus Christ, je te l'ordonne : sors de cette femme !

« A l'instant même, dit Luc, l'esprit sortit. » Adieu à la voyance de l'esclave ! Du coup, ses maîtres se voient privés d'une substantielle source de revenus. Courroucés, ils portent plainte. On convoque Paul et Silas devant les duumvirs chargés de rendre la justice. Non seulement les plaignants explicitent leur accusation mais ils en élargissent dangereusement les fondements :

— Ces hommes jettent le trouble dans notre ville. Ils sont juifs et prônent des règles de conduite qu'il ne nous est pas permis, à nous Romains, d'admettre ni de suivre[1].

L'accusation paraît si grave aux magistrats que, sans qu'il y ait procès, les accusés sont aussitôt expulsés de Philippes. Auparavant, ils seront flagellés. *Flagellés* : un mot que certains commentateurs notent sans s'y attarder, comme s'il s'agissait d'une formalité de procédure. Mettons les points sur les i : la flagellation — *verberatio* — est un supplice affreux, parfois mortel. Il arrive, dit le poète Horace, que le supplicié soit « déchiré par les fouets à en dégoûter le bourreau ». L'instrument du supplice ? Le *flagellum*, fouet à manche court auquel sont attachées des lanières longues et épaisses. Afin que les coups déchirent mieux la peau et la chair, on fixe à l'extrémité de chacune d'elles des balles de plomb ou des osselets de mouton. Les coups pleuvent sur le dos, les hanches, la nuque. Chaque fois que le fouet s'abat, une douleur fulgurante assaille le supplicié. On lit avec effroi le témoignage d'un homme qui, en d'autres temps, a dû subir le même

1. Actes XVI, 17 à 21.

supplice : « La douleur part du cou, descend jusqu'à l'extrémité des orteils, irradie jusqu'aux ongles des doigts, traverse le cœur comme si l'on avait planté un couteau dans le corps... L'intervalle entre les coups est d'une longueur angoissante... Le sang monte à la bouche, jaillissant des poumons ou de quelque organe interne déchiré par les contractures provoquées par l'atroce douleur. »

Citoyens romains, Paul et Silas n'auraient jamais dû être traités de la sorte. Est-ce parce qu'ils n'ont pu exciper de leur droit ? Ils ne pouvaient brandir leur citoyenneté romaine comme nous le ferions à l'aide d'un passeport. Celle-ci ne se démontrait que par le témoignage d'une personnalité connue : parent, ami, correspondant. Il ne semble pas que Paul, à Philippes, ait disposé de tels garants.

Titubant de douleur, les flagellés sont jetés dans une prison. On fixe à leurs chevilles ces entraves de bois, attachées à la muraille, que l'on nomme *ceps*. La nuit vient. Ils souffrent, le sommeil les fuit. Vers minuit, peut-être pour soulager leur mal, ils se mettent à chanter les louanges de Dieu. Eveillés en sursaut, les autres prisonniers réagissent — on les comprend — par un tumulte de protestations. Quand un sourd grondement ébranle la prison, cette colère se change en effroi. S'agit-il d'un de ces tremblements de terre comme, trop souvent, les populations de ces régions en ont subi ? Toute la littérature antique en apporte le témoignage. Dans les *Bacchantes* d'Euripide, on lit : « Les liens se détachèrent d'eux-mêmes de leurs pieds et les verrous des portes s'ouvrirent sans aucune intervention humaine. »

Tout à coup, dans la cellule de Paul et de Silas, le mur s'écroule, les entraves se disloquent, la porte se brise. Le geôlier surgit à tâtons. Il ne voit personne. Croyant les prisonniers évadés, il se sent déshonoré et lève son épée pour se donner la mort. Sans doute joint-il la parole au geste car Paul l'arrête à temps :

— Ne fais rien de funeste pour toi ; nous sommes là !

L'homme court chercher de la lumière et, en revenant, découvre en effet Paul et Silas. Se jetant à leurs pieds, balbutiant qu'il leur doit la vie, il les libère aussitôt cependant que Paul déclare :

— Crois au Seigneur Jésus et tu seras sauvé toi et ta maison.

Le geôlier les emmène chez lui, lave leurs blessures et, selon Luc, réclame aussitôt le baptême. A ces hôtes imprévisibles, il offre même un repas avant de les réintégrer — professionnel exemplaire — dans leur prison. Une nouvelle irruption du meilleur des geôliers les réveillera le lendemain. L'homme est au comble du bonheur :

— Les stratèges envoient dire de vous relâcher. Dans ces conditions, sortez donc et partez en paix !

Catégoriquement, Paul refuse :

— Ils nous ont fait battre en public, sans condamnation. Nous qui sommes citoyens romains, ils nous ont jetés en prison. Et maintenant, c'est clandestinement qu'ils veulent nous jeter dehors ? Il n'en est pas question. Qu'ils viennent en personne nous libérer[1] !

On rapporte ces paroles aux stratèges qui, alarmés d'apprendre qu'ils ont méconnu la loi, accourent présenter leurs excuses, libèrent les deux hommes en leur demandant de quitter la ville sans tarder.

Souffrant toujours des suites de la flagellation, comment pourraient-ils obéir ? Luc témoigne qu'ils sont restés encore « quelque temps dans cette ville ». Paul, quant à lui, n'oubliera jamais que les chrétiens de Philippes lui ont spontanément proposé une aide financière qu'il a acceptée : « Vous le savez, vous, Philippiens, dans les débuts de l'Evangile, quand j'ai quitté la Macédoine, aucune Eglise ne m'a fait une part dans un compte de doit et avoir, si ce n'est vous seuls, vous qui, à Thessalonique déjà, à plus d'une reprise, m'avez envoyé ce dont j'avais besoin[2]. » Luc ne paraît pas accompagner Paul quand celui-ci sort de la ville. Avec Silas et Timothée, Paul prend la direction du sud. Son but : Thessalonique.

1. Actes XVI, 28 à 37.
2. Ph IV, 15 et 16.

Paul et Silas se traînent mais ils marchent. Timothée les assiste de son mieux. Cent cinquante kilomètres à parcourir. Vu l'excellence des routes, on devrait admettre une moyenne quotidienne de vingt-cinq kilomètres, donc un voyage de six à sept jours. L'état de Paul et Silas oblige à doubler le chiffre.

On traverse Amphipolis, on s'engage entre mer et montagne, on passe — probablement sans le remarquer — à côté du tombeau d'Euripide. Arbres touffus, végétation vigoureuse, eaux rapides se conjuguent pour procurer une agréable température. Sans la moindre transition, tout change : la chaleur devient torride, l'air brûle les poumons, les vêtements collent à la peau. On longe des lacs dont l'eau est plus chaude encore que l'atmosphère. A l'heure de midi, les troupeaux se serrent, immobiles et accablés, à l'ombre des arbres. Renan s'est souvenu : « N'étaient le bourdonnement des insectes et le chant des oiseaux qui seuls dans la création résistent à ces accablements, on se croirait au règne de la mort. »

Après Apollonie, on pénètre dans une contrée marécageuse infestée de malaria. Par chance, on en sort indemne. On peine à gravir les collines qui dominent le golfe de Thessalonique. Loin devant les voyageurs, se dresse une montagne : l'Olympe. On imagine Paul enveloppant d'un regard négligent, voire méprisant, le royaume de Zeus. A défaut de ces dieux dont il nie l'existence, il s'attache, au-dessus de la rade, au spectacle de la grande ville qu'il découvre à ses picds.

Cassandre, roi de Macédoine, a fondé la cité en 315 av. J.-C. Lui cherchant un nom, il lui a donné celui de son épouse Thessaloniki, sœur d'Alexandre le Grand. Les Romains s'en sont emparés en 68 av. J.-C. Devenue la capitale de la Macédoine agrandie, elle a obtenu, en 42 avant notre ère, le statut de cité libre. C'est désormais à Thessalonique que résidera le proconsul romain.

De tous les lieux où séjourna Paul, c'est le premier que

j'ai connu. L'été de 1955, quittant une Yougoslavie dont l'état des routes avait fortement compromis les amortisseurs de notre automobile d'avant-guerre, nous avons retrouvé avec soulagement celles de Grèce et, à Thessalonique, une grande ville moderne. Un pompiste francophone nous a déconseillé de dire Salonique, nom familier aux poilus de la Grande Guerre : on le devait aux Turcs et on l'appréciait peu. D'ailleurs, depuis la Deuxième Guerre mondiale, Thessalonique était l'appellation officielle. Ce qui m'a curieusement laissé le souvenir le plus fort, c'est le cimetière militaire. Un groupe d'anciens combattants parisiens nous avait chargés d'y déposer une gerbe. Les files de tombes françaises de 1915-1918 nous ont frappés au cœur.

Les contemporains de Paul se moquaient volontiers de cette ville tassée entre une acropole et un rivage envasé. Au fil des siècles, la vase a fait place au second port de Grèce et la ville est devenue la deuxième du pays.

En 1955, je m'intéressais peu à saint Paul, mais beaucoup aux souvenirs de l'Antiquité. On les trouvait au centre, à proximité de la rue Egnatia : persistance d'une mémoire qui me touche aujourd'hui plus qu'alors. L'arc de Galère a marqué pour nous la survie d'une partie du palais, utilisé comme résidence officielle jusqu'au VIe siècle de notre ère, et qu'a dû connaître Paul. Non loin de là s'élevait la Rotonde, mausolée impérial transformé plus tard en église puis en mosquée.

Il nous a fallu quelque temps pour apprendre que la ville où prêcha le juif Paul était devenue, après 1492, la plus importante métropole juive de la Méditerranée. Après leur expulsion d'Espagne, vingt mille séfarades s'y sont réfugiés. Il n'en demeure aucune trace : les quarante-cinq mille juifs qui résidaient là en 1943 ont été déportés à Auschwitz.

Quand, par la porte du Levant, Paul, Silas et Timothée pénètrent dans la ville, ils constatent l'existence d'un afflux continuel d'étrangers attirés par son commerce et sa richesse[1]. Son statut la dispense des principales taxes romaines :

1. L'épigraphie en atteste.

un lieu où l'on paie moins d'impôts fait toujours figure d'aimant. Ce que va constater Paul, c'est surtout que de nombreux juifs y ont, depuis plus d'un siècle, fixé leur résidence.

On sait que Paul, à peine arrivé dans la ville, s'est rendu chez Jason, son parent, qui — hospitalité juive oblige — lui a ouvert sa maison. Apprenant que le voyageur était sans ressources, ému par ses plaies, Jason lui a procuré les moyens d'exercer ses talents de tisseur de tentes. « Alors que nous venions de souffrir et d'être insultés à Philippes, comme vous le savez, écrira Paul aux Thessaloniciens, nous avons trouvé en notre Dieu l'assurance qu'il fallait pour vous prêcher son Evangile à travers bien des luttes[1]. »

Le nombre des juifs présents dans la ville laisse espérer une récolte de conversions fructueuse. Paul se rend donc à la synagogue lors du sabbat suivant et révèle à ces gens un Jésus qu'ils ne connaissaient pas. Luc le montre écouté attentivement non seulement ce jour-là mais au cours des trois sabbats suivants : « A partir des Ecritures, il expliquait et établissait que le Messie devait souffrir, ressusciter des morts, et *le Messie*, disait-il, *c'est ce Jésus que je vous annonce*[2]. » Non seulement on l'entend sans regimber mais le bruit de la prédication se répand dans la ville. Ne nous figurons surtout pas tous les juifs, et moins encore les non-juifs de cette métropole, soudain acquis à la Bonne Nouvelle. On estime que moins d'un pour cent de la population a pu avoir connaissance des surprenantes prédications du Tarsiote. Ce n'est pas par hasard que Luc insiste : « Certains des juifs se laissèrent convaincre et furent gagnés par Paul et Silas, ainsi qu'une multitude de Grecs adorateurs de Dieu et bon nombre de femmes de la haute société[3]. » Si cette « multitude » doit susciter des doutes raisonnés, nous connaissons quelques-uns de ces « craignant-Dieu », notamment un Grec nommé Aristarque et le Romain Secundus. Chaque fois qu'un « craignant-Dieu » réclame le baptême,

1. 1 Th II, 1 et 2.
2. Actes XVII, 3.
3. Actes XVII, 4.

Paul y voit légitimement la justification de l'option qu'il a défendue à Jérusalem.

Que les juifs de Thessalonique aient fini par manifester une hostilité quasiment identique à celle de ceux d'Antioche de Pisidie ne peut nous étonner. L'hétérogénéité de la communauté juive explique l'alternance du rejet et de l'adhésion. On y compte aussi bien des Samaritains, tenus fermement à part, que des juifs romains travaillant dans l'administration, des négociants juifs venus d'Italie et appartenant aux mêmes corporations que les Orientaux idolâtres. A chacun, Paul parle sa langue. Il se montre sans trop d'illusions quant à la concurrence sans merci qui règne dans les milieux du commerce et se veut lucide quant aux mœurs dissolues de la population. Dans la première lettre qu'il leur adressera, il exhorte les convertis « à faire encore de nouveaux progrès ». Il faut que vous ayez à cœur, dit-il, « de vivre dans le calme, de vous occuper de vos propres affaires, et de travailler de vos mains, comme nous vous l'avons ordonné, pour que votre conduite soit honorable au regard des gens du dehors, et que vous n'ayez besoin de personne ». Qu'ils s'abstiennent « de la débauche » ! Que chacun sache « prendre femme dans la sainteté et l'honneur, sans se laisser emporter par le désir comme font *les païens qui ne connaissent pas Dieu*, que nul n'agisse au détriment de son frère et ne lui cause du tort »[1].

Dans la Première Epître aux Thessaloniciens surgit un thème qui permet d'expliquer l'envol des conversions dans les premiers temps du christianisme. Jésus a annoncé qu'il reviendrait sur la terre et aucun chrétien n'en doute. Paul va plus loin : confirmant la certitude manifestée par les chrétiens de Jérusalem, il prêche que ce retour est imminent. Annonce qui émerveille.

1. 1 Th IV, 1 à 12.

Quatre sabbats sans qu'une opposition caractérisée se soit manifestée, c'est trop pour ceux des juifs que Paul a irrités dès sa première intervention. Ils décident de passer à l'action. Recrutant « des vauriens qui traînaient dans les rues », ils ameutent la foule, sèment le désordre dans la ville, donnent l'assaut à la maison de Jason en criant qu'ils veulent traduire Paul et Silas devant l'assemblée du peuple ; par chance, tous deux sont absents. On arrache Jason de chez lui, on le traîne avec quelques autres chrétiens devant ces magistrats de la ville que l'on appelle politarques. A l'adresse de ces graves personnages, les accusations fusent :

— Ces gens qui ont soulevé le monde entier sont maintenant ici et Jason les a accueillis ! Tous ces individus agissent à l'encontre des édits de l'empereur ! Ils prétendent qu'il y a un autre roi, Jésus !

De quoi impressionner lesdits politarques qui exigent une caution pour libérer Jason et ses amis. Jason est loin d'être dans le besoin ; il paie ce qu'il faut. En toute hâte, il retrouve Paul et Silas et les adjure de quitter la ville sur-le-champ. La nuit venue, il les fait partir avec Timothée pour Bérée qu'ils rejoignent après quatre jours de marche.

Cicéron a évoqué Bérée, à soixante-quinze kilomètres au sud-ouest de Thessalonique, comme un *oppidum devium* (hors de la route), ce qui est imagé mais exact. Le site s'étale sur le versant est du mont Vermion et domine une plaine que traversent les rivières Aliakmon et Axios. C'est non loin de là que s'élevait le gigantesque palais des rois de Macédoine. En 1977, on y a retrouvé la tombe de Philippe II, père d'Alexandre le Grand. Elle contenait les ossements d'un homme d'un mètre soixante, celui-là même qu'a poignardé, au cours de l'été –336, son garde du corps Pausanias. Un coffret d'or renfermait le plus inouï des trésors : sa couronne formée de feuilles de chêne et de glands en or, son manteau de pourpre, son bouclier, ses épées et sa cuirasse. Impossible, dès lors qu'on les a contemplés, d'oublier l'effet prodigieux de grandeur et de puissance qui en émane[1]. Qu'a suggéré à Paul ce site où tout, de Philippe II à Alexandre le Grand, évoquait le rayonnement de la Grèce ? Littéralement immergé dans cette histoire apprise et aimée dès l'enfance, a-t-il pu demeurer indifférent ?

A la synagogue de Bérée, Paul va trouver des juifs « plus courtois que ceux de Thessalonique ». La preuve : « Ils accueillirent la Parole avec une entière bonne volonté, et chaque jour ils examinaient les Ecritures pour voir s'il en était bien ainsi. » Le succès qui en a découlé ne peut être mis en doute : « Beaucoup d'entre eux devinrent croyants ainsi que des femmes grecques de haut rang et des hommes, en nombre appréciable[2]. »

A cette réussite répond une réaction que nous connaissons bien : de bonnes âmes courent à Thessalonique annoncer les conversions de Bérée. Ce qui prend du temps. Prévenus et courroucés, des juifs de la ville se jettent sur les traces de Paul. Ce qui prend aussi du temps. Convaincus que leurs hôtes ne sont pas de taille à résister à la meute qui approche, les gens de Bérée persuadent Paul qu'il doit se mettre à l'abri. Laissant là Silas et Timothée qui ne risquent rien — c'est sur Paul que la haine se polarise —, ils enlèvent l'apôtre à la barbe de ses poursuivants et l'escortent jusqu'à la côte. C'est sans doute au petit port de Dion ou à Pydna — aujourd'hui proche de Katerini — que Paul s'est embarqué. Plusieurs convertis de Bérée montent à bord avec lui.

La fin de l'automne 49 approche. Il aura fallu trois saisons pour mettre en place, à Thessalonique et à Bérée, des communautés qui vivent et vivront. Au moment où le bateau s'éloigne de la côte, Paul est en mesure d'établir le bilan de son action en Macédoine. Première certitude : il n'a reçu aucune aide de l'Eglise d'Antioche de Syrie. Les fonds qu'il a recueillis lui sont venus de l'Eglise naissante de Philippes

1. Le contenu de la tombe a été transporté à Thessalonique et on le considère aujourd'hui comme le plus précieux trésor du musée archéologique.
2. Actes XVII, 11 et 12.

et de son propre travail. Plus important : les convertis se sont faits eux-mêmes convertisseurs. On a vu des chrétiens à peine baptisés s'élancer à travers la province pour annoncer la Bonne Nouvelle à leurs parents, à leurs amis. La présence de femmes parmi les communautés, aussi bien à Philippes qu'à Thessalonique, représente un atout évident pour l'avenir. Non moins prometteuses, les conversions des « craignant-Dieu » ; l'annonce que le Fils du Dieu des juifs est venu sur terre a balayé leurs hésitations. Il faut donner raison à ceux qui jugent que cette mission de Macédoine fut peut-être « la plus féconde de celles que Paul avait entreprises jusque-là ».

Sur le bateau, c'est surtout à l'avenir que Paul a dû penser. La moitié de sa culture est grecque. Les poètes qu'il a lus, les philosophes qu'il a étudiés, ses rêves mêmes, tout le porte vers Athènes. A Tarse, on lui a enseigné la grandeur et le génie de cette ville unique. Nul ne peut en ce temps se targuer d'esprit philosophique sans en appeler à cette cité, mère de la philosophie, de l'art, de la science, de la politique.

Cependant que le lourd voilier longe les rivages de Thessalie et que, sous ses yeux, défilent ces côtes qui ont émerveillé les générations, peut-être Paul a-t-il fini par admettre le poids réel que représentaient ces dieux d'Athènes qui étaient aussi ceux de Rome. Prétendre que le seul vrai Dieu est le fils d'un charpentier juif, n'est-ce pas une gageure impossible à soutenir au milieu de ces gens qui ne savent même pas, pour la plupart, où se trouve Jérusalem et ne connaissent du judaïsme que l'épicier ou le changeur tenant échoppe dans leur quartier ? Paul est trop intelligent pour ne pas le ressentir mais trop obstiné pour renoncer à l'impossible : annoncer Jésus aux Athéniens. Que son humeur s'en soit assombrie et que ses fidèles aient eu à supporter davantage les foucades de son mauvais caractère, c'est une autre affaire.

Le bateau emprunte le détroit de l'Euripe qui sépare l'île d'Eubée du continent. Au sud, on voudrait que le cap Sounion et les colonnes de marbre du temple de Poséidon aient ému Paul. On longe la côte d'Apollon. A bâbord, voici l'île d'Egine et celle de Salamine dont Solon, précurseur de la démocratie, a incité les Athéniens — par ses poésies, dit-on — à faire la conquête et où Thémistocle, avec Aristide, ont remporté sur la flotte perse une victoire mémorable.

La tradition veut que le bateau qui porte Paul n'ait pas déposé les voyageurs au Pirée mais au port de Glyfada. Les frères de Bérée ne veulent pas laisser Paul parcourir seul les quinze kilomètres qui le séparent d'Athènes. Ils l'accompagnent jusque-là. Satisfaits de le voir à l'abri, ils emportent l'ordre que donne Paul à Silas et Timothée de le rejoindre au plus tôt.

A l'orée de la seconde moitié du premier siècle, la gloire d'Athènes est intacte mais nous devons nous rendre à l'évidence : il n'y a plus de Grèce. La prise de Corinthe par les Romains en –146 et leur domination confirmée partout en ont sonné le glas. Le 1er mars 86 av. J.-C., après avoir imposé son joug à Rome, Sylla s'est emparé d'Athènes, la livrant à des massacres impitoyables et des pillages éhontés.

Il faut lire les pages amères que des voyageurs de renom — Polybe, Cicéron, Strabon, Pausanias — ont laissées : l'apparence de liberté officiellement accordée par Rome n'est qu'un masque. On nous montre des campagnes devenues désertiques, des villes ruinées, des temples à l'abandon, les socles des statues dérobées, le Péloponnèse frappé à mort, les villes de Thèbes et d'Argos réduites au rang de simples villages. Quelle déchéance ! Seule Corinthe semble épargnée.

Or, à travers le monde d'alors, Athènes continue de fasciner tout ce qui pense. Cicéron y est venu s'initier aux mystères d'Eleusis. Horace, Virgile, Properce, Ovide, tant d'autres ont tenu à y accomplir de longs séjours. Dans le seul dessein d'étudier à l'Académie, au Lycée, au Jardin, au Portique, les étudiants accourent de toute l'Italie. Quand Paul arpente la ville, des foules hétéroclites s'y bousculent. Sur l'agora, ce centre politique et artistique de la cité où s'écrivit l'histoire, où furent représentées les premières pièces de théâtre et les premières chorégraphies, on ne trouve plus que des bavards. Ici Luc est un miroir : « Tous les habitants d'Athènes et tous les étrangers en résidence passaient le meilleur de leur temps à raconter ou à écouter les dernières nouveautés [1]. » On devine un Paul d'autant plus déconcerté qu'il est seul — ce qu'il déteste — et accablé par la surabondance des temples, des autels, de cent reflets d'une religion dont il est évident que les fidèles sont loin d'être en voie de disparition : « Il avait l'âme bouleversée de voir cette ville pleine d'idoles [2]. » Il ne trouve un peu de paix qu'à la synagogue où, fidèle à lui-même, il harangue non seulement les juifs mais les « craignant-Dieu », toujours eux. Le sabbat achevé, se sentant bien en peine de trouver un public, il n'a plus que la ressource d'annoncer Jésus au hasard des rencontres. L'agora est pleine de philosophes qui enseignent chacun sous un portique. Pourquoi ne se mêlerait-il pas à eux ? Luc, qui doit en avoir recueilli la confidence de Paul lui-même, à moins que ce ne soit de Denys l'Aréopagite, premier converti d'Athènes, en a tiré l'un des morceaux les plus vivants de son œuvre. Tout y sonne juste : « Il y avait même des philosophes épicuriens et stoïciens qui s'entretenaient avec lui. Certains disaient : "Que veut donc dire cette jacasse [3] ?" Et d'autres : "Ce doit être un prédicateur de divinités étrangères." »

On comprend la stupeur des Athéniens en voyant ce petit homme barbu s'acharner à annoncer la résurrection d'un juif inconnu. Quel intérêt ? Quelle importance ? Certains finissent pourtant par exiger qu'il les suive pour exposer plus complètement son étrange théorie.

Sur une colline, à l'ouest de l'Acropole où le Haut Conseil d'Athènes tenait autrefois ses séances, une sorte d'assemblée de sages, chargée essentiellement des questions d'éducation,

1. Actes XVII, 21.
2. Actes XVII, 16.
3. Le mot peut se traduire par « perroquet » ou « corneille noire » — *spermologos* —, terme qui désignait les habitués de l'agora discutant de tout et de rien. Actes XVII, 18.

siège encore. « Ils mirent la main sur lui, dit Luc, pour le conduire devant l'Aréopage. » Si Paul se laisse bousculer, c'est qu'une telle sollicitation, même un peu rudement exprimée, répond à tout ce qu'il espérait.

Luc est à son affaire. Rédiger le discours de Paul, son idole, a dû provoquer chez lui une véritable jouissance. Qu'il l'ait écrit sur une trame fournie par Paul ou d'après le témoignage de gens qui l'avaient entendu, le texte ne peut que nous confirmer les dons de tacticien de l'apôtre. Il ne va pas s'adresser aux Athéniens de la même façon qu'aux braves gens de Lystre ou de Derbé. Il a pleinement conscience d'avoir affaire à des hommes non seulement éclairés mais singulièrement subtils. Ils sont philosophes ? Parlons donc le langage des philosophes :

— Athéniens, je vous considère à tous égards comme des hommes presque trop religieux. Quand je parcours vos rues, mon regard se porte en effet souvent sur vos monuments sacrés et j'ai découvert entre autres un autel qui portait cette inscription : « Au Dieu inconnu[1]. » Ce que vous vénérez ainsi sans le connaître, c'est ce que je viens, moi, vous annoncer. Le Dieu qui a créé l'univers et tout ce qui s'y trouve, lui qui est le Seigneur du ciel et de la terre, n'habite pas des temples construits par la main des hommes et son service non plus ne demande pas de mains humaines, comme s'il avait besoin de quelque chose, lui qui donne à tous la vie et le souffle, et tout le reste.

L'exorde est propre à retenir l'attention de l'auditoire. Il faut garder cet avantage.

— A partir d'un seul homme il a créé tous les peuples pour habiter toute la surface de la terre, il a défini des temps fixes et tracé les limites de l'habitat des hommes : c'était pour qu'ils cherchent Dieu ; peut-être pourraient-ils le découvrir en tâtonnant, lui qui en réalité n'est pas loin de chacun de nous.

On l'écoute, donc il s'expose davantage.

---

1. Le singulier utilisé ici est entièrement du cru de Luc. On connaît plusieurs inscriptions de ce genre mais elles sont ainsi rédigées : « Aux dieux inconnus. » Il est vrai que le passage au singulier arrangeait considérablement les choses.

— Car c'est en lui que nous avons la vie, le mouvement et l'air, comme l'ont dit certains de vos poètes : « Car nous sommes de sa race. »

Le dernier membre de phrase n'est autre qu'une citation des *Phénomènes* d'Aratos [1] qui écrivait au IIIe siècle av. J.-C. Peut-être Paul a-t-il enregistré un murmure favorable. Il frappe :

— Alors, puisque nous sommes de la race de Dieu, nous ne devons pas penser que la divinité ressemble à de l'or, de l'argent, ou du marbre, sculpture de l'art et de l'imagination de l'homme. Et voici que Dieu, sans tenir compte de ces temps d'ignorance, annonce maintenant aux hommes que tous et partout ont à se convertir. Il a en effet fixé un jour où il doit juger le monde avec justice par l'homme qu'il a désigné, comme il en a donné la garantie à tous en le ressuscitant d'entre les morts.

Même si le nom de Jésus n'a pas été prononcé, l'annonce qu'un humain a été chargé par Dieu de faire connaître à ses semblables le jour où le monde serait jugé — pourquoi jugé ? —, et surtout la proclamation de la résurrection de cet inconnu déchaînent l'hilarité. L'épicurisme et le stoïcisme, dont se réclament alors les Grecs, se rencontrent sur le refus d'un dieu personnel distinct de l'univers. L'hellénisme ne conçoit de survie que dans l'esprit de ceux qui entretiennent la mémoire des disparus. Le climat recomposé par le talent de Luc nous apparaît si évident qu'il est impossible de douter de sa réalité : « Au mot de “résurrection des morts”, les uns se moquaient, d'autres déclaraient : “Nous t'entendrons là-dessus une autre fois.” C'est ainsi que Paul les quitta. »

Paul a connu des échecs. Il en essuiera d'autres. Soyons assurés que celui-ci aura été le plus cuisant. On ne l'a pas insulté, il n'a pas été conduit en prison, il n'a pas été flagellé, mais on s'est amusé de ses paroles. Je le devine se taisant sous les moqueries. Ses épaules s'affaissent, il semble que tout son corps se délite. L'Aréopage ne s'occupe plus de cette quantité négligeable. Les sages se dispersent.

---

1. Le texte exact d'Aratos est : « Nous tirons de lui notre origine. » La version modifiée permet de se rapprocher de la Genèse.

Il reste seul. Non seulement on s'en est pris à la certitude sacrée qu'il tient de Jésus mais on a blessé son amour-propre. C'est plus qu'il n'en peut tolérer.

Jamais il ne voudra revoir Athènes.

CHAPITRE IX

Corinthe

Sortir de l'Athènes du XXIe siècle par l'autoroute de Corinthe qui borde la mer est une entreprise redoutable. Il faut se mêler à une file ininterrompue de camions, de véhicules de toutes tailles et allures, escargots roulants qui — pare-chocs contre pare-chocs — se traînent au long de raffineries malodorantes, de citernes que l'on vide pour les remplir aussitôt, d'ateliers de mécanique dont le désordre apparaît si provocant qu'il semble mis en scène, de cimetières de voitures dont les carcasses empilées au hasard suggèrent une image d'art contemporain mal assimilée ; tout cela aligné à notre droite sur des kilomètres.

A gauche de la double voie, au sein d'une mer trop évidemment polluée, des cargos immobiles — il serait urgent de les repeindre — attendent une cargaison.

A mesure que l'on s'éloigne de la capitale, l'image de désolation s'estompe, la nature prend le dessus. L'odeur des pins se substitue à celle des carburants. Au-dessus de la mer redevenue bleue, une splendeur empourprée — dont Paul, perdu dans l'amertume de son humiliation, n'a pas dû avoir conscience — nimbe au loin un chapelet d'îles d'autant plus oniriques que l'on ne discerne rien de ce qui s'étend à leur surface.

A moins que Paul n'ait préféré gagner Corinthe par la mer — mais il évite la moindre dépense —, il aura mis trois jours par cette route désignée comme la Voie sacrée d'Eleusis. Au terme du voyage l'attend le spectacle de la baie que Joseph

Holzner, grand voyageur, vit à cet endroit comme « un lac entouré de rochers abrupts et parsemé de petites îles ». Au-dessus de cette baie, Corinthe s'élève au fond d'un cirque naturel. A l'arrière-plan, les montagnes d'Egine abritent le sanctuaire le plus haut placé de l'Achaïe. Plus loin, ce sont « les parois rocheuses, abruptes, de Mégare » et encore « les montagnes d'Argolide couvertes de bois de pins ». De cette ville et de ce qui s'y passe naît, à travers la Grèce, un long murmure de curiosité malsaine, quelque peu analogue à celle qui concerne les émissions pornographiques de la télévision. Sentiment diamétralement opposé à la volonté qui anime Paul : prêcher, à cette masse humaine éloignée de tout idéal, la résurrection du Christ.

Une étape l'attend à Cenchrées, l'un des deux ports de la grande ville, cerné de vertes collines. Cenchrées est séparé de Lechée, le second, par un isthme de six kilomètres de large : si l'on veut se rendre par mer de l'un à l'autre, il faut contourner tout le Péloponnèse : perte de temps financièrement lourde. Des édiles ingénieux ont eu l'idée d'aménager sur l'isthme une voie dallée — *diolkos* — afin de haler les navires de commerce entre les deux golfes, les plus légers étant transportés sur un chariot, les autres posés sur des cylindres. Il faut deux jours, parfois trois, pour que des centaines d'esclaves, l'épaule déchirée par les cordages, parfois sous le fouet, les poussent et les tirent jusqu'à l'autre versant[1].

Donc, Cenchrées où « les mâts des bateaux sont aussi serrés que les troncs d'une forêt de pins[2] ». Une maison cubique comme il en est tant, agglutinée à toutes celles qui entourent le port. Un jeune couple y habite et y travaille, deux tisserands arrivés là un an plus tôt. Lui se nomme Aquilas, elle Priscilla. S'ils nous sont connus par les Actes,

1. Néron a nourri le projet de percer l'isthme et même il est venu donner le premier coup de pioche ; cela n'a guère été plus loin. Hérode Atticus a tenté, lui aussi, de faire aboutir l'entreprise mais n'y est pas parvenu. Le canal de Corinthe n'a été réalisé qu'en 1893.

2. Dieter Hildebrandt.

leur existence est confirmée par les Epîtres de Paul qui les présente sous les noms d'Aquilas et Prisca, Priscilla étant à ses yeux un diminutif. S'adressant plus tard à l'Eglise fondée par lui à Corinthe, Paul écrira : « Aquilas et Prisca vous envoient bien des salutations dans le Seigneur, ainsi que l'Eglise qui se réunit chez eux [1]. » Ce sont des juifs mais des juifs chrétiens. Lorsque l'empereur Claude, en l'an 49, a promulgué un édit qui chassait de Rome tous les juifs, ils ont dû fuir. Selon Suétone, les juifs de Rome ne cessaient « d'entretenir l'agitation, sous l'impulsion d'un certain Chrestos ». Personne ne peut nier la parenté, au moins sonore, entre Chrestos et Christ. La vérité est que ce Chrestos imaginaire est né d'une confusion avec les juifs convertis au Christ — il y en avait donc en 49 à Rome —, considérés comme étant les responsables de cette agitation.

Pour Aquilas et Priscilla, le port de Cenchrées ne devait être qu'une simple escale vers l'Asie. Surprise : ils y ont découvert l'urgent besoin de tentes affiché par les Corinthiens à la veille des jeux Isthmiques de l'année 51. Ne pouvant résister à une telle aubaine, le couple est resté et a ouvert un atelier. C'est là que surgit un jour un personnage ne payant pas de mine. Avertissant qu'il vient d'Athènes, il se présente : Paul de Tarse, et se dit chrétien. Comment les a-t-ils trouvés ? Aucun texte ne le précise. Un croyant admettra volontiers l'inspiration du Saint-Esprit. D'autres se diront que Paul aura demandé au hasard où il pourrait trouver du travail et qu'on l'aura envoyé à la bonne adresse. Quand l'inconnu annonce qu'il est tisseur de tentes, on l'engage sur-le-champ. Très vite, les jeunes gens découvrent qu'il souffre des plaies mal refermées qui lui restent d'une flagellation. Comment ne les verrais-je pas saisis de pitié et d'amour ?

Aquilas et Priscilla ignorent totalement qu'ils viennent de recruter « une tornade ». L'homme ne répugne jamais au travail mais, à ses rares moments perdus, il se met en prière.

---

1. 1 Co XVI, 19.

Aussitôt il se transfigure. Qu'il ait clamé des versets de la Bible lui ressemblerait parfaitement. Que Priscilla et Aquilas en soient restés abasourdis ne nous étonnerait pas davantage.

Paul travaille de ses mains, il prie et médite, mais le jour vient où il prend congé : le but de son voyage n'est pas Cenchrées mais Corinthe. La logique conduit à penser qu'il aura attendu la cicatrisation de ses blessures pour se mettre en route.

Détruite en –146 lors de l'invasion romaine, l'ex-capitale de la Ligue achéenne est restée pendant cent ans à l'état de désert. En l'an 44 av. J.-C. — un siècle seulement avant l'arrivée de l'apôtre —, Jules César a fait reconstruire la ville qu'il a peuplée surtout d'affranchis ; d'où une population particulièrement hétérogène. Renan a vu en elle « un ramassis de ces gens de toute sorte et de toute origine ». Les Grecs ne se sont plus reconnus dans la ville nouvelle. Ils répugnaient aux sanglants jeux de cirque mis à la mode par Rome ; les Corinthiens en raffolaient. D'où « une ville très peuplée, riche, brillante, fréquentée par de nombreux étrangers, centre d'un commerce actif, une de ces villes mêlées, enfin, qui n'étaient plus des patries ».

Quittant Cenchrées pour Corinthe, Paul va emprunter une vallée pentue longue de huit kilomètres. Tout autour de lui s'étendent les vignobles d'où l'on tire, aujourd'hui encore, le succulent raisin de Corinthe. Pour un homme qui a traversé trois fois le Taurus, ces quelques kilomètres sont un jeu d'enfant. Contournant le grand amphithéâtre auquel est adossé le tombeau de Diogène, il pénètre dans le faubourg de Crasée. Avant de franchir l'une des portes de l'enceinte, impossible que son regard n'ait pas été attiré par l'extraordinaire piton rocheux qui, haut de 575 mètres, domine Corinthe : un spectacle si rare qu'il a de tout temps frappé — j'en témoigne — ceux qui l'ont contemplé. Du temps de Paul, le site était appelé Acrocorinthe et il a gardé ce nom aujourd'hui. On peut croire que c'est sans plaisir que Paul a appris que son sommet abritait un temple d'Aphrodite. De cette déesse effrontée, s'est-il imaginé poursuivi ?

Venant d'une Athènes de peu d'étendue, assez comparable à une ville universitaire du Moyen Age, il pénètre dans la cité la plus vaste qu'il ait connue depuis Antioche de Syrie. Par les Propylées, porte monumentale à trois arches, il accède aussitôt à l'agora, large place bornée au nord par des boutiques, au sud par un grand portique. Affirmer que Paul a dû rester bouche bée n'est pas une facilité que se donne le biographe : ces bâtiments recouverts de marbre laissaient chacun muet. Au-delà des boutiques du nord et les dépassant de sa masse, Paul n'a pu ignorer la présence écrasante du temple d'Apollon, élevé primitivement au VIe siècle av. J.-C. Ayant personnellement éprouvé l'émotion, au milieu d'un champ de ruines, de trouver sur place sept de ses colonnes miraculeusement échappées au tremblement de terre de 77, je mesure assez bien ce qu'ont dû ressentir ceux qui l'ont vu intact : quinze énormes colonnes sur les longs côtés, six sur les petits côtés.

Errant parmi les pierres éparses qui surgissent d'une herbe rase, j'imaginais Paul se glissant dans les rues où se bousculait « une foule bigarrée, bourdonnante, toujours pressée, accourue de tous les coins d'Europe et d'Asie ».

Les vétérans, les affranchis et les esclaves de César se sont trouvés encouragés par l'exhumation des richesses enfouies dans les tombes qu'ils violaient avec allégresse. Certaines fortunes sont nées de là. Le poète Crinagoras a crié sa douleur à cette Corinthe qu'il aurait préféré voir

Plus déserte que les sables de la Libye plutôt que
De te voir livrée tout entière à ces vauriens.

Paul ne trouvera là aucune aristocratie de vieille date mais des nouveaux riches ou héritiers des pionniers enrichis. Au nombre des convertis les plus huppés, il énumérera tout au plus Eraste, doté d'une charge municipale ; Caïus, propriétaire d'une grande villa ; Stéphanas dont le nom évoquait, dit-on, un soupçon de vulgarité : « Considérez, frères, qui vous êtes, vous qui avez reçu l'appel de Dieu : il n'y a parmi vous ni beaucoup de sages aux yeux des hommes, ni beaucoup de puissants, ni beaucoup de gens de bonne famille. » Situation humiliante qu'il rectifie sur-le-champ par l'exposé des avantages que l'on peut en tirer : « Ce qui est faible dans le monde, Dieu l'a choisi pour confondre ce qui est fort[1]. » Si quelqu'un s'est inscrit dans le droit fil de Jésus, c'est bien Paul ici.

Dans cette colonie romaine, la langue officielle reste le latin mais le grec surgi des origines ne cesse de gagner du terrain. Corinthe mérite de nouveau le nom d'« opulente » dont Homère l'avait jadis gratifiée. Le transit de marchandises par ses ports est à l'origine de sa puissance économique. De ses chantiers sortent un grand nombre de bateaux. Cenchrées et Lechée s'enorgueillissent même d'avoir inventé la galère à trois rangs de rames. Tapis, tissus, étoffes de toute nature sortent de ses ateliers. Ses cuirasses de bronze n'ont guère d'équivalent en Occident. Sur les terres fertiles de la région, des milliers d'esclaves font surgir le blé, les légumes, les fruits en abondance et cultivent les vignes dont on tire un vin très prisé.

Les jeux Isthmiques ressuscités par César et célébrés en l'honneur de Neptune attirent tous les quatre ans à Corinthe une foule heureusement prodigue de ses deniers. Que Paul ait assisté aux jeux d'avril-mai 51 et qu'il ait été frappé par le spectacle des masses humaines assises au coude à coude ; séduit par les poètes qui s'affrontaient en lançant à des auditoires transportés leurs vers comme des dons ; impressionné par les athlètes joutant pour abattre les records, on en trouve la trace dans la Première Epître aux Corinthiens : « Ne savez-vous pas que les coureurs, dans le stade, courent tous, mais qu'un seul gagne le prix ? » Le parallèle l'obsède : « Tous les athlètes s'imposent une ascèse rigoureuse ; eux, c'est pour une couronne périssable, nous pour une couronne impérissable. Moi donc, je cours ainsi : je ne vais pas à l'aveuglette ; et je boxe ainsi : je ne frappe pas dans le vide[2]. » A l'intention de Timothée qui y avait assisté avec

1. 1 Co I, 26 et 27.
2. 1 Co IX, 25 et 26.

Saint Paul tel que l'a vu un artiste du XIIe siècle.
Mosaïque de la basilique de San Giusto, Trieste. © G. Dagli Orti

Ce que l'on présente
à Tarse comme étant
la maison de saint Paul.
© Corbis Sygma/M. Pelletier

A Tarse, cette voie romaine
date du Ier siècle. Il est probable
que saint Paul l'a empruntée.
© Corbis Sygma/M. Pelletier

Rien n'a changé des fameuses portes
ciliciennes par lesquelles on quittait
Tarse pour gagner l'Anatolie. Saint Paul
les traversa lors de son second voyage
missionnaire. © AKG Paris/E. Lessing

De l'antique
Jérusalem subsiste
la tour de David.
© Ciric/B. Cavanagh

Le grand peintre Caravaggio
a peint la chute de Paul
de Tarse sur le chemin
de Damas. Suivant une
tradition fallacieuse, il le
montre tombé de cheval.
© AKG Paris/E. Lessing

L'extraordinaire Petra était la capitale du royaume des Nabatéens où Paul de Tarse s'est exilé après sa vision sur le chemin de Damas. Façade d'Ed Deir. © Ciric / J.-L. Boivent

Poursuivi par la colère du roi Arétas, Paul de Tarse s'évade de Damas dans un panier. Mosaïque du XIIIe siècle. Dôme de Monréale, Sicile. © G. Dagli Orti

Pendant de longues années, Paul de Tarse a navigué sur de lourds bateaux à une seule voile dont cette mosaïque d'Ostie donne une image évocatrice quoique stylisée. © G. Dagli Orti

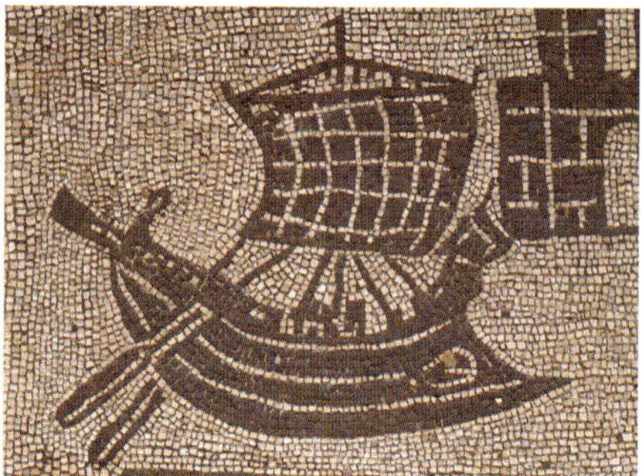

Débarquant de Sicile, Paul retrouve le continent à Attaleia (actuellement Antalya). Il s'enfonce à travers monts et forêts.
© Corbis Sygma/ M. Pelletier

Au sortir de son épuisant voyage, Paul découvre le lac d'Egridir resté aujourd'hui inchangé.
© Corbis Sygma/ M. Pelletier

Au cours de cette première mission, Paul pénètre dans la ville d'Antioche de Pisidie (aujourd'hui Jalvac). L'aqueduc qui apportait dans la cité l'eau de la montagne est resté tel un témoin de l'ambition bâtisseuse des Romains. On reconnaît ici l'auteur.
© Corbis Sygma/M. Pelletier

Une prédication de Paul de Tarse telle que l'a vue, au XIVe siècle, le peintre Luca di Tommé. Pinacothèque nationale de Sienne. © G. Dagli Orti

Les deux épîtres que saint Paul a adressées aux Corinthiens occupent une place majeure dans son œuvre. Les ruines du temple d'Apollon, ici sous le regard de l'auteur, permettent d'imaginer l'importance et la puissance de Corinthe à l'époque de Paul. © Corbis Sygma/M. Pelletier

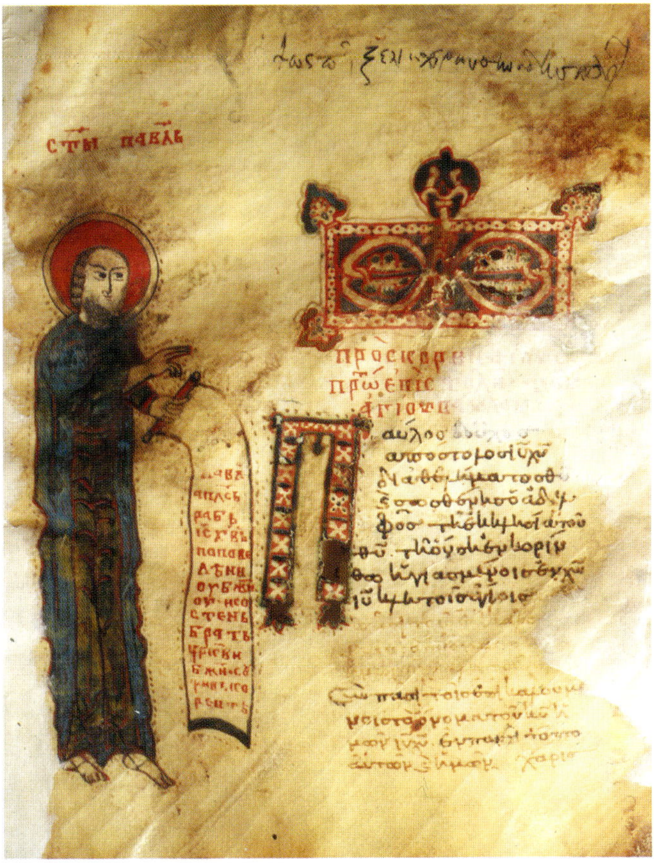

Les épîtres de saint Paul, dictées par lui, étaient écrites sur de longues bandes de papyrus. Bibliothèque nationale d'Athènes.

Le séjour de Paul de Tarse à Ephèse porta ses conversions à leur zénith. Pourtant la ville était tout entière consacrée à la déesse Artémis dont la statue monumentale était l'un des buts de pèlerinage les plus fréquentés de l'Antiquité. Musée archéologique d'Ephèse.

L'arrestation de saint Paul telle que l'a vue Luca di Tommé. Pinacothèque nationale de Sienne. © G. Dagli Orti

La personnalité de Néron domine les dernières années de saint Paul. L'empereur porte devant l'histoire la responsabilité de sa mort. Glyptothèque de Munich. © G. Dagli Orti

Le séjour à Rome de Paul restait présent, au IIIe siècle, lorsque son image fut peinte dans la catacombe de Pretestto, sur la via Appia. © AKG Paris/Pirozzi lui, Paul, approchant de sa fin, évoquera encore les jeux de Corinthe : « Dans la lutte sportive, l'athlète ne reçoit la couronne que s'il a lutté selon les règles[1]. »

La ville d'autrefois s'était placée sous le signe de ce Poséidon qui rappelait sa vocation maritime en brandissant un trident. Aphrodite Pandémos l'a supplanté. Longtemps, en haut de l'Acrocorinthe, mille prêtresses au service de la déesse — les *hiérodules* — se sont prostituées en des cellules disposées — bizarre ! — derrière des rosiers. Même si leur nombre paraît avoir été en baisse sérieuse au temps de Paul, il en reste assez pour affliger un homme qui prêche l'ascèse et la continence. Ce que Paul découvre, c'est ce que nous désignons aujourd'hui comme le tourisme sexuel.

L'ascension de l'Acrocorinthe tente tous ceux qui disposent d'un peu de souffle et de quelque argent : les avides qui ne sont venus que pour cela, les voyageurs de passage, les négociants qui achètent ou vendent, les matelots des navires qui relâchent aux ports. C'est là que serait née la « maladie corinthienne » qui finira par se propager dans toutes les régions de l'empire. La réputation de Corinthe est telle que, d'une jeune fille qui jette sa virginité aux orties, on dit qu'elle se *corinthise*. Plus : le mot *corinthias* désigne les souteneurs. « Tout le monde ne peut aller à Corinthe », dit un proverbe : cela veut dire que les prêtresses sont hors de prix et tout autant les bouges nombreux des ports où les boissons fortes coulent à flots. La corruption des mœurs de Corinthe, extrême parmi les villes grecques, a inspiré les auteurs dramatiques, Aristophane au premier rang, mais aussi les poètes et les écrivains : Horace, Juvénal ou Cicéron.

A ce climat auquel se sont profondément adaptés les esprits, Paul va devoir s'affronter. D'autres auraient reculé devant la tâche à accomplir. Pas lui. Il va demeurer dix-huit mois à Corinthe alors qu'il n'en avait réservé que douze à

1. 2 Tm II, 5.

son dernier séjour à Antioche. On le voit changer de résidence au moins quatre fois.

La rencontre d'une femme — encore — se révélera lourde de conséquence pour sa mission : il s'agit d'une certaine Phoebé, affairiste pleine d'entregent et, comme telle, grande voyageuse. Convertie au Christ, ayant pignon sur rue, elle va patronner l'activité du Tarsiote, le représenter si nécessaire en justice et surtout témoigner de sa citoyenneté romaine. Autour de Phoebé se constituera, à Cenchrées, le noyau d'une communauté chrétienne. Bien plus tard, Paul la recommandera aux Romains comme « notre sœur, ministre de l'Eglise de Cenchrées ». Il souhaitera qu'on l'accueille « d'une manière digne des saints » et que, dans le cas où elle en aurait besoin, on l'aide « car elle a été une protectrice pour bien des gens et pour moi-même »[1].

Silas et Timothée avaient-ils oublié Paul ? Sans crier gare, ils reparaissent ! Effusions, présentation des anciens fidèles aux nouveaux. Luc affirme que, dès l'arrivée de ses deux compagnons, « Paul se consacra entièrement à la Parole ». Le Tarsiote confirme : « des frères venus de Macédoine » lui ont apporté des subsides.

Après leur arrivée, Paul va pouvoir rédiger cette Epître aux Thessaloniciens qu'il méditait. Sa pensée est si dense, si rapide qu'il lui est impossible — n'étant pas professionnel de l'écriture — de la transcrire à lui seul. Toutes ses Epîtres, à commencer par celle-ci, seront donc dictées et les scripteurs se désigneront par leur nom. Ici : « Paul, Silas et Timothée à l'Eglise des Thessaloniciens... »

Instant unique. Le petit homme à qui l'on était prêt à faire l'aumône est en train de donner corps au christianisme. L'humble ouvrier se métamorphose en prophète bouillant, s'essayant à improviser un texte où il cherche à mettre tout de sa pensée, progressant péniblement, butant sur les mots, les phrases, les idées, se reprenant, rageant contre lui-même

1. Rm XVI, 1 et 2.

et — cela va de soi — contre ceux qui, stylet en main, tentent alternativement de remplir le papyrus. Parfois Paul tombe dans un profond silence. On n'entend plus que les mouches qui bourdonnent. Soudain, une reprise fulgurante se développe d'un seul élan, si bien que les autres ne peuvent plus suivre, d'où des protestations de leur part, des répliques furieuses de la sienne. Bref, des moments dont nous regretterons éternellement de n'avoir pu être les témoins.

Que Paul ait été parfaitement conscient de ce qu'il entreprenait, la première phrase de la lettre le proclame avec une force incroyable. Elle s'adresse « à l'Eglise des Thessaloniciens qui est en Dieu le Père et dans le Seigneur Jésus Christ ». Nul mieux que Dieter Hildebrandt n'a souligné la force de tels mots : « Il n'existe pas de témoignage antérieur où soit employé le terme de *Jésus Christ*, pas de document plus ancien attestant ce nom du Messie. Et rien non plus auparavant ne laisse transparaître cette foi nouvelle. C'est en toute simplicité que le christianisme adresse son salut à la postérité. »

Autant les futures Epîtres apparaîtront marquées surtout par les questions doctrinales, autant celle-ci exprime sans retenue la force des sentiments que Paul a éprouvés à Thessalonique : « Nous avons été au milieu de vous pleins de douceur, comme une mère réchauffe sur son sein les enfants qu'elle nourrit. Nous avions pour vous une telle affection que nous étions prêts à vous donner non seulement l'Evangile de Dieu, mais même notre propre vie, tant vous nous étiez devenus chers. [...] Et vous le savez : traitant chacun de vous comme un père ses enfants, nous vous avons exhortés, encouragés et adjurés de vous conduire d'une manière digne de Dieu qui vous appelle à son Royaume et à sa gloire[1]. » Ce qui donne sa dimension aux succès de Paul à Thessalonique, c'est la façon dont il les évoque : « De chez vous, en effet, la parole du Seigneur a retenti non seulement en Macédoine et en Achaïe, mais la nouvelle de votre foi en

1. 1 Th II, 7 à 12.

Dieu s'est si bien répandue partout que nous n'avons pas besoin d'en parler. Car chacun raconte, en parlant de nous, quel accueil vous nous avez fait, et comment vous vous êtes tournés vers Dieu en vous détournant des idoles, pour servir le Dieu vivant et véritable et pour attendre des cieux son Fils qu'il a ressuscité des morts, Jésus, qui nous arrache à la colère qui vient[1]. »

Si certaines lettres de Paul seront empreintes de gravité et souvent d'admonestations, celle-ci est pleine de la satisfaction qu'il doit à une communauté fidèle à son enseignement et qui ne sacrifie plus aux dieux païens. Le message s'attarde sur un point auquel on sent que Paul veut donner une importance particulière. Il a appris que des chrétiens de Thessalonique venaient de décéder — de mort naturelle —, ce qui a plongé la toute récente communauté dans l'affliction mais a surtout soulevé de graves interrogations.

Pour comprendre, il faut retourner à Jérusalem aux débuts du christianisme. Les premiers fidèles, contemporains de la mort et de la résurrection de Jésus, ont voulu retenir de l'annonce de son retour sur terre que celui-ci était imminent. Quelques-uns ont même refusé l'enseignement qui leur était proposé, devenu inutile à leurs yeux puisque tout serait révélé par Jésus lui-même lors de son retour. Il faut sans cesse méditer cette réalité primordiale : la première génération du christianisme a vécu dans la certitude — et surtout l'attente — de la fin du monde qui suivrait le retour de Jésus. Paul lui-même l'a cru et ne cessera de le croire. Dans l'Epître aux Romains, son dernier écrit, il insistera encore : « Vous savez en quel temps nous sommes : voici l'heure de sortir de votre sommeil ; aujourd'hui, en effet, le salut est plus près de nous qu'au moment où nous avons cru. La nuit est avancée. Le jour est tout proche. Rejetons donc les œuvres des ténèbres et revêtons les armes de la lumière[2]. » Peut-être faut-il chercher dans cette argumentation l'une des principales raisons des succès de Paul. Il faudra attendre sa

1. 1 Th I, 8 à 10.
2. Rm XIII, 11 et 12.

propre mort pour que les chrétiens renoncent à envisager une époque précise pour le retour de Jésus.

Les certitudes de la première génération étaient telles que les convertis de ce temps, persuadés d'être bientôt l'objet de la prédilection de Jésus, ont pensé que la vie leur serait assurée jusqu'à son retour. Les premiers décès parmi les chrétiens de Thessalonique ont apporté, à cette conviction sans nuance, une terrible contradiction. La difficulté pour Paul vient de ce qu'il ne peut être que stupéfait lui-même par ces morts. Cependant, il répond : « Voici ce que nous vous disons, d'après une parole du Seigneur ; nous, les vivants, qui serons restés jusqu'à la venue du Seigneur, nous ne devancerons pas du tout ceux qui sont morts. Car lui-même, le Seigneur, au signal donné, à la voix de l'archange et au son de la trompette de Dieu, descendra du ciel : alors les morts en Christ ressusciteront d'abord ; ensuite nous, les vivants, qui serons restés, nous serons enlevés avec eux sur les nuées, à la rencontre du Seigneur, dans les airs, et ainsi nous serons toujours avec le Seigneur. Réconfortez-vous donc les uns les autres par cet enseignement.

« Quant au temps et au moment, frères, vous n'avez pas besoin qu'on vous en écrive. Vous-mêmes le savez parfaitement : le Jour du Seigneur vient comme un voleur dans la nuit[1]. »

La formule — combien frappante ! — se retrouvera dans l'Evangile de Luc qui la place dans la bouche de Jésus : « Si le maître de maison connaissait l'heure à laquelle le voleur va venir, il ne laisserait pas percer le mur de sa maison. Vous aussi tenez-vous prêts, car c'est à l'heure que vous ignorez que le Fils de l'Homme va venir[2]. » Matthieu prêtera à Jésus des propos quasiment identiques : « Si le maître de maison connaissait l'heure de la nuit à laquelle le voleur va venir, il veillerait et ne laisserait pas percer le mur de sa maison. Voilà pourquoi, vous aussi, tenez-vous prêts[3]. » La

1. 1 Th IV, 15 à 18 et V, 1-2.
2. Lc XII, 39.
3. Mt XXIV, 43 et 44.

même allusion se lira dans la Deuxième Epître de Pierre et dans l'Apocalypse de Jean.

Ne craignons pas de les supposer, ces convertis, tendant l'oreille vers les moindres altérations qui peuvent affecter le silence de la nuit et, chaque fois, déçus parce que n'a pas retenti le son des trompettes dont ils étaient sûrs que s'accompagnerait le retour du Fils de Dieu.

Aucune Epître de Paul n'est *a priori* un exposé magistral de sa doctrine mais chacune transmet un ou plusieurs aspects de la tradition qu'il entend fixer. L'ensemble renferme *in fine* l'exposé exhaustif de son enseignement. Dès la Première lettre aux Thessaloniciens, Paul formule — probablement de sa main — une véritable adjuration : « Frères, priez aussi pour nous. Saluez tous les frères d'un saint baiser. Je vous en conjure par le Seigneur : que cette lettre soit lue à tous les frères. Que la grâce de notre Seigneur Jésus Christ soit avec vous. »

N'en doutons pas : les lettres de Paul tendent à fixer une prédication orale qui par essence risque d'être mal comprise, mal retenue, mal transmise. Au fil des années, on verra les Epîtres préciser le statut des nouvelles Eglises et les responsabilités assignées à leur hiérarchie. Ce qui en ressort aussi avec éclat, c'est que, partout et en tout temps, les Epîtres affirment la foi sans limite de Paul.

Dans une Epître aux Corinthiens — la première qu'il leur adressera —, Paul évoque la timidité qui a accompagné ses premières prédications dans la ville : « Quand je suis venu chez vous, frères, ce n'est pas avec le prestige de la parole ou de la sagesse que je suis venu vous annoncer le mystère de Dieu. Car j'ai décidé de ne rien savoir parmi vous, sinon Jésus Christ, et Jésus Christ crucifié. Aussi ai-je été devant vous faible, craintif et tout tremblant [1]. » Certains ont voulu expliquer cette sorte de « trac » par une recrudescence de

1. 1 Co II, 1 à 3.

« l'aiguillon dans la chair ». Peut-être est-ce négliger la crise psychologique née de son échec à Athènes.

L'existence d'une importante communauté juive à Corinthe est affirmée par Philon d'Alexandrie. Dès son arrivée, Paul a donc parlé dans les synagogues. Les premiers moments de surprise passés, les juifs ont opposé à sa prédication une hostilité systématique et grandissante. Il s'est entêté. Bientôt les juifs en sont venus à des injures qu'il n'a pas supportées. Un jour, pendant le sabbat, sa colère a rejoint la « frénésie » de naguère, au point qu'il s'est mis à déchirer ses vêtements en hurlant :

— Que votre sang vous retombe sur la tête ! J'en suis pur, et désormais c'est aux païens que j'irai !

Sortant de la synagogue, il met sa menace à exécution. Il se rend chez un certain Titius Justus, un Romain, « dont la maison était contiguë à la synagogue ».

Que Paul se soit progressivement éloigné de ses rites, tout le démontre. Qu'il ait rompu avec le judaïsme en soi, tout prouve le contraire. Les lettres qu'il ne cessera d'adresser aux différentes communautés chrétiennes ou à des amis tels que Timothée sont remplies de citations ou d'allusions bibliques. Par rapport à la religion juive, l'événement qui marque profondément l'étape de Corinthe n'est pas — comme l'ont répété nombre de juifs contemporains de Paul — la désertion d'un renégat mais l'anéantissement d'un grand espoir : faire comprendre aux juifs que le juif Jésus était le Messie incarné. Souvenons-nous du comportement des premiers chrétiens : aucun ne renonce à prier au Temple. Pierre et Jean le fréquentent presque chaque jour. Pour Paul, le christianisme n'est pas seulement imprégné de judaïsme, il *est* juif. Dans l'Epître aux Romains rédigée dans la dernière partie de sa vie, il persistera : « Je demande donc : Dieu aurait-il rejeté son peuple ? Certes non ! » Il va même jusqu'à se déclarer prêt à renoncer à son propre salut pour « ceux de ma race selon la chair, eux qui sont les Israélites, à qui appartiennent l'adoption, la gloire, les alliances, la Loi, le culte, les promesses et les pères, eux enfin de qui, selon la chair, est issu le Christ qui est au-dessus de tout, Dieu béni éternellement[1] ».

L'une des plus surprenantes analyses de la dualité de Paul après sa rupture avec la synagogue a été donnée par Schalom Ben-Chorin, pionnier juif du dialogue judéo-chrétien qui découvre, à côté de l'attachement jamais renié de Paul à la religion d'Abraham, une sorte de « haine de soi juive ». Soulignant cette coexistence, Ben-Chorin décrit « l'épreuve déchirante » à laquelle il voit soumis l'homme de Damas et qui l'amène tantôt à défendre le droit des juifs à se considérer comme enfants de Dieu, tantôt à prétendre qu'« ils ne plaisent pas à Dieu ». Ben-Chorin estime que le rapport de Paul à Israël « est caractéristique d'un juif de la Diaspora. Son identité juive redevient sans cesse, pour lui, un problème ». Ce qui, pense notre auteur, n'a jamais été le cas de Jésus de Nazareth : « Celui-ci était juif, totalement juif, rien que juif. »

Au XXIe siècle, dans les églises catholiques, on lit d'obligation trois textes à chaque messe : le premier est un passage de la Bible hébraïque, donc juif ; le deuxième est un extrait d'une Epître de Paul et, plus rarement, d'un autre apôtre, juif de toute façon ; le troisième, un épisode tiré des Evangiles de Marc, Matthieu, Luc et Jean, tous juifs. Les Psaumes que l'on chante sont ceux de la Bible. Bien des chrétiens se demandent aujourd'hui pourquoi Paul n'a pas été entendu des juifs de son temps. Nul ne refera l'histoire mais on ne peut douter que le divorce entre deux courants juifs s'est trouvé générateur de grands malheurs.

« Beaucoup de Corinthiens, en écoutant Paul, devenaient croyants et recevaient le baptême[2]. » En s'expliquant auprès des Corinthiens eux-mêmes sur le sens de l'enseignement qu'il a donné, il nous éclaire en même temps : « Ma parole et ma prédication n'avaient rien des discours persuasifs de la sagesse, mais elles étaient une démonstration faite par la

1. Rm IX, 3 à 5.
2. Actes XVIII, 8.

puissance de l'Esprit, afin que votre foi ne soit pas fondée sur la sagesse des hommes, mais sur la puissance de Dieu. Pourtant, c'est bien une sagesse que nous enseignons aux chrétiens adultes, sagesse qui n'est pas de ce monde ni des princes de ce monde, voués à la destruction. Nous enseignons la sagesse de Dieu, mystérieuse et demeurée cachée, que Dieu, avant les siècles, avait d'avance destinée à notre gloire. Aucun des princes de ce monde ne l'a connue, car s'ils l'avaient connue, ils n'auraient pas crucifié le Seigneur de gloire. [...] En effet, c'est à nous que Dieu l'a révélée [la sagesse de Dieu] par l'Esprit. Car l'Esprit sonde tout, même les profondeurs de Dieu. Qui donc parmi les hommes connaît ce qui est dans l'homme, sinon l'esprit de l'homme qui est en lui ? De même, ce qui est en Dieu, personne ne le connaît, sinon l'Esprit de Dieu. Pour nous, nous n'avons pas reçu l'esprit du monde, mais l'esprit qui vient de Dieu, afin que nous connaissions les dons de la grâce de Dieu. Et nous n'en parlons pas dans le langage qu'enseigne la sagesse humaine, mais dans celui qu'enseigne l'Esprit, exprimant ce qui est spirituel en termes spirituels. L'homme laissé à sa seule nature n'accepte pas ce qui vient de l'Esprit de Dieu. C'est une folie pour lui, il ne peut le connaître, car c'est spirituellement qu'on en juge. L'homme spirituel, au contraire, juge de tout et n'est lui-même jugé par personne. Car *qui a connu la pensée du Seigneur pour l'instruire ?* Or nous, nous avons la pensée du Christ[1]. »

Le lecteur non averti vient de rencontrer le langage de Paul. Avec lui on survole de très haut le raisonnement ordinaire, « charnel » comme il dit. Les Epîtres se tiennent constamment à ce niveau, à ce point qu'il faut les lire avec une attention soutenue pour en accueillir toutes les subtilités. Quand on en devient le familier, une pensée traverse constamment l'esprit : si un tel langage a été tenu devant les petites gens de Corinthe, comment l'ont-ils compris ? A la vérité, ces textes ont dû être adressés à des personnalités

1. 1 Co II, 4 à 16.

choisies, au sein des communautés, pour leurs qualités spirituelles et leur capacité à assimiler les développements de l'apôtre. J'aime à penser que ceux-ci ont su traduire la théologie de Paul en une langue plus accessible.

Rien de plus disparate que l'assemblée des convertis de Paul. Grecs et Romains se mêlent aux juifs, les circoncis aux non-circoncis. On se réunit dans des maisons particulières où l'on prend ses repas en commun. Conformément à l'attitude qu'il avait définie à Antioche, Paul n'empêche aucun des nouveaux chrétiens d'assister aux fêtes nombreuses — juives ou païennes — que l'on célèbre dans la ville. A ceux — surtout juifs — qui montrent des réticences, Paul explique qu'il ne faut pas se singulariser. L'assistance aux fêtes permet de nouer des relations utiles pour la diffusion du message divin. Une sentence limpide résume l'essentiel : « Tout est permis, mais tout ne convient pas ; tout est permis, mais tout n'édifie pas. » Donc « tout ce qu'on vend au marché, mangez-le sans poser de questions par motif de conscience ; car *la terre et tout ce qu'elle contient sont au Seigneur*[1]. Si un non-croyant vous invite et que vous acceptiez d'y aller, mangez de tout ce qui vous est offert, sans poser de questions par motif de conscience. Mais si quelqu'un vous dit : "C'est de la viande sacrifiée", n'en mangez pas, à cause de celui qui vous a averti et par motif de conscience ; je parle ici, non de votre conscience, mais de la sienne. Car pourquoi ma liberté serait-elle jugée par une autre conscience ? »

Paul va jusqu'à se donner en exemple : « C'est ainsi que moi-même je m'efforce de plaire à tous, en toute chose, en ne cherchant pas mon avantage personnel, mais celui du plus grand nombre afin qu'ils soient sauvés. » Il conclut par une phrase superbement et orgueilleusement paulinienne : « Soyez mes imitateurs, comme je le suis moi-même de Christ[2]. »

1. Citation de la Bible.
2. 1 Co X, 23 à 29, 33 et XI, 1.

A la même époque, Corinthe voit arriver le nouveau proconsul d'Achaïe. Son nom : Lucius Junius Gallio, que les textes du Nouveau Testament appellent Gallion. Une inscription sur une pierre commémorative exhumée à Delphes évoque un conflit dont s'est préoccupé le proconsul et sur lequel s'est prononcé l'empereur Claude.

Certes, elle n'a aucun rapport avec l'histoire de Paul mais sa valeur s'affirme du fait qu'elle jalonne sa biographie d'une date précise. On en déduit que Gallion — gardons-lui son nom traditionnel — a pris son poste à Corinthe à la fin d'avril 51. Il ne s'agit pas d'un personnage de second plan. Son frère, l'illustre Sénèque, est pour lors précepteur du jeune Néron. Gallion devrait rester une année entière à Corinthe — durée de son mandat — mais il ne l'achèvera pas, ayant, selon son frère, pris Corinthe en aversion.

Siégeant à dates régulières sous le portique pour rendre la justice, grand a dû être son étonnement quand il a vu paraître un groupe de juifs conduit par un certain Sosthène, chef de synagogue, et qui amenait devant lui — de force ? — un inconnu du nom de Paul. Ces juifs juraient que « cet individu » prêchait un « culte illégal de Dieu » auquel il voulait « amener les gens ».

Gallion a dû tomber des nues. La religion juive étant reconnue par la loi romaine avec tous les avantages qu'elle comporte, quel peut être le culte « illégal » dont les juifs accusent le petit homme traduit devant lui ? Il est improbable que le proconsul ait pensé aux chrétiens car, même si nous savons qu'il en existe à Rome, ils sont si peu nombreux qu'il n'en a probablement pas entendu parler. Gallion voit ces juifs si sûrs d'eux qu'il les laisse développer l'accusation. Après quoi, en homme intègre, il donne la parole à Paul. Puis il fait connaître son verdict : il convient qu'annoncer une nouvelle religion serait en effet illégal mais, s'il s'agit d'une opinion nouvelle prêchée au sein du judaïsme, c'est tout autre chose. Gallion n'ignore pas les disparités qui existent entre sadducéens et pharisiens. Si une autre surgit maintenant, que peut-il y faire ? Rien de plus clair que sa réponse :

— S'il s'agissait d'un délit ou de quelque méfait éhonté, je recevrais votre plainte, ô juifs, comme de raison ; mais, puisque vos querelles concernent une doctrine, des noms et la Loi qui vous est propre, cela vous regarde ! Je ne veux pas, moi, être juge en pareille matière [1].

En conséquence, Paul est renvoyé du tribunal. Libre. S'il faut en croire les Actes, les juifs courroucés se sont alors retournés contre ce Sosthène qui leur avait fait perdre la face. Sous les yeux du proconsul, ils l'ont roué de coups, « mais Gallion, ajoute Luc avec une désinvolture remarquable, ne s'en souciait absolument pas ».

Le jour viendra où Paul estimera qu'il n'a plus rien à attendre de Corinthe. Il y a semé et peut être fier de la moisson. Même si l'Eglise qu'il y a implantée ne compte, y compris les esclaves, que quelques centaines de fidèles, le résultat dépasse de fort loin celui récolté lors de ses prédications précédentes. Dans la Première Epître aux Corinthiens, Paul reviendra sur le bonheur qu'il a, « au nom du Christ », reçu des Corinthiens et sur le souvenir précieux qu'il a conservé de son séjour parmi eux :

« Je rends grâce à Dieu sans cesse à votre sujet, pour la grâce de Dieu qui vous a été donnée dans le Christ Jésus. Car vous avez été, en lui, comblés de toutes les richesses, toutes celles de la parole et toutes celles de la connaissance. C'est que le témoignage rendu au Christ s'est affermi en vous, si bien qu'il ne vous manque aucun don de la grâce, à vous qui attendez la révélation de notre Seigneur Jésus Christ. C'est lui aussi qui vous affermira jusqu'à la fin, pour que vous soyez irréprochables au Jour de notre Seigneur Jésus Christ. Il est fidèle, le Dieu qui vous a appelés à la communion avec son fils Jésus Christ, notre Seigneur [2]. »

S'est-il embarqué à Cenchrées à l'automne 51, avant que l'interdit de voyager en mer fût prononcé ? On penche plutôt

1. Actes XVIII, 14 et 15.
2. 1 Co I, 4 à 9.

pour le printemps 52. Auparavant, nous savons qu'il s'est fait tondre la tête pour obéir à un vœu. La lecture du Livre des Nombres nous éclaire sur le caractère d'un tel geste : celui qui s'y détermine doit s'abstenir de vin ainsi que de boissons fermentées et se laisser pousser les cheveux pendant au moins trente jours. Après quoi, dans une salle du Temple de Jérusalem, on lui tondra la tête et l'on brûlera ses cheveux en signe d'offrande. En faisant tondre à Cenchrées ce qu'il lui reste de chevelure, Paul marque une nouvelle fois sa dualité : lui qui vient de bâtir les fondements d'une église chrétienne, il observe étroitement le rite de la Loi juive.

Il s'embarque en compagnie de Priscilla et Aquilas : de sa part, fidélité en amitié ; de la leur, confirmation d'une foi ardente. Timothée les accompagne.

Destination : Antioche.

CHAPITRE X

Passions et combats à Ephèse

L'interdit hivernal levé, tout ce qui vogue est pris d'assaut. Au début du printemps 52, nul ne veut songer aux chaleurs de l'été à venir. L'odeur puissante s'élevant des côtes de Mégaride et d'Attique, l'air léger soufflant sur les vagues, tout incline les passagers à la détente, voire à l'euphorie.

Paul, Priscilla, Aquilas, Timothée [1], petit groupe soudé par sa foi, ne quittent guère le pont. Au diable les soucis ! Le prix du voyage est réglé, les provisions de bouche gonflent les sacs : un peu de paix ordinaire pour un Paul jamais libéré de l'obsession du Christ vécue au quotidien. A l'escale d'Ephèse, Aquilas et Prisca quitteront le bateau pour apporter leur aide à la petite communauté chrétienne — à peine une esquisse — qui y a pris pied. A mesure que l'on se rapproche du but, l'angoisse gagne le couple. Quant à Paul, je l'imagine accroupi sur le pont, songeur et grave. Pour la première fois, il va se dépouiller du privilège dont il s'est jalousement réservé l'exclusivité. Si le culte de Jésus continue à se répandre — comment en douterait-il ? —, il faudra bien, même si cela lui arrache le cœur, qu'il s'habitue à déléguer.

1. La présence de Timothée est tenue pour probable par Jürgen Becker : Paul se trouvera en effet avec lui à Antioche. Quant à Silas, il disparaît définitivement de notre récit. Aucun texte ne permet d'évoquer son destin postérieur.

On louvoie à travers les Cyclades : Kythnos, Siros, Tinos Mykonos, ces fameuses îles grecques devenues deux mille ans plus tard l'aimant privilégié du tourisme de croisière. La règle du navigateur est, autant que faire se peut, de ne jamais perdre la terre de vue. Voici l'île sacrée de Délos dont le nom signifie : brillante. La légende veut que les Cyclades — *o kuklos*, le cercle — aient été semées par les dieux autour d'elle comme une auréole. Un regard sur Samos, toute proche de la côte d'Asie, célèbre par son vin liquoreux, et voici que surgissent, au-delà de la proue qui danse sur les vagues, les montagnes de l'Ionie. Dans la musique de ce seul mot se dessine toute l'antique Hellade : le rêve jamais oublié de l'adolescent Saul. Quelques heures encore et l'on découvre, au fond de son golfe, Ephèse.

Quand le bateau jette l'ancre dans l'avant-port de Panorme, Paul et ses amis descendent dans une barque qui, par un canal d'environ deux kilomètres, les amène dans le port intérieur de la ville, face au marbre des monuments, celui de l'amphithéâtre et celui de l'agora. En mettant le pied à terre, Paul ne peut qu'exhumer de son esprit les images surgies des lectures ou de l'enseignement de maîtres révérés : c'est là qu'Homère aveugle a porté ses pas hésitants ; là qu'Héraclite a sondé l'être et l'univers ; là que Pythagore a ouvert son école d'ascèse ; là que Thalès a posé les fondements de la philosophie occidentale ; là qu'Hérodote a exprimé les règles — aussitôt mises en pratique — de l'histoire.

L'escale doit être courte. Impossible à Paul de s'attarder dans cette ville trop riche dont les habitants jurent qu'elle est « l'une des capitales du monde ». Le culte de la déesse Artémis y attire des foules énormes qui font de la ville une sorte de port franc au seuil de l'Asie. On importe, on exporte, on vend, on achète, à quoi s'ajoutent les dépenses qu'engagent les pèlerins, d'où une prospérité générale doublée de détestables corollaires : l'argent qui éclabousse, une surabondance de monuments plus somptueux qu'inspirés, une multiplication vaniteuse de théâtres, de gymnases, de stades, de portiques.

Embrasser tout cela d'un regard ? Paul doit se borner à courir à la synagogue pour prendre la parole et présenter à la communauté juive Prisca et Aquilas. A-t-il parlé de Jésus ? C'eût été, sans disposer du temps nécessaire, provoquer inutilement. On est sûr qu'il s'est montré en pleine possession de ses dons : les juifs ont été à ce point enchantés de sa visite qu'ils lui ont demandé de prolonger son séjour. Refus : « Je reviendrai chez vous une autre fois, si Dieu le veut[1]. » Il a regagné le bord.

Le bateau longe la côte dentelée de l'Anatolie du sud-ouest. Une escale à Chypre : que de souvenirs ! Du port palestinien de Césarée où il débarque, Paul va gagner Jérusalem. Sur les raisons de cette visite, les textes ne prodiguent guère d'informations. On nous dit seulement que Paul s'est rendu à Jérusalem pour « saluer l'Eglise[2] ». Nous pouvons en déduire qu'il a dû rencontrer Jacques, dès lors reconnu comme incarnation officielle du christianisme, ce qui d'ailleurs ne semble pas lui avoir déplu : l'Epître qui lui est attribuée est rédigée dans un langage bien solennel, voire emphatique. Son prestige est devenu tel que les judéo-chrétiens véhiculent l'absurde légende selon laquelle — à l'instar du grand prêtre seul revêtu de ce droit — Jacques aurait licence d'entrer une fois l'an dans le sanctuaire du Temple. On va jusqu'à affirmer que Jacques est de race sacerdotale, on proclame que ses seuls mérites suspendent la foudre « prête à éclater sur le peuple ». Paul, l'homme tout d'une pièce, a-t-il apprécié ?

Quant à Pierre, apôtre de la circoncision comme Paul l'est des gentils, on le voit sans cesse sur les chemins. Accompagné de son épouse, il parcourt la Syrie pour évangéliser les juifs — et eux seuls. Ce Marc que, naguère, nous avons

---

1. Actes XVIII, 21.
2. Actes XVIII, 22. Ce voyage à Jérusalem signalé par le seul Luc a suscité de nombreuses discussions. Certains, comme Simon Légasse, estiment que Luc l'a imaginé pour étayer son souci « de maintenir Paul sous l'égide de l'Eglise mère ». Dans l'Epître aux Galates, Paul énumère ses visites à Jérusalem sans évoquer celle-ci.

vu suivre Paul ne quitte plus Pierre. Pendant de longues années, il entendra le premier des apôtres raconter Jésus. De la mémoire de Pierre, les paroles du Seigneur passeront dans celle de Marc. Après la mort de Pierre, c'est à ce disciple hors de pair que les fidèles demanderont de les mettre par écrit.

Ainsi naîtra le premier Evangile.

Antioche. Nul — pas même Paul — ne nous a fait part de ce qu'il a pu éprouver en rejoignant cette ville où s'est décidé son destin. Qu'une bouffée d'amertume lui soit montée à la gorge au souvenir de cet affrontement avec Pierre qui a si mal tourné, comment ne pas le croire ? Luc signale qu'il est resté « quelque temps » à Antioche, ce qui semble signifier qu'il ne s'y est pas attardé. On n'imagine pas Paul restant inactif dans une ville où se poursuit — interminable, exaspérant — le débat entre judéo et pagano-chrétiens. L'élève de Gamaliel — il nous le rappelle sans cesse — n'est pas un modèle de patience.

Quelle satisfaction quand lui parviennent des nouvelles d'Ephèse ! Quelle inquiétude quand il découvre que Priscilla et Aquilas y rencontrent de réelles difficultés ! Un certain Apollos, juif originaire d'Alexandrie, vient d'arriver dans la ville. On le dit savant, orateur, versé dans les Ecritures, doté d'une assurance que rien ne démonte. Accueilli dans la synagogue, il s'est présenté comme informé, lui aussi, de Jésus par « la voie du Seigneur ». Nos tisseurs de tentes l'ont entendu déverser des torrents d'éloquence sur la mission de Jésus tout en n'en connaissant visiblement que des bribes discutables. Il faudrait d'urgence instruire Apollos. Va-t-il y consentir ? S'il se dérobe, lui laissera-t-on diffuser une version fallacieuse de l'histoire du Messie ? Aquilas et Priscilla posent la question à Paul. Il accorde à leur appel une telle importance qu'il se met aussitôt en devoir de les rejoindre. Ce sera son troisième voyage.

Qu'il ait décidé de gagner Ephèse par voie de terre s'explique par son désir persistant de vérifier si « ses » Eglises tiennent le cap. Prenons conscience qu'une telle entreprise représente, au cœur de l'été 52, la bagatelle de onze cents kilomètres. Paul va affronter montagnes, plaines et vallées par des températures qui atteignent et parfois dépassent 50 °C.

Une nouvelle fois, il requiert les services de Timothée qui accepte. Ils font halte à Tarse, véritable port d'attache de Paul. Ses parents sont-ils encore de ce monde ? Nous n'en savons rien. De sa ville natale, il s'arrache.

Au moment où il franchit les Portes de Cilicie et traverse le Taurus, il frôle les quarante-cinq ans : un âge qui, à l'époque, marque un glissement certain vers la vieillesse. Haletant dans l'air qui incendie, protégeant de leur mieux des yeux brûlés par le soleil, corps trempés de sueur, pieds en feu, les deux hommes ne prennent un peu de repos qu'en Lycaonie. Paul rencontre ses fidèles de Lystre, s'élève jusqu'à Iconium, s'arrête à Antioche de Pisidie. N'a-t-il pas décelé quelque incertitude dans le comportement de ses chers Galates ? Ce que nous savons du grave conflit qui va s'élever parmi eux incline à penser que, dès ce temps-là, le trouble a gagné les esprits.

Pour atteindre Ephèse — il a tant de hâte d'y parvenir ! —, il choisit la haute vallée du Lycos. Les deux hommes s'engagent sur la route à flanc de montagne qu'a décrite Strabon. S'attardent-ils à admirer les troupeaux de moutons noirs tant recherchés pour leur laine ? Par Strabon — encore — mais aussi par Pline, nous n'ignorons rien du commerce de tuniques et de manteaux confectionnés sur place, des capitaux mis en jeu et de la prospérité des banques de Laodicée. Tous sujets qui rejoignent l'enfance d'un Paul grandi dans le textile. On le voit passer par Magnésie et Tralles. Ignace attestera, dans ces deux villes, l'existence de communautés chrétiennes : leur fondation lui sera attribuée.

Timothée et lui s'engagent dans la vallée du Méandre, puis dans celle du Cestrus, pour — vers la fin de l'été 52 — parvenir au but.

Paul n'a pas hésité : c'est chez Prisca et Aquilas qu'il s'est logé. L'atelier comptera un ouvrier de plus, voilà tout.

On sait, par Plutarque et Athénée, que la ville était célèbre par ses tentes.

Il ne rencontrera pas cet Apollos qui avait tant inquiété Priscilla et Aquilas. Sûrs d'avoir remis le perturbateur dans la bonne voie et sachant qu'il souhaitait se rendre en Achaïe, ceux-ci l'ont expédié à Corinthe où ils estimaient que son talent oratoire — très supérieur à celui de Paul — ferait merveille. L'enseignement d'Apollos semble avoir laissé des traces dans le haut pays ; lors de son passage, Paul a dû mettre de l'ordre dans les croyances d'une douzaine de fidèles. Leur dialogue mérite d'être reproduit :

— Avez-vous reçu l'Esprit Saint, demande Paul, quand vous êtes devenus croyants ?

Réponse :

— Mais nous n'avons même pas entendu parler d'Esprit Saint !

— Quel baptême alors avez-vous reçu ?

— Le baptême de Jean [le Baptiste].

On croit entendre Paul marteler chaque mot de sa réplique :

— Jean donnait un baptême de conversion et il demandait au peuple de croire en celui qui viendrait après lui, c'est-à-dire en Jésus !

Convaincus, ces braves gens ont demandé à recevoir un nouveau baptême, cette fois « au nom du Seigneur Jésus ».

Si Ephèse est l'une des villes les plus abondamment citées dans les textes antiques, le temple d'Artémis — l'Artémision — en porte la responsabilité. Peut-on croire que Paul, qui s'est fait Ephésien pendant trois ans, ne se soit pas une fois au moins glissé parmi les cohues qui, mêlant criailleries et bousculades, se ruent pour découvrir le temple païen le plus illustre d'Asie ? En consultant les plans et les textes, on peut imaginer le choc ressenti par les visiteurs — des centaines de milliers — à la vue de l'édifice sans pareil : quatre fois la surface du Parthénon, cent vingt-sept colonnes ioniques alignées sur 190 mètres de longueur et 55 mètres de largeur. Au VIe siècle av. J.-C., il a fallu la fortune de Crésus, roi de

Lydie, pour achever la construction du prodigieux ensemble. Praxitèle et Phidias se sont chargés de la décoration. Face à une telle réussite, l'Antiquité entière a déliré jusqu'à placer l'Artémision parmi les Sept Merveilles du monde.

Le clou de la visite est naturellement l'effigie de la déesse Artémis. A peine les visiteurs l'aperçoivent-ils qu'ils tombent en extase et poussent ensemble le cri fameux : « Grande est Artémis d'Ephèse ! » Par chance, l'énorme statue de marbre, haute de trois mètres, nous a été conservée : on peut devant elle s'ébahir en visitant le musée d'Ephèse. Ce n'est pas tant la dimension qui frappe que l'incroyable surcharge de symboles sexuels qui parsèment le corps monstrueux. On a cru longtemps que les aspérités qui criblent le corps de marbre étaient des seins ; on a même parlé de la déesse aux mille seins. D'autres, imaginatifs, y ont vu des œufs. L'explication admise de nos jours est différente : il s'agirait de testicules des taureaux que l'on sacrifiait quand on célébrait son culte. Qu'Artémis soit apparue en son temps comme le symbole de la fertilité, qu'elle ait été considérée — elle, vierge — comme la protectrice des femmes enceintes n'étonnera personne.

Que reste-t-il, au XXIe siècle, de tant de magnificence ? Au milieu de débris épars rongés par le temps, une seule colonne de marbre blanc.

Chaque jour, désormais, l'apôtre devra se frayer un passage au milieu des diseurs de bonne aventure, des joueurs de flûte, des mimes qui encombrent les rues, mêlés aux bijoutiers et marchands de médailles jaillis de leur boutique pour haranguer les chalands. On a retrouvé de ces objets-souvenirs, du même genre que ceux que l'on vend, à travers le monde, dans tous les lieux de pèlerinage : répliques en argile de la statue de la déesse, répliques en argent du temple, pendentifs, médailles. Quand les pèlerins n'entrent pas d'eux-mêmes dans les boutiques, les marchands cherchent à leur en fourrer de force dans la main. Imaginons la réaction de Paul quand cela lui est arrivé — et cela a dû se produire cent fois ; de l'irritation que traduisent ses Epîtres, il a dû passer à la haine.

A la fin de la journée, la plupart des habitants avides de fraîcheur grimpent jusqu'à l'agora supérieure qui domine la mer. Je vois Paul promenant un regard enfin rasséréné sur le golfe harmonieux qui s'étale à ses pieds. Impossible d'offrir aux flottes de toute provenance et de tout tonnage un port mieux défendu par la nature : deux masses abruptes, les monts Pion et Coressos, le flanquent de part et d'autre. En les reliant par une muraille de huit kilomètres de long, Lysimaque, lieutenant d'Alexandre, a définitivement mis la ville à l'abri des convoitises.

Le lecteur me permettra, je l'espère, de m'arrêter ici un instant pour lui parler d'un homme qui nous est cher.

Tout au long de ce livre, Luc nous accompagne. Même si nous mettons parfois en doute les indications qu'il propose, comment ne pas reconnaître que les Actes des Apôtres renferment une documentation irremplaçable ? Armés des seules Epîtres, nous sommes capables de pénétrer la pensée de saint Paul. Sans Luc, que saurions-nous du détail de ses voyages, de ses combats, des victoires remportées, des épreuves essuyées, des gens qu'il a rencontrés, des lieux qu'il a traversés ? Merci, Luc.

Or, à Ephèse, près de la colonnade de l'agora supérieure, on inhumera un jour son corps martyrisé.

Au moment où Paul la rejoint, la ville compte environ deux cent vingt-cinq mille habitants. Le proconsul romain y réside. L'inévitable Strabon nous révèle que la ville eut de tout temps mauvaise réputation : corrompue par des mœurs efféminées importées d'Ionie, détournée des choses sérieuses par la mollesse du climat, délaissant par paresse les études, ne prenant au sérieux que la danse et la musique, faisant « une bacchanale de la vie publique ».

Que Paul ait choisi une telle cité pour y situer l'épicentre de ses Eglises pourrait étonner. On constate cependant que la ville se trouve à égale distance de la Galatie et de Thessalonique (500 kilomètres) ; à 400 kilomètres de Corinthe, à 445 de Philippes, à 330 d'Antioche de Pisidie. A condition d'être patient, on peut sans trop de difficultés expédier des messages aux Eglises et en recevoir.

Paul a-t-il oublié qu'il avait déchiré ses vêtements dans la synagogue de Corinthe ? Ce geste apparemment sans appel ne l'empêche nullement de se rendre à la synagogue d'Ephèse — où nul ne l'a oublié — pour prêcher « en toute assurance » le règne de Dieu en révélant l'existence sur terre de son Fils. Les juifs d'Ephèse l'écoutent pendant trois mois. Après quoi — comme à l'accoutumée — ils ne le supportent plus : ils « diffament la Voix en pleine assemblée [1] ». Paul rompt tout net. Adieu la synagogue d'Ephèse.

Quelques-uns des fidèles — des « craignant-Dieu » ? — vont le suivre chez un certain Tyrannos qui tient l'une de ces écoles, nombreuses dans les villes antiques, où l'on enseigne et débat. Paul y prêchera désormais chaque jour, écouté par un public aussi attentif que cosmopolite. Il y a longtemps qu'Ephèse n'est plus une ville exclusivement hellénique ; chaque année l'influence de l'Asie s'y fait davantage sentir et les bateaux y déversent des cargaisons d'immigrés de toutes origines. C'est au milieu de ces gens que Paul accomplira surtout ses conversions. Faut-il admettre le jugement de Renan selon qui « le christianisme germa dans ce qu'on appelle la corruption des grandes villes » ?

Les trois années du séjour de Paul à Ephèse seront semées d'espoirs et de réussites mais aussi de combats et d'échecs. Nulle part, au cours de son apostolat, il n'aura séjourné si longtemps en un même lieu et soutenu des efforts aussi éprouvants, travaillant souvent, a-t-il confié, « dans les larmes et au milieu des épreuves ».

Il tient la communauté chrétienne en éveil, multiplie les conversions, fait face à des périls venus de tous les coins de l'horizon. Comme il ne peut s'éloigner souvent, il agit comme un amiral au milieu des tempêtes se refusant à quitter

1. Actes XIX, 9.

sa dunette ; il innove en envoyant les plus ardents de ses fidèles évangéliser des villes qui n'ont pas encore reçu le message de Jésus. On le voit sans cesse en rapport avec les Eglises de Colosses, Laodicée et Hiérapolis. On signale des relations accrues avec la Macédoine où Timothée et Eraste sont expédiés. « Une porte, dit-il, s'est ouverte toute grande à mon activité[1]. » Il prêche « si bien que toute la population de l'Asie, juifs et Grecs, put entendre la parole du Seigneur[2] ».

On voit Apollos, revenu de Corinthe, si totalement réconcilié avec Paul que l'on en déduit la possibilité d'une mission commune exceptionnelle en Asie. Si Timothée se révèle son agent le plus subtil — « Je n'ai personne d'autre qui partage [mieux] mes sentiments[3] » —, il serait injuste d'omettre l'action de Tite, d'Eraste et d'Aristarque.

Multiples, les images de cette activité bourdonnante : les Actes nous montrent Paul tout à coup assailli par des malades qui le supplient de les guérir : et Dieu accomplit « par les mains de Paul des miracles peu banals[4] ». Des impatients auraient été jusqu'à s'emparer de linges ayant touché sa peau pour les appliquer aux malades ! Paul a-t-il vraiment admis un tel comportement confinant à l'hystérie et correspondant si peu à son caractère ? On se demande si Luc n'a pas ici laissé galoper la folle de son logis. A moins que l'épisode ne s'explique par le climat d'occultisme que l'on rencontre alors à Ephèse et dont l'origine serait due aux catastrophes naturelles — peste, famines, tremblements de terre — qui ont alors ravagé la région. Autour du temple d'Artémis, on vend de petites plaques de bronze censées apporter le soulagement des maladies. Les grandes familles locales, les Gréco-Romains eux-mêmes, font appel à des thaumaturges qui, à l'aide de formules mystérieuses, prétendent chasser les esprits accusés de tous les maux. Les astro-

1. 1 Co XVI, 8.
2. Actes XIX, 10.
3. Ph II, 20.
4. Actes XIX, 11.

logues tiennent boutique. On nous parle d'exorcistes parcourant la région et pratiquant des guérisons en employant cette formule : « Je vous conjure par ce Jésus que Paul proclame. » Les sept fils de Scéva, grand prêtre juif, tentent de s'y essayer ; l'« esprit mauvais », s'étant emparé d'un inconnu, leur saute dessus avec une telle violence qu'ils ne doivent le salut qu'en s'échappant « à demi nus et couverts de plaies ». Le temple d'Artémis est décidément bien loin du Parthénon.

C'est trop. Des chrétiens réagissent, viennent à Paul, le supplient de leur pardonner de tels errements. Mieux : ils jettent à ses pieds les livres de magie dont ils avaient fait l'acquisition — on cite le chiffre de cinquante mille ! — et y mettent le feu.

Dans les premiers temps, les prêches de Paul n'ont guère troublé les païens. A mesure que s'accroît le nombre des conversions, des bruits commencent à circuler : de simples commérages d'abord, bientôt des rumeurs. En leur temple, les prêtres d'Artémis s'alarment et plus encore les orfèvres qui vendent, aux portes de l'Artémision, les « souvenirs » que l'on sait. Cela rapporte gros. L'un d'eux, un certain Démétrius, sera le premier à s'émouvoir : le nouveau dieu, entré en concurrence avec la déesse, ne va-t-il pas ôter à ces estimables commerçants le meilleur de leur gain ? Ce Démétrius ameute ses collègues. Nous connaissons par les Actes le discours qu'il leur adresse :

— Vous le savez, mes amis, notre aisance vient de cette activité. Or, vous le constatez ou vous l'entendez dire : non seulement à Ephèse mais dans presque toute l'Asie, ce Paul remue une foule considérable en la persuadant, comme il dit, que les dieux qui sortent de nos mains ne sont pas des dieux. Ce n'est pas simplement notre profession qui risque d'être dénigrée, mais c'est aussi le temple de la grande déesse Artémis qui pourrait être laissé pour compte et se trouver bientôt dépouillé de la grandeur de celle qu'adorent l'Asie et le monde entier[1] !

1. Actes XIX, 25 à 27.

Il existe à Ephèse une guilde d'orfèvres. Ces paroles portent. Les artisans s'agitent. Démétrius convainc ses collègues de se réunir au théâtre. Le cortège s'enfle et, au passage, s'empare de deux Macédoniens, Gaïus et Aristarque, connus comme amis de Paul. Tout ce monde s'entasse dans le théâtre. Les injures fusent à l'égard des chrétiens de Paul mais aussi des juifs. Pour calmer l'effervescence, il faut qu'un magistrat de la ville prenne la parole. Désignant Aristarque et Gaïus, il s'écrie :

— Vous avez en effet amené ici des hommes qui n'ont commis ni sacrilège ni blasphème contre notre déesse. Si Démétrius et les artisans qui le suivent sont en litige avec quelqu'un, il se tient des audiences, il existe des proconsuls : que les parties aillent donc en justice !

Averti, Paul a voulu aussitôt se rendre lui-même au théâtre ; on l'en a dissuadé. Une sourde inquiétude se lève parmi les convertis : « Paul fit venir les disciples et les encouragea[1]. »

Le lendemain il recommence à prêcher. Sans illusion : ceux qui lui en veulent ne le lâcheront plus jusqu'à la prison où l'on finira par le jeter.

Ce n'est pas rien, à Ephèse, la prison. La tradition la situe dans une énorme tour carrée, encore visible aujourd'hui à l'un des angles des anciens remparts élevés au IIIe siècle avant notre ère. Elle menace ruine mais tient debout. Dans une ville où se croisent et se mêlent tant de nations, de religions, de races, où les quartiers chauds le sont plus qu'ailleurs, où les nuits sont loin d'être sûres, où l'on joue facilement du couteau, il faut une force publique à poigne. Donc une prison qui fasse peur.

Le petit homme chauve vieillissant qui vient d'être conduit dans sa cellule ne peut manquer d'étonner les geôliers : tantôt il s'abîme en prières, tantôt il parle et écrit. On ne le connaît que sous son nom : *Paul*, et son lieu d'origine : *Tarse*. Rien sur la cause de son emprisonnement.

1. Actes XX, 1.

De quoi accuse-t-on ce chrétien ? Qui a juré sa perte ? Silence absolu des Actes des Apôtres. Les seules lumières sur cette captivité nous viennent des Epîtres. De plusieurs de celles-ci, il faut isoler des phrases, les juxtaposer, en extirper le suc. La lettre que Paul adresse à Philémon, l'un de ses convertis, membre éminent de la communauté de Colosses, commence ainsi : « Paul, prisonnier de Jésus Christ et Timothée, le frère, à Philémon, notre bien-aimé collaborateur et à Apphia, notre sœur, et à Archippe, notre compagnon d'armes, et à l'Eglise qui s'assemble dans ta maison », et se poursuit par cette phrase qui serre le cœur : « Oui, moi, Paul qui suis un vieillard, moi qui suis maintenant prisonnier de Jésus Christ. » Il est question d'un esclave chrétien nommé Onésime qui, appartenant à Philémon, s'est enfui et mis au service de Paul. Ce dernier a décidé de le renvoyer à son maître pour lui éviter le châtiment — cela peut aller jusqu'à la mort — que l'on réserve aux esclaves évadés. Il plaide l'indulgence auprès de son correspondant : « Je l'aurais bien gardé près de moi, à ta place, *dans la prison où je suis à cause de l'Evangile* ; mais je n'ai rien voulu faire sans ton accord, afin que ce bienfait n'ait pas l'air forcé, mais qu'il vienne de ton bon gré. » Nous avançons : c'est parce qu'il prêche la foi chrétienne que l'on a emprisonné Paul, pas pour une autre raison.

De sa cellule il multiplie les lettres : c'est de là que date l'Epître aux Colossiens, communauté chrétienne située en Phrygie, à deux cents kilomètres d'Ephèse, et fondée par Epaphras, son disciple, lequel le rejoindra d'ailleurs dans sa prison en même temps qu'Aristarque : « Vous avez les salutations d'Aristarque, *qui est en prison avec moi...* » La lettre s'achève ainsi : « La salutation de ma main, à moi Paul, la voici. *Souvenez-vous de mes chaînes.* »

Cette prison, Paul l'évoque également dans l'Epître aux Philippiens. Il entretient ceux-ci de sa captivité comme d'une réalité dont ils sont déjà informés : « Je vous porte dans mon cœur, vous qui, *dans ma captivité* comme dans la défense et l'affermissement de l'Evangile, prenez tous part à la grâce qui m'est faite[1]. » Ce à quoi il ajoute un commentaire bien dans sa manière : « Je veux que vous le sachiez, frères : ce qui m'est arrivé a plutôt contribué au progrès de l'Evangile. Dans tout le prétoire, en effet, et partout ailleurs, il est maintenant bien connu que je suis en captivité pour Christ et la plupart des frères, encouragés dans le Seigneur par ma captivité, redoublent d'audace pour annoncer sans peur la parole[2]. »

Dans la même lettre, Paul transmet le salut de ceux de la « maison de César », formule qui semble désigner des convertis de la caserne prétorienne d'Ephèse[3].

L'évidence d'un conflit qui a mis en danger la vie de Paul est soulignée par une Epître rédigée plusieurs années plus tard, celle aux Romains, et confirmée par une phrase de la Première Epître aux Corinthiens qui fait allusion à un combat de l'apôtre « contre les bêtes ». On pense immédiatement aux premiers chrétiens livrés dans les cirques à des fauves. Curieusement, le rédacteur des *Actes de Paul* reprendra les mêmes mots pour évoquer un affrontement de Paul prisonnier avec un lion. Retenons notre émotion : en qualité de citoyen romain, Paul ne pouvait être exposé à un tel supplice. L'expression doit être considérée comme une métaphore mais le mot *bête* confirme que sa vie a été mise en danger. Les fauves n'existent pas seulement à l'état animal.

Qui a pris la responsabilité de cet emprisonnement ? Les autorités romaines, des intérêts particuliers, la communauté juive ? J'exclus les représentants de l'empereur : pour le pouvoir impérial, un juif devenu chrétien garde les droits accordés à un juif. Une résurgence de la colère des mar-

1. Ph I, 7.
2. Ph I, 12 à 14.
3. Ph IV, 22. A cause de l'expression « maison de César », on a cru longtemps que la lettre datait de l'époque où Paul, plus tard, sera emprisonné à Rome. On a aujourd'hui abandonné ce point de vue pour une raison de logique. Dans la lettre adressée à Philémon, Paul annonce à celui-ci qu'il espère être libéré et que, de ce fait, il le reverra bientôt chez lui à Philippes. Ce qui exclut Rome car il fallait trois mois de navigation pour aller de la capitale de l'empire à Philippes, ville qui en revanche n'était éloignée d'Ephèse que par cinq jours de marche.

chands, orfèvres et autres n'est pas crédible face aux multiples affirmations de Paul : il est en prison pour avoir servi le Christ.

Une fois encore, je dois rappeler le lecteur aux réalités. Du fait que Paul est le héros de notre histoire, nous accordons à chacun de ses faits et gestes, à chacune de ses aventures, l'importance qu'ils comportent à nos yeux en oubliant de les relativiser. En l'occurrence, nous avons tendance à considérer le séjour de l'apôtre en prison comme un événement de première grandeur dont toute la ville a dû s'entretenir ou s'inquiéter. S'il avait existé des journaux en ce temps, nous serions prêts à imaginer une véritable chronique de sa vie carcérale. Cela aurait commencé par un gros titre en première page : *Le chrétien Paul en prison.* Plus tard : *Crise à Corinthe. Paul reçoit dans sa prison des envoyés de la ville.* Ou encore : *Affrontements entre chrétiens. Le chef religieux Paul consulte dans sa prison.*

En fait, l'immense majorité des Ephésiens ignore tout des chrétiens et de Paul. Le paganisme est partie intégrante de la vie quotidienne. Chacun implore Artémis dans ses prières comme — bien plus tard — les chrétiens prieront Marie [1]. Chaque mois de mai est consacré à la déesse. Tous les quatre ans, son culte prend des proportions inouïes. D'innombrables pèlerins se ruent dans la ville entièrement fleurie. La moindre chambre est louée plusieurs mois à l'avance. Tout le jour, des cortèges joyeux parcourent la cité en criant et chantant : « Grande est Artémis des Ephésiens ! » Des dizaines de milliers d'animaux sont sacrifiés. Aux carrefours et sur les places s'organisent des compétitions de lutte. La nuit, sous les étoiles, on chante, on danse. Les prostituées n'y perdent rien, bien au contraire. Cette vénération de la déesse exige une organisation confiée à dix des plus riches citoyens de la ville qui, pour sa réussite et par piété, déboursent des sommes considérables. Une inscription retrouvée dans les fouilles en confirme l'essentiel : « Considérant que

1. C'est précisément à Ephèse, au concile qui s'y tint en 431, que fut reconnu à la Vierge Marie le titre de « Mère de Dieu ».

le mois tout entier qui porte le nom divin [d'Artémis] doit être gardé comme saint et célébré dignement, les habitants d'Ephèse ont décidé de régler son culte par le décret suivant : Tout le mois d'Artémision sera saint, et chaque jour de ce mois. Durant le mois entier on célébrera des fêtes, des panégyriques et des solennités sacrées. Notre ville en recevra un nouveau lustre et sera prospère en tout temps. »

Qui, dans ces masses qui déferlent, pourrait s'intéresser à un juif dissident en prison ? Comment douter que Paul lui-même n'ait ressenti totalement le déséquilibre, proche du dérisoire, de sa situation ? Jamais nous ne le voyons vaciller. Peut-être est-ce là sa grandeur la plus évidente : se sentir une aiguille dans une botte de foin et, pas un instant, ne dévier de son chemin. Au fait, si c'était cela, la sainteté ?

L'explication de sa captivité est ailleurs. Partout en Asie, commencent à se répandre les judaïsants qui, à la doctrine de Paul, opposent celle de Pierre et de Jacques. Quel renfort inespéré — quoique paradoxal — pour la communauté juive d'Ephèse ! Que l'agacement ressenti par celle-ci à l'égard de Paul se soit peu à peu changé en hostilité ; que, du fait des conversions de juifs obtenues par Paul, ses frères en Yahweh en soient venus à l'exaspération ; que s'y soit mêlée l'intervention de judaïsants également furieux ; que des affrontements se soient alors produits, associant contre Paul juifs orthodoxes et judaïsants et l'on aura, au nom de la *Pax romana*, jeté en prison celui par qui le scandale arrivait.

Quelle que soit l'épaisseur des murs des cellules, les nouvelles les traversent. Cette même année 54, l'empereur Claude passe de vie à trépas : Agrippine, sa seconde épouse, l'a fait empoisonner. Néron, fils du premier mariage de cette dernière — elle l'a fait adopter par Claude —, vient à dix-sept ans d'être proclamé empereur par la garde prétorienne.

Ainsi commence, dans l'illégalité — Claude avait un fils légitime, Britannicus —, le règne d'un des despotes les plus sanglants de l'histoire. Aucun devin d'Ephèse n'oserait prédire que Néron fera empoisonner Britannicus, puis mettre à mort sa propre mère avant de se camper, en un épisode qui écœurera les païens eux-mêmes, en massacreur de chrétiens.

Une brèche va s'ouvrir dans la grandeur de Rome.

Les correspondances que Paul échange au cours de sa captivité montrent que celle-ci fut largement ouverte aux visites et même aux séjours de certains de ses amis auprès de lui. Pour les lettres qu'il rédige, il lui faut un scripteur et celui-ci est accueilli sans difficulté par les gardiens. Quand, au printemps 54, arrivent à Ephèse des chrétiens qui voyagent pour les affaires de Phoebé — commerçante de Corinthe déjà rencontrée —, c'est en prison que Paul les reçoit. Ils apportent de bien mauvaises nouvelles : la communauté de Corinthe abandonne peu à peu les préceptes que l'apôtre a cru lui avoir définitivement inculqués. Quelque temps plus tard, trois autres chrétiens de Corinthe, Stéphanas, Fortunatus et Achaïcus, viendront confirmer le désastre.

Je vois Paul d'abord incrédule : Corinthe évoque pour lui une Eglise chrétienne si soudée, si cohérente, si solide ! L'inquiétude vient ensuite : il lui faut en avoir le cœur net. Il convoque Timothée, fidèle entre les fidèles : qu'il parte, qu'il parte sur-le-champ. Le disciple obéit, il s'embarque pour Corinthe mais Paul n'y tient plus : il lui faut répondre aux questions et critiques que l'on a étalées devant lui. Alors, il dicte la Première Epître aux Corinthiens. Elle va refléter tout ce qu'il ressent : ses louanges, ses reproches, sa colère. Le corpus des Epîtres vient de naître.

Qu'est-il arrivé à Corinthe ? L'affaire peut se résumer en quatre mots : les judaïsants ont frappé. Judaïsant est le mot adopté pour désigner les judéo-chrétiens, autrement dit les juifs convertis au christianisme et restés fidèles à la Loi hébraïque. On s'étonne : un engagement de non-belligérance n'a-t-il pas été ratifié à Jérusalem ? N'a-t-on pas attribué des zones d'influence à la majorité attachée à la circoncision et d'autres à la minorité incarnée par Paul ? L'arrivée à Corinthe de missionnaires judaïsants décidés à contrecarrer l'évangélisation de Paul démontre que les hommes de Jérusalem ont répudié ce pacte.

Au vrai, Jacques et les siens n'y ont jamais cru. De ce refus on trouve le reflet dans des textes qui s'étaleront durant près d'un siècle et bien après leur mort : chez Irénée, Eusèbe, saint Jérôme, Papias, bien d'autres. Dans l'Epître aux Galates, Paul dénoncera cette volonté d'anéantir ses propres Eglises. Ses ennemis font de lui un faux prophète, un faux apôtre, un nouveau Balaam, un hérétique, un scélérat qui prélude à la destruction du temple, un Simon le Magicien, un importun, un imposteur[1]. On désigne ses visions comme les « profondeurs de Satan » et ses Eglises deviennent « les synagogues de Satan ». On revient sur son rôle de persécuteur. On prétend qu'il n'est même pas juif et qu'il s'est fait circoncire pour épouser la fille du grand prêtre ; celui-ci, inspiré par Dieu, l'a repoussé.

Ces judaïsants, on les voit surgir à travers toute l'Asie. Ils parlent au nom de Pierre, ce qui ne manque pas d'impressionner les nouveaux convertis. Ils ne sont pas les seuls à s'en prendre à Paul : au port de Cenchrées abordent chaque jour quantité de voyageurs, dont certains sont déjà chrétiens mais d'une autre école que celle de Paul. Avec l'autorité des gens qui prétendent tout savoir, ils mettent en cause sa probité, lui dénient son titre d'apôtre, répètent sans se lasser qu'il n'a pas connu Jésus. Comment lui donner raison contre les Douze qui — eux — ont suivi le Christ au cours de toute sa vie publique : en Galilée comme en Judée ?

On parle, on parle, et ces propos trouvent des oreilles trop favorables parmi les Corinthiens convertis : ils ont si longtemps adopté des mœurs relâchées ! Devenus chrétiens ils s'étaient juré de mettre fin à des habitudes que condamnait Paul ; ils y sont retombés. Pis : des juifs qui, naguère, avaient scrupuleusement observé les lois de leur religion les violent sous prétexte qu'ils sont devenus chrétiens !

Tout se mêle et s'entremêle. L'enseignement d'Apollos — bien que rallié depuis à Paul — a fait des ravages : on sent le soupçon planer dans la Première Epître aux Corin-

1. Toutes ces appellations ont été minutieusement relevées par Renan.

thiens. Apollos s'inspire davantage de la philosophie platonicienne que de l'enseignement paulinien. Pour Platon « le corps est un tombeau » : de là des Corinthiens rejettent-ils, au profit de celle des âmes, la résurrection des corps prônée par Paul.

Imagine-t-on ce que Paul a dû éprouver ? Il ne peut que donner libre cours à son indignation et nous savons ce que sont les colères de Paul. Une indicible souffrance a dû l'accompagner. Soyons sûrs — nous le connaissons — qu'il s'est repris très vite. Contre les dangers, il mobilise toutes ses forces : intransigeance, énergie, volonté.

Nous sommes au printemps 54. Il va se battre.

Le texte de la Première Epître aux Corinthiens flamboie : « Chacun de vous parle ainsi : "Moi j'appartiens à Paul. — Moi à Apollos. — Moi à Céphas. — Moi à Christ." Le Christ est-il divisé ? Est-ce Paul qui a été crucifié pour vous ? Est-ce au nom de Paul que vous avez été baptisés ? Dieu merci, je n'ai baptisé aucun de vous, excepté Crispus et Gaïus ; ainsi nul ne peut dire que vous avez été baptisés en mon nom. Ah si ! J'ai encore baptisé la famille de Stéphanas. Pour le reste, je n'ai baptisé personne d'autre, que je sache. Car Christ ne m'a pas envoyé baptiser, mais annoncer l'Evangile, et sans recourir à la sagesse du discours, pour ne pas réduire à néant la croix du Christ[1]. »

Non seulement ce passage confirme le talent démonstratif de Paul mais il nous éclaire sur la manière dont les Epîtres ont été rédigées. On ne peut douter que Paul les ait dictées et qu'un disciple en ait transcrit les paroles : à plusieurs reprises, le scripteur s'est fait connaître en signant de son nom et en confirmant parfois cette identification par un message personnel. Dans le texte que l'on vient de lire, on constate que Paul se reprend — « Ah si ! » —, spontanéité qui marque une liberté remarquable dans la dictée comme la captation de celle-ci. Si le scripteur a laissé tel quel ce pas-

1. 1 Co I, 12 à 17.

sage, c'est que le coût du parchemin ne l'incitait pas à recommencer un passage entier.

Revenons aux disciples d'Apollos que Paul appelle *psuchikoï*, les « psychiques », autrement dit ceux qui sont laissés à leur seule nature. Paul les raille comme de « beaux esprits » incapables de percevoir ce qui vient de l'Esprit de Dieu. Il les oppose aux « spirituels » véritablement inspirés par l'Esprit (*pneumatikoï*) : « L'homme laissé à sa seule nature n'accepte pas ce qui vient de l'Esprit de Dieu. C'est une folie pour lui, il ne peut le connaître. [...] L'homme spirituel, au contraire, juge de tout et n'est lui-même jugé par personne. Car *qui a connu la pensée du Seigneur pour l'instruire* ? Or nous, nous avons la pensée du Christ[1]. »

De ces judaïsants et ces Corinthiens tentés par le platonisme, Paul ne fait qu'une bouchée : « Les juifs demandent des signes et les Grecs recherchent la sagesse ; mais nous, nous prêchons un Messie crucifié, scandale pour les juifs, folie pour les païens, mais pour ceux qui sont appelés, tant juifs que Grecs, il est Christ, puissance de Dieu et sagesse de Dieu. Car ce qui est folie de Dieu est plus sage que les hommes, et ce qui est faiblesse de Dieu est plus fort que les hommes[2]. »

Pour Paul, les Corinthiens ne doivent pas dévier — même d'un pouce — de son enseignement. Il consent cependant à les éclairer. Rien n'a de sens hors la certitude qui les obsède tous, lui et eux : le Seigneur va reparaître bientôt, sans doute d'un jour à l'autre. Pourquoi, dans ce cas, entreprendre quoi que ce soit ? Le mariage par exemple : est-il besoin que l'on se lie ?

La réponse de Paul claque : « Il est bon pour l'homme de s'abstenir de la femme. Toutefois, pour éviter tout dérèglement, que chaque homme ait sa femme et chaque femme son mari. Que le mari remplisse ses devoirs envers sa femme et que la femme fasse de même envers son mari. Ce n'est pas la femme qui dispose de son corps, c'est son mari. De

1. 1 Co II, 14 à 16.
2. 1 Co I, 22 à 25.

même ce n'est pas le mari qui dispose de son corps, c'est sa femme. Ne vous refusez pas l'un à l'autre, sauf d'un commun accord et temporairement, afin de vous consacrer à la prière ; puis retournez ensemble de peur que votre incapacité à vous maîtriser ne donne à Satan l'occasion de vous tenter. En parlant ainsi, je vous fais une concession, je ne vous donne pas d'ordre. Je voudrais bien que tous les hommes soient comme moi ; mais chacun reçoit de Dieu un don particulier, l'un celui-ci, l'autre celui-là. »

Quel sens faut-il donner à *hommes comme moi* ? On ne saurait y déceler l'ascétisme de gens en lutte pour triompher de leurs tendances naturelles ; si cela était, Paul le dirait tout net. Le ton employé conduit plutôt à le voir parvenu à une totale indifférence aux pulsions sexuelles mais sachant que la plupart des hommes et des femmes ne lui ressemblent pas : « Je dis donc aux célibataires et aux veuves qu'il est bon de rester ainsi, comme moi. Mais, s'ils ne peuvent vivre dans la continence, qu'ils se marient ; car il vaut mieux se marier que brûler[1]. » Qui n'a lu et relu les derniers mots ? Ils ont le mérite de poser aussi clairement que possible le problème.

Curieusement, Paul signale qu'il n'a pas reçu là-dessus d'ordre du Seigneur : « C'est un avis que je donne, celui d'un homme qui, par la miséricorde du Seigneur, est digne de confiance. » Il confirme hautement que le retour du Christ est proche *(le temps est écourté)* et il en tire des déductions : « Es-tu lié à une femme ? Ne cherche pas à rompre. N'es-tu pas lié à une femme ? Ne cherche pas de femme. Si cependant tu te maries, tu ne pèches pas ; et si une vierge se marie, elle ne pèche pas. Mais les gens mariés auront de lourdes épreuves à supporter, et moi je voudrais vous les épargner. » Il n'est pas certain qu'il attache beaucoup d'importance à ces questions-là : « Si quelqu'un débordant d'ardeur pense qu'il ne pourra pas respecter sa fiancée et que les choses doivent suivre leur cours, qu'il fasse selon son idée. Il ne

1. 1 Co VII, 1 à 9.

pèche pas : qu'ils se marient. » Même indifférence latente : « Celui qui épouse sa fiancée fait bien, et celui qui ne l'épouse pas fera encore mieux. »

Formuler une règle en passant ne peut faire de mal : « La femme est liée à son mari aussi longtemps qu'il vit. Si le mari meurt, elle est libre d'épouser qui elle veut, mais un chrétien seulement. Cependant elle sera plus heureuse, à mon avis, si elle reste comme elle est[1]. »

Les questions sur le rapport hommes-femmes passionnent les Corinthiens ? Il faut donc répondre : « L'homme est l'image et la gloire de Dieu ; mais la femme est la gloire de l'homme. Car ce n'est pas l'homme qui a été tiré de la femme mais la femme de l'homme[2]. Et l'homme n'a pas été créé pour la femme mais la femme pour l'homme. » Une règle encore : « La femme est inséparable de l'homme et l'homme de la femme, devant le Seigneur[3]. »

Puisqu'ils y tiennent, ces Corinthiens, continuons : « Que les femmes se taisent dans les assemblées : elles n'ont pas la permission de parler ; elles doivent rester soumises, comme dit aussi la Loi[4]. Si elles désirent s'instruire sur quelque détail, qu'elles interrogent leur mari à la maison[5]. »

Le lecteur a sous les yeux l'opinion de Paul sur les femmes, celle-là même que l'on brandit chaque fois qu'il est question de lui. N'éludons pas : si, pour des hommes et des femmes du XXIe siècle, de telles positions sont inadmissibles, l'ensemble du monde connu au temps de Paul les tient pour justes. Paul n'innove pas : il ne veut que se faire l'écho, en l'atténuant, de la Loi juive. Il se place très au-delà de la loi romaine et loin en avant des lois barbares. Le dogme de la misogynie de Paul a pour base un nombre restreint de phrases tirées de ses épîtres, toujours les mêmes. Marquent-elles la conviction d'une infériorité de la femme ? Les accu-

1. 1 Co VII, 25, 27, 28, 36, 38, 39.
2. Référence à la Genèse.
3. 1 Co XI, 11.
4. La Genèse.
5. 1 Co XIV, 34 et 35.

sateurs de Paul soulignent qu'il ne parle jamais de sa mère, mais il ne nous entretient pas davantage de son père.

Paul conseille de porter un voile sur la tête mais cette habitude est quasiment universelle. Faut-il lui en vouloir dès lors que l'on sait que les prostituées de Corinthe et les bacchantes en folie allaient tête nue ? Qu'il fasse de l'homme la gloire de Dieu et de la femme la gloire de l'homme ne fait que renvoyer à la Genèse où — chacun le sait — Dieu tire Eve du corps d'Adam. On veut qu'il ait ordonné aux femmes de se taire dans les assemblées mais il en était de même dans les synagogues où elles étaient reléguées loin derrière les hommes.

Des liens qui unissent l'homme et la femme dans le mariage, Paul écrit : « Ce mystère est grand, moi je déclare qu'il concerne le Christ et l'Eglise[1]. » « Par cette seule phrase, le mariage entre de plain-pied dans le mystère chrétien et la sexualité, loin d'être suspecte, reçoit toute sa légitimité[2]. »

Le biographe se permettra de rappeler au lecteur que, tout au long des lettres de Paul, apparaissent des femmes, qu'elles militent auprès de lui, qu'elles figurent à des postes importants dans les Eglises, que l'une même devient « ministre » d'une communauté. Dans le nombre — limité — des chrétiens amis que cite Paul expressément, figurent neuf femmes auxquelles, à plusieurs reprises, il exprime l'estime et l'affection qu'il leur porte.

Simple souci d'équilibre.

Les références de Paul au judaïsme ne se limitent pas au statut des femmes ; elles concernent l'ensemble de la vie des chrétiens. Ouvrons encore la Première Epître aux Corinthiens : « Je ne veux pas vous le laisser ignorer, frères : nos pères étaient tous sous la nuée, tous ils passèrent à travers la mer et tous furent baptisés en Moïse dans la nuée et dans

1. Ep V, 32.
2. Jean-Robert Armogathe.

la mer[1]. » Songeons que Paul s'adresse à des païens qui n'ont rien de commun avec les juifs. La plupart n'ont jamais entendu parler de Moïse. Or Paul les invite à considérer comme leurs « pères » ceux qui ont passé à pied sec la mer Rouge. Preuve que, pour lui, le christianisme est l'héritier direct — et total — du judaïsme. Il y reviendra plus explicitement encore dans l'Epître aux Romains.

On demande à Paul comment on doit se comporter pendant le culte : le plus important est que les chrétiens de toutes origines, pauvres et riches, se sentent frères et égaux. Il estime scandaleux que, lors des repas où l'on se restaure en commun tout en recevant le Corps du Christ, l'un puisse avoir faim tandis que l'autre se goinfre.

Autant de questions, autant de réponses. Peu à peu, Paul dessine les cadres d'une vie chrétienne qui, au sein de communautés qui s'élargissent, avait grand besoin d'être codifiée. L'architecte donne la main au théologien.

Tout cela fait beaucoup de sujets pour une seule lettre. La Première Epître aux Corinthiens est longue, d'une densité extrême et d'une surprenante variété. Exemple : un « cas d'inconduite » met Paul hors de lui : « L'un de vous vit avec la femme de son père ! » On lui demande ce qu'il ferait à ce pécheur s'il était à Corinthe. Il ne barguigne pas : « Qu'un tel homme soit livré à Satan pour la destruction de sa chair afin que l'esprit soit sauvé au jour du Seigneur. »

Beaucoup plus grave lui apparaît le cas de ces Corinthiens qui nient la résurrection des morts : un point fondamental aux yeux de Paul. Pour venir à bout de cette erreur insoutenable à ses yeux, il use de la logique qu'il manie mieux que personne : « S'il n'y a pas de résurrection des morts, Christ non plus n'est pas ressuscité, et si Christ n'est pas ressuscité, notre prédication est vide et vide aussi votre foi. » Il pousse ses avantages : « Si nous avons mis notre espérance en Christ pour cette vie seulement, nous sommes les plus à

1. I Co X, 1 et 2.

plaindre de tous les hommes. Mais non ; Christ est ressuscité des morts, prémisses de ceux qui sont morts. » Il prophétise : « Nous serons transformés en un instant, en un clin d'œil, au son de la trompette finale. Car la trompette sonnera, les morts ressusciteront incorruptibles et nous, nous serons transformés. [...] Alors se réalisera la parole de l'Ecriture : *la mort a été engloutie dans la victoire. Mort, où est ta victoire ? Mort où est ton aiguillon ? L'aiguillon de la mort, c'est le péché et la puissance du péché, c'est la Loi*[1]. »

La Première Epître aux Corinthiens mériterait-elle l'importance que nous lui attribuons si elle ne contenait le texte magnifique qui donne son sens à tout le christianisme ? Il n'a pas besoin d'être commenté ; dans cette litanie qui atteint des sommets, on retrouve Jésus à chaque verset :

« Quand je parlerais en langues, celle des hommes et celle des anges, s'il me manque l'amour, je suis un métal qui résonne, une cymbale qui retentit.

« Quand j'aurais le don de prophétie, la science de tous les mystères et de toute la connaissance, quand j'aurais la foi la plus totale, celle qui transporte les montagnes, s'il me manque l'amour, je ne suis rien.

« Quand je distribuerais tous mes biens aux affamés, quand je livrerais mon corps aux flammes, s'il me manque l'amour, je n'y gagne rien.

« L'amour prend patience, l'amour rend service, il ne jalouse pas, il ne plastronne pas, il ne s'enfle pas d'orgueil, il ne fait rien de laid, il ne cherche pas son intérêt, il ne s'irrite pas, il n'entretient pas de rancune, il ne se réjouit pas de l'injustice, mais il trouve sa joie dans la vérité.

« Il excuse tout, il croit tout, il espère tout, il endure tout.

« L'amour ne passe jamais.

« Les prophéties ? Elles seront abolies.

« Les langues ? Elles prendront fin.

« La connaissance ? Elle sera abolie.

---

1. 1 Co, XV, 13 et 14, 19 et 20, et 51, 52, 54, 55.

« [...] Ces trois-là demeurent : la foi, l'espérance et l'amour, mais l'amour est le plus grand[1]. »

La lettre est partie. Paul attend. La rapidité des échanges épistolaires dépend alors d'un seul agent : le vent. Qu'il souffle ou non sur la mer Egée et tout change. Autour de Paul on est confiant : comment un tel cri — si imprévu, convenons-en, de sa part — ne rallierait-il pas à la Vérité les chrétiens hésitants de Corinthe ? Que la réponse soit venue très tôt ou très tard, elle va faire tomber Paul de son haut : les Corinthiens ralliés aux judaïsants n'ont pas vacillé. Bien plus, leurs positions se sont trouvées renforcées.

Voilà qui frappe de plein fouet le raisonnement soutenu victorieusement par Paul à Jérusalem et Antioche : il affirmait que, pour des païens adultes, la circoncision serait un obstacle rédhibitoire à la conversion ; le succès des missionnaires judaïsants à Corinthe prouve le contraire. Les païens qui se ruent sous le couteau du rabbin démontrent que le christianisme de Jacques est plus convaincant que celui de Paul.

Dans le courant de l'été 54, quand Timothée revient à Ephèse, il relate qu'il a été fort mal accueilli à Corinthe. Tout autre que Paul se serait effondré. Lui tient bon. Ne savons-nous pas qu'il ne renonce jamais ? Serait-ce ici qu'il faut placer l'épisode d'un voyage improvisé à Corinthe ? L'aurait-on mis « en congé de prison » ? Il faut reconnaître que l'historien ne se retrouve guère dans cette période. Les Actes ne mentionnent pas ce deuxième séjour dans la ville. C'est par Paul lui-même que nous le connaissons : dans sa Deuxième Epître aux Corinthiens, il leur promet une troisième visite et celle-ci aura lieu, ce qui confirme l'existence de la deuxième[2].

Pour la première fois, Paul va voir le bien-fondé de son autorité remis publiquement en cause. Un frère contestataire

1. 1 Co XIII, 1 à 13.
2. 2 Co XII, 14 ; 2 Co XIII, 1.

l'agresse à la face de tous et il n'apparaît pas que la communauté ait soutenu l'apôtre. Il n'insiste pas. Profondément humilié, il quitte la ville.

Faut-il placer à ce moment la mission confiée à Tite ? Celle-ci ne fait pas de doute. Paul l'aurait supplié de tout entreprendre pour tenter de convaincre les chrétiens de Corinthe de revenir à lui. Il lui aurait remis une lettre dont il dira qu'elle a été « écrite parmi bien des larmes [1] ». On ne doute pas que cette lettre ait été envoyée ; elle a malheureusement disparu. C'est probablement le cas d'autres correspondances que les exégètes sont parvenus à situer dans le cadre que voici : Paul apprend que de graves désordres menacent l'Eglise de Corinthe. Il écrit alors une première lettre, perdue. A la suite de la visite de Timothée, des questions lui sont posées par écrit. Paul y répond : c'est notre Première Epître aux Corinthiens. Elle n'a pas le résultat escompté. Là se situe le voyage éclair à Corinthe. De retour à Ephèse, il rédige sa troisième lettre — perdue — « écrite dans les larmes ».

Se pose alors le problème de la Deuxième Epître aux Corinthiens dont nous disposons. On hésite à situer l'époque à laquelle elle a été écrite. Plus difficile encore : la présentation qui en a été longtemps donnée est aujourd'hui discutée. Selon la doctrine actuelle, elle aurait été, après la mort de Paul, découpée en cinq morceaux dont on aurait inséré certains dans la Première Epître afin de la rendre plus cohérente.

La simple logique — et je m'y rallierai — conduit à penser que la Deuxième Epître fut composée après que Paul eut quitté Ephèse. Au chapitre suivant nous le retrouverons à Troas attendant précisément le retour de Tite avec une inquiétude extrême. Dans la Deuxième Epître, il témoigne que ce retour a eu lieu. La phrase que voici devrait dissiper toute hésitation : « Il nous a fait part de votre vif désir, de vos larmes, de votre zèle pour moi au point que j'en ai eu

1. 2 Co II, 4.

une joie plus vive encore. [...] Je me réjouis de pouvoir en tout compter sur vous. »

Au cours de l'année 54, Paul est toujours en prison. Bien que s'accentuent les pressions contre la communauté chrétienne, sa captivité se révèle toujours aussi libérale, ce qui permet d'admettre que l'on ait pu le libérer — la deuxième visite à Corinthe — pour le réincarcérer. Vers la fin de l'hiver 54-55, son régime carcéral semble se durcir. Est-ce parce que sont parvenus de Galatie des messages amenuisant son prestige ?

Il est aisé de reconstituer le déroulement des faits. Venant d'Antioche, les émissaires de Jacques semblent être arrivés chez les Galates. Ils connaissaient fort bien l'existence des communautés chrétiennes mises en place par Paul : celui-ci leur avait appris que là se trouvait l'une des citadelles de son autorité.

L'envie prend le biographe — ce qui est advenu à certains de ses prédécesseurs — de dépeindre ces trublions qui viennent, en Anatolie centrale, s'en prendre aux Eglises de Paul comme des traîtres de mélodrame, vêtus de sombre, le front bas, se glissant de nuit entre les maisons pour entreprendre leur tâche maléfique. L'historien se lie par nature à son personnage ; fatalement, il est conduit à estimer que tous ses ennemis ont tort. L'erreur est ici patente. Les envoyés de Jérusalem sont des gens de bonne foi, persuadés de détenir la vérité. Juifs comme Paul, ils ne sont pas ses ennemis mais se veulent convaincus qu'il a jeté l'Eglise dans une voie qui la conduira aux Ténèbres. Leur devoir est d'éclairer les infortunés égarés par Paul.

Aux Galates, gens simples, faciles à convaincre, qui ont écouté Paul et lui ont donné raison, ils affirment qu'ils ne sont pas devenus de *bons* chrétiens. La preuve : ils ne sont pas circoncis. Jésus était circoncis. Les apôtres sont circoncis. Qui plus est, la circoncision est excellente pour la santé, elle évite des maladies, etc. Les judaïsants s'en déclarent très fiers eux-mêmes et proclament que l'on n'est un vrai homme que si l'on est circoncis. Le coup décisif est porté quand ils déclarent que cette obligation a été confirmée par les apôtres, parmi lesquels leur chef, Pierre, et Jacques, frère du Seigneur.

D'abord, les Galates protestent. Trois fois ils ont rencontré Paul, ils l'aiment. Pourquoi aurait-il voulu les tromper ? Mise au point des judaïsants : nous l'aimons bien, nous aussi. Mais vous a-t-il dit qu'il n'avait jamais vu Jésus ?

Stupeur des Galates : lui qui en parle si bien ! On leur en apporte la preuve. Cette fois ils sont atteints. Autre question des judaïsants : vous a-t-il avoué que, dans sa jeunesse, il a persécuté les chrétiens, qu'il en a fait jeter des centaines en prison, qu'il en a torturé et pis encore ? Atterrés, affolés, les Galates restent muets : Paul ne leur a rien dit. Leur faudra-t-il répudier tout ce que le Tarsiote leur a appris ?

Les judaïsants se hâtent de les rassurer : l'essentiel de ce qu'ils ont appris reste valable. Le seul tort de Paul, trop empressé à convaincre, est de ne pas leur avoir enseigné le respect de la Loi qui a été donnée par Dieu. Le créateur de toutes choses a parlé à Abraham. Il a même passé une alliance avec lui. Nous, les juifs, nous l'avons reçue après lui et jamais nous n'avons cessé de la respecter. Nous n'oublions jamais ce que Dieu a dit à Abraham : « Voici mon alliance que vous garderez entre moi et vous, c'est-à-dire ta descendance après toi : tous vos mâles seront circoncis : vous aurez la chair de votre prépuce circoncise, ce qui deviendra le signe de l'alliance entre moi et vous [1]. »

Les judaïsants insistent avec une force et une certitude communicatives : c'est le même Dieu qui nous a envoyé Jésus, le Messie qui est son fils. Nous l'avons reconnu, vous l'avez reconnu. Si nous n'acceptons pas toute la Loi, c'est à Dieu lui-même que nous portons tort.

Cette confrontation — bien sûr schématiquement résumée — est donc parvenue aux oreilles de Paul. Comment ne pas l'imaginer aussitôt déchaîné ? Il hait ces *lâches* — je crois

1. Gn XVII, 10.

entendre le mot — qui s'attaquent à des gens sans défense pour détruire leur foi.

Furibond, il mande un scripteur et, sur-le-champ, dicte la plus violente de ses Epîtres. Le lecteur connaît déjà de nombreux extraits de ce texte : pour se justifier, pour démontrer que — seul — il a eu raison, Paul éprouve le besoin de narrer de nombreux passages de sa vie et ceux-ci constituent pour l'historien une source inestimable. Je tiens ici à faire prendre la mesure de la colère de Paul :

« Paul, apôtre, non de la part des hommes, ni par un homme, mais par Jésus Christ et Dieu le Père qui l'a ressuscité d'entre les morts, et tous les frères qui sont avec moi, aux Eglises de Galatie : à vous grâce et paix de la part de Dieu notre Père et du Seigneur Jésus Christ, qui s'est livré pour nos péchés, afin de nous arracher à ce monde du mal, conformément à la volonté de Dieu, qui est notre Père. A lui soit la gloire pour les siècles. Amen [1]. »

S'il a voulu commencer fort, il a parfaitement réussi. Que, dès la première ligne, Paul arbore le titre d'« apôtre » comme une bannière alors que jusque-là il n'en a usé que timidement, ressemble à un défi : moi, apôtre, je détiens la vérité ! Quand il parle des *frères* qui sont avec lui, il manifeste son union avec *l'ensemble* de ceux qu'il a convertis. Ce n'est qu'un début :

« J'admire avec quelle rapidité vous vous détournez de celui qui vous a appelés par la grâce du Christ, pour passer à un autre Evangile. Non pas qu'il y en ait un autre ; il y a seulement des gens qui jettent le trouble parmi vous et qui veulent renverser l'Evangile du Christ. Mais si quelqu'un, même nous, ou un ange du ciel, vous annonçait un Evangile différent de celui que nous vous avons annoncé, qu'il soit anathème ! »

Lui, Paul, ne transigera pas. Et il s'explique : « Car, je vous le déclare, frères : cet Evangile que je vous ai annoncé n'est pas de l'homme ; et d'ailleurs ce n'est pas par un

1. Ga I, 1 à 5.

homme qu'il m'a été transmis ni enseigné, mais par une révélation de Jésus Christ. » L'évocation du chemin de Damas n'est pas mentionnée au hasard : Paul tient à marquer avec éclat que si les Douze ont, pour la plupart, suivi et entendu Jésus, si certains d'entre eux ont connu le privilège insigne de l'avoir vu ressuscité, lui bénéficie d'une exception unique : Jésus s'est manifesté personnellement pour lui seul.

Paul frappe comme il sait frapper :

« O Galates stupides, qui vous a envoûtés alors que sous vos yeux a été exposé Jésus Christ crucifié ? Eclairez-moi simplement sur ce point : est-ce en raison de la pratique de la Loi que vous avez reçu l'Esprit ou parce que vous avez écouté le message de la foi ? Etes-vous stupides à ce point ? Vous qui d'abord avez commencé par l'Esprit, est-ce la chair maintenant qui vous mène à la perfection ? Avoir fait tant d'expériences en vain ! Et encore si c'était en vain ! Celui qui vous dispense l'Esprit et opère parmi vous des miracles le fait-il donc en raison de la pratique de la Loi ou parce que vous avez écouté le message de la foi ? »

A l'intention des judaïsants qui se réclament de l'héritage d'Abraham, il jette : « L'Ecriture, prévoyant que Dieu justifierait les païens par la foi, a annoncé d'avance à Abraham cette bonne nouvelle : *Toutes les nations seront bénies en toi*[1]. Ainsi donc ceux qui sont croyants sont bénis avec Abraham, le croyant. » Ce qui, convenons-en, coupe court aux raisonnements de ses compétiteurs. Il confirme son avantage : « Christ a payé pour nous libérer de la malédiction de la Loi, en devenant lui-même malédiction pour nous, puisqu'il est écrit : *Maudit quiconque est pendu au bois*[2]. Cela pour que la bénédiction d'Abraham parvienne aux païens en Jésus Christ et qu'ainsi nous recevions, par la foi, l'Esprit, objet de la promesse. »

Un avertissement solennel :

« Jadis, quand vous ne connaissiez pas Dieu, vous étiez

1. Gn XII, 3.
2. Dt 21, 23.

asservis à des dieux qui, de leur nature, ne le sont pas, mais maintenant que vous connaissez Dieu, ou plutôt que vous êtes connus de lui, comment pouvez-vous retourner encore à des éléments faibles et pauvres, dans la volonté de vous y asservir de nouveau ? Vous observez religieusement les jours, les mois, les saisons, les années ! Vous me faites craindre d'avoir travaillé pour vous en pure perte !

« Comportez-vous comme moi, puisque je suis devenu comme vous, frères, je vous en prie. Vous ne m'avez fait aucun tort. [...] Vous m'avez accueilli comme un ange de Dieu, comme le Christ Jésus. Car je vous rends ce témoignage : si vous l'aviez pu, vous vous seriez arraché les yeux pour me les donner. Et maintenant, suis-je devenu votre ennemi parce que je vous dis la vérité ?

« L'empressement qu'on vous témoigne n'est pas de bon aloi ; ils veulent seulement vous détacher de moi pour devenir eux-mêmes l'objet de votre empressement. Ce qui est bon, c'est de se voir témoigner un empressement bien intentionné, en tout temps et pas seulement quand j'étais présent parmi vous, mes petits enfants que, dans la douleur, j'enfante à nouveau, jusqu'à ce que Christ soit formé en vous. Oh ! Je voudrais être auprès de vous en ce moment pour trouver le ton qui convient, car je ne sais comment m'y prendre avec vous[1] ! »

Il faudrait tout citer de cette Epître aux Galates. Comme il nous émeut, ce Paul intraitable qui, en dictant, se fait humble en reconnaissant l'insuffisance de son style ! Comme il en veut à ceux qui sont venus jeter l'angoisse parmi eux ! « Vous couriez bien ; qui, en vous barrant la route, empêche la vérité de vous entraîner ? Une telle influence ne vient pas de celui qui vous appelle. Un peu de levain et toute la pâte lève ! Pour moi, j'ai confiance dans le Seigneur pour vous : vous ne prendrez pas une autre orientation. Mais celui qui jette le trouble parmi vous en subira la sanction, quel qu'il soit[2]. »

1. Ces passages de l'Epître aux Galates sont extraits de I, 1 à 12, puis III, 1 à 5, 8 et 13, puis IV, 8 à 20.
2. Ga V, 7 à 10.

Question : à quels Galates Paul a-t-il adressé une lettre de ce genre où l'invective jouxte la déclaration d'amour ? La Galatie s'étend sur un vaste territoire. Il est évident qu'une grande majorité de la population n'a jamais connu ce texte fameux. Les Eglises mises en place à Iconium, Lystre, Derbé, Antioche de Pisidie restent de trop petite taille pour des destinataires privilégiés. L'hypothèse la plus vraisemblable est que Paul en a fait porter le texte par l'un de ses disciples aux différents épiscopes qui, eux, l'ont diffusé verbalement. Jürgen Becker signale qu'il s'agit de « l'unique lettre *encyclique* des mains de Paul » et aussi du « témoignage le plus ancien présentant de façon explicite le message de l'apôtre relatif à la justification ».

Des formules de l'Epître aux Galates que l'on serait impardonnable de ne pas citer :

« Je vis, mais ce n'est plus moi, c'est Christ qui vit en moi[1]. » « Vous, frères, c'est à la liberté que vous avez été appelés[2]. » « Car la loi tout entière trouve son accomplissement en cette unique parole : *tu aimeras ton prochain comme toi-même*[3]. »

Impossible de lire l'Epître aux Galates sans être emporté par le torrent de Paul et de ne pas faire corps avec lui dans sa rage d'être écouté. L'affaire est une question de vie ou de mort pour les Galates mais tout autant pour lui. Comment le scripteur a-t-il pu suivre la véhémence de sa pensée ? On ne reprend haleine qu'au moment de la conclusion. On voit Paul quasiment arracher son stylet au scripteur :

« VOYEZ CES GROSSES LETTRES : JE VOUS ÉCRIS DE MA PROPRE MAIN ! DES GENS DÉSIREUX DE SE FAIRE REMARQUER DANS L'ORDRE DE LA CHAIR, VOILÀ LES GENS QUI VOUS IMPOSENT LA CIRCONCISION. LEUR SEUL BUT EST DE NE PAS ÊTRE PERSÉCUTÉS À CAUSE DE LA CROIX DU CHRIST ; CAR CEUX-LÀ MÊMES QUI SE FONT CIRCONCIRE N'OBSERVENT PAS LA LOI ; ILS VEULENT NÉANMOINS QUE VOUS

---

1. Ga II, 20.
2. Ga V, 13.
3. Ga V, 14. Jésus a prononcé de semblables paroles (Mc XII, 31) présentées par lui comme le commandement « le plus grand », et reprises d'ailleurs du Lévitique.

SOYEZ CIRCONCIS, POUR AVOIR, EN VOTRE CHAIR, UN TITRE DE GLOIRE. POUR MOI, NON, JAMAIS D'AUTRE TITRE DE GLOIRE QUE LA CROIX DE NOTRE SEIGNEUR JÉSUS CHRIST ; PAR ELLE, LE MONDE EST CRUCIFIÉ POUR MOI, COMME MOI POUR LE MONDE. CAR, CE QUI IMPORTE, CE N'EST NI LA CIRCONCISION, NI L'INCIRCONCISION, MAIS LA NOUVELLE CRÉATION. SUR CEUX QUI SE CONDUISENT SELON CETTE RÈGLE, PAIX ET MISÉRICORDE, AINSI QUE SUR L'ISRAËL DE DIEU.

« DÈS LORS, QUE PERSONNE NE ME CAUSE DE TOURMENTS ; CAR MOI, JE PORTE EN MON CORPS LES MARQUES DE JÉSUS. QUE LA GRÂCE DE NOTRE SEIGNEUR JÉSUS CHRIST SOIT AVEC VOTRE ESPRIT, FRÈRES. AMEN [1]. »

Voilà qui est rude, impitoyable, admirable. On ne peut que se trouver d'accord avec Renan quand, de cette Epître, il écrit qu'on peut la « comparer, sauf l'art d'écrire, aux plus belles œuvres classiques » et que c'est en elle que « son impétueuse nature s'est peinte en lettres de feu ».

De Paul ou des judaïsants, qui a gagné ? En cette affaire, chacun se laisse aller à ses préférences. La plupart croient que la victoire de Paul fut complète et en cherchent la démonstration dans le fait que ses relations avec les Galates ne furent jamais interrompues. Cependant l'un des derniers commentateurs de Paul — et des plus experts —, Simon Légasse, reste dans le doute : « La Première Epître de Pierre inclut parmi ses destinataires les pagano-chrétiens de Galatie. » Jusqu'à la chute de Jérusalem, en 70, l'Eglise judaïsante maintiendra sur la région une sorte d'autorité jalouse. Il faut attendre la fin du Iᵉʳ siècle pour que judaïsants et pagano-chrétiens se hasardent à une réconciliation mais celle-ci — on en reste stupéfait — s'opérera au détriment de Paul qui sera, pour un siècle, rejeté dans l'ombre. De même, à Corinthe, l'Eglise, avec un incroyable cynisme, jurera que c'est à Pierre, en même temps qu'à Paul, qu'elle doit son origine.

1. Ga VI, 11 à 17.

C'est au moment où l'Eglise se préoccupera de faire le tri entre les textes authentiques de son histoire et les apocryphes qu'elle redonnera à Paul son importance en reconnaissant à ses écrits la valeur de fondements de la théologie chrétienne.

C'est en prison que Paul a livré ce dernier combat — et quel combat ! Bien des indices permettent de penser que, dans le moment même où il dictait l'Epître aux Galates, sa vie se trouvait en danger. Il rappellera lui-même le rôle crucial joué par ses amis tisseurs de tentes : « Saluez Prisca et Aquilas, mes collaborateurs en Jésus Christ : pour me sauver la vie, ils ont risqué leur tête ; je ne suis pas seul à leur être reconnaissant, toutes les Eglises du monde païen le sont aussi [1]. » L'auraient-ils fait évader ? Certains le pensent.

Ce n'est pas un chef d'Eglise entouré de la vénération de ses fidèles qui quitte Ephèse, mais un homme traqué.

1. Rm XVI, 3 et 4.

CHAPITRE XI

Le chemin de Jérusalem

Autour du Tarsiote presque quinquagénaire, une poignée de fidèles longent la mer. La route côtière passe par Smyrne, évite Pergame pour s'étirer autour du golfe d'Edremit. C'est vers Troas que l'on se dirige. Le petit homme a décidé de regagner la Macédoine puis l'Achaïe, cette sorte de fausse île attachée à la Grèce du Sud par l'isthme de Corinthe.

Il n'a pas caché que son but serait ensuite Jérusalem. Et on l'a entendu murmurer :

— Quand j'aurai été là-bas, il faudra que je me rende à Rome[1]...

Pressentirait-il que l'*Urbs*, un jour, serait le point de ralliement des chrétiens ? Son apostolat s'est toujours traduit par une éternelle marche en avant. Le chemin de Damas l'a projeté sur les routes du monde. Tous les pays non encore atteints par le Christ, il les voit comme attendant sa venue.

Il écrira aux Romains : « Maintenant que je n'ai plus de champ d'action dans ces contrées et que, depuis bien des années, j'ai un vif désir d'aller chez vous[2]... »

Une nouvelle obsession occupe l'homme qui marche. Lors de la conférence de Jérusalem avait germé l'idée d'une grande collecte en faveur de l'Eglise mère. Au nom de la communauté d'Antioche, Paul et Barnabé avaient offert d'en

1. Actes XIX, 21.
2. Rm XV, 23 et 24. La phrase est inachevée.

rassembler les fonds. Quoi qu'on en ait dit, la promesse ne figurait pas parmi les conditions d'un accord de paix. A titre personnel, Paul se tient pour engagé. A Ephèse, il avait pris la décision de passer à l'action : la collecte concernerait les Eglises d'Asie Mineure et de Grèce. Que l'Eglise de Jérusalem soit à l'origine de ses derniers malheurs, Paul veut l'oublier : cette quête doit concrétiser la prophétie d'Esaïe sur l'unité des croyants.

A qui doit-elle aller ? Paul l'a spécifié lui-même : aux saints — c'est-à-dire les chrétiens — « qui sont dans la pauvreté [1] ». Jadis, dans la société juive, on trouvait peu de gens très riches et peu de très pauvres. De siècle en siècle, le fossé s'est creusé. A l'époque de Paul, Jérusalem grouille de mendiants parmi lesquels il faut ranger ces Galiléens venus à la suite de Jésus et qui, après sa crucifixion, sont demeurés obstinément dans la ville de David. Ils sont toujours là, leurs familles meurent de faim. L'Eglise mère les aide de son mieux mais ses moyens restent très faibles. Paul répète que le devoir des autres Eglises, où qu'elles soient, est d'aider l'Eglise mère : « Oui, elles l'ont décidé et elles le leur devaient. Car si les païens ont participé à leurs biens spirituels, ils doivent subvenir également à leurs besoins matériels [2]. »

Jeté corps et âme dans cette mission, Paul a proposé aux Corinthiens l'exemple des Macédoniens qui, « au milieu des multiples détresses qui les ont éprouvés », et malgré leur « pauvreté extrême », ont « débordé en trésors de libéralité ». Que les Corinthiens les imitent !

Or les Corinthiens n'y étaient pas prêts. Loin de là. A chaque communauté, Paul a adressé des instructions si comminatoires qu'elles ressemblaient aux ordres d'un chef militaire : il allait épargner semaine après semaine et thésauriser en attendant qu'il vînt en personne — lui seul, Paul — contrôler les opérations et choisir les convoyeurs qu'il conduirait lui-même à Jérusalem. Une telle façon d'agir est

1. Rm XV, 26
2. Rm XV, 27.

en contradiction totale avec les usages pratiqués jusque-là par les synagogues pour le transfert des contributions annuelles destinées au Temple : les notables de chaque ville s'en chargeaient et, jusqu'au moment de leur expédition, géraient eux-mêmes les sommes récoltées. Autant on s'est montré favorable au principe de la collecte, autant on conteste à l'apôtre la prétention de se considérer comme le responsable unique de l'opération. Le plus grave est que les critiques émanent autant des convertis d'origine juive que des « craignant-Dieu ».

A vrai dire, cette nouvelle crise recouvre d'autres amertumes, plus anciennes et d'ailleurs contradictoires. Paul n'avait jusque-là jamais accepté l'aide financière des chrétiens corinthiens et, au lieu d'y trouver un motif d'admiration, ceux-ci s'en sont montrés offensés. De quel droit refusait-il un cadeau spontané qui pourrait lui permettre de n'exister que pour sa mission ? Il veut vivre du travail de ses mains ? N'est-ce pas de l'orgueil ? Malgré la forte réponse de Paul — « Ne suis-je pas libre ? Ne suis-je pas apôtre ? » —, cette attitude avait déclenché une hostilité qui ne s'est jamais éteinte. Le comble est que les messagers qu'il dépêche régulièrement à Corinthe après s'en être éloigné seront amenés, eux, à solliciter une aide financière, laquelle leur sera d'ailleurs accordée. Les Corinthiens n'y comprennent plus rien — mettons-nous à leur place — et leur courroux s'en accroît d'autant.

On reproche maintenant à Paul d'avoir fixé aux chrétiens de Corinthe, sans les consulter, un montant disproportionné au regard de leurs moyens. Que les communautés se voient refuser tout contrôle scandalise et bientôt soulève le soupçon de possibles détournements. Bref, un climat délétère s'installe à Corinthe dont Paul est bientôt informé. On le voit incompris, déçu. Comme chaque fois qu'il se sent en difficulté, c'est par écrit qu'il veut convaincre. Il rappelle aux Corinthiens qu'ils ont été les premiers à accepter le projet. Vont-ils revenir sur leur engagement ? Le stratège l'emporte ici sur le combattant. Il affirme qu'il ne souhaitait que donner un avis. Les Corinthiens fixeront eux-mêmes le montant de leur contribution. D'autres convoyeurs vont être choisis, l'un d'eux par les Eglises d'Asie, dont tous « font l'éloge » : « Puisque vous avez de tout en abondance, foi, éloquence, science et toute sorte de zèle et d'amour que vous avez reçus de nous, ayez aussi en abondance de la générosité en cette occasion. Je ne le dis pas comme un ordre ; mais, en vous citant le zèle des autres, je vous permets de prouver l'authenticité de votre charité. Vous connaissez en effet la générosité de notre Seigneur Jésus Christ qui, pour vous, de riche qu'il était, s'est fait pauvre, pour vous enrichir de sa pauvreté [1]. »

Cette lettre suffira-t-elle ? Tite, toujours à Corinthe, est chargé d'en défendre le contenu.

Il marche toujours, Paul. Tous les paysages qu'il traverse évoquent une part de son passé. Avant que se dessine le site de la Troade, est-il possible que l'Hellespont, la mer Egée, le golfe d'Edremit, le mont Ida n'aient pas remué quelque chose en lui ? N'importe, retrouver Tite à Troas, c'est là surtout ce qui le préoccupe.

Or Tite brille par son absence. L'inquiétude de Paul s'accroît : « J'arrivai alors à Troas pour y prêcher l'Evangile du Christ et, bien que le Seigneur m'ouvrît grande la porte, je n'eus pas l'esprit en repos car je ne trouvai pas Tite, mon frère [2]. »

Pourquoi n'est-il pas au rendez-vous ?

A défaut de Tite, c'est Luc qui survient. Il est ainsi, le médecin, toujours fidèle mais trop absorbé par ses autres occupations pour ne pas être intermittent. Arrivant de Philippes, il vient de traverser la mer Egée pour rejoindre un petit groupe qui se trouvait déjà à Troas et dont il nous livre les noms : Sopatros, de Bérée ; Aristarque et Secundus, de Thessalonique ; Gaïus, de Derbé ; Timothée, Tychique, Trophime, de la province d'Asie : d'évidence, un regroupement de « convoyeurs » des fonds de la collecte.

1. 2 Co VIII, 7 à 9.
2. 2 Co II, 12 et 13.

Luc se souviendra d'avoir fait halte à Troas pendant une huitaine de jours. Le temps d'être témoin d'un incident qu'il n'oubliera pas : « Le premier jour de la semaine, alors que nous étions réunis pour rompre le pain, Paul, qui devait partir le lendemain, adressait la parole aux frères et il avait prolongé l'entretien jusque vers minuit. Les lampes ne manquaient pas dans la chambre haute où nous étions réunis. Un jeune homme, nommé Eutyque, qui s'était assis sur le rebord de la fenêtre, a été pris d'un sommeil profond, tandis que Paul n'en finissait pas de parler. » Luc, on le voit, n'a rien perdu de ses qualités de chroniqueur, sans en excepter l'ironie. Au XVIIIe siècle, Jonathan Swift, auteur fameux des *Voyages de Gulliver* mais aussi doyen de Saint-Patrick à Dublin, choisira comme thème d'un de ses sermons : « Du sommeil à l'église » et se référera à l'accident d'Eutyque pour démontrer que saint Paul — même lui — endormait ses auditeurs.

Autre détail vécu : sous l'emprise du discours soporifique, l'infortuné Eutyque tombe du troisième étage. On le croit mort. Paul se précipite et, le prenant dans ses bras, crie pour rassurer ceux qui désespèrent :

— Ne vous agitez pas ! Il est vivant !

« Une fois remonté, reprend Luc, Paul a rompu le pain et mangé ; puis il a prolongé l'entretien jusqu'à l'aube et alors il s'en est allé. Quant au garçon, on l'a emmené vivant et ç'a été un immense réconfort[1]. »

Et ce Tite qui n'arrive toujours pas ! Ne supportant plus d'attendre, Paul s'embarque avant le moment prévu. Passant de nouveau en Europe, il débarque à Neapolis comme il l'a déjà fait. Pas question d'attendre Tite. Paul déteste qu'on lui manque.

Aucune indication sur l'itinéraire qu'il va emprunter. On doit croire qu'il s'est rendu d'abord à Philippes où, après tant d'entraves, il peut espérer trouver enfin quelque récon-

1. Actes XX, 7 à 12.

fort. Chers Philippiens ! Même à ces fidèles exemplaires il manifeste l'inquiétude désormais latente : « Prenez garde aux chiens ! Prenez garde aux mauvais ouvriers ! Prenez garde aux faux circoncis[1] ! »

Il repart, reprend contact avec les communautés de Thessalonique et de Bérée. S'est-il avancé jusqu'aux rives de l'Adriatique ? « Ainsi, depuis Jérusalem, en rayonnant jusqu'à l'Illyrie, j'ai pleinement assuré l'annonce de l'Evangile du Christ[2]. »

Sans que nous puissions le suivre réellement à la trace, il va, vient, s'arrête, prêche, exhorte, débat. L'inquiétude le ronge : où est Tite ? Que fait Tite ? Dans la Deuxième Epitre aux Corinthiens, il reviendra sur cette période difficile : « A notre arrivée en Macédoine, nous n'avons pas connu de détente, mais toutes sortes de détresses. Combats au-dehors, craintes au-dedans[3]. »

Et le voilà enfin, Tite ! Et les nouvelles sont bonnes ! Le fidèle entre les fidèles a négocié de nouvelles règles pour la collecte. Il a mis fin à la fronde tout en faisant reconnaître — réussite remarquable — l'autorité exclusive de Paul. Il a même obtenu que les fidèles reconquis désavoueraient publiquement les judaïsants.

Paul ne tarde pas à témoigner de sa joie et de sa gratitude aux Corinthiens : « Dieu qui console les humbles, nous a consolés par l'arrivée de Tite, non seulement par son arrivée, mais par le réconfort qu'il a reçu de vous[4]. » Car ils ont honte, les convertis de Corinthe, ils pleurent ! « Je me réjouis maintenant, non de votre tristesse, mais du repentir qu'elle a produit [...]. Car la tristesse selon Dieu produit un repentir qui conduit au salut et ne laisse pas place au regret... La tristesse selon ce monde produit la mort. Voyez plutôt ce qu'a produit chez vous la tristesse selon Dieu, mais oui ! quel empressement ! quelles excuses ! quelle indignation ! quelle crainte ! quel désir ! quel zèle ! quelle punition ! »

1. Ph III, 2.
2. Rm XV, 19.
3. 2 Co VII, 5.
4. 2 Co VII, 6 et 7.

Conclusion laconique dans le parfait style de l'apôtre : « De toute façon vous avez vous-mêmes prouvé que vous étiez nets dans cette affaire [1]. »

En relisant la même Epître, impossible de ne pas être frappé par cet homme inébranlable se laissant aller, alors même que la crise s'estompe, à confier que son cœur reste lourd et son âme désenchantée :

« Ah ! Si vous pouviez supporter de moi un peu de folie ; eh bien oui ! Supportez-moi ! J'éprouve à votre égard autant de jalousie que Dieu. Je vous ai fiancés à un époux unique, pour vous présenter au Christ comme une vierge pure, mais j'ai peur que — comme le serpent séduisit Eve par sa ruse — vos pensées ne se corrompent loin de la simplicité due au Christ. En effet, si le premier venu vous prêche un autre Jésus que celui que nous avons prêché, ou bien si vous accueillez un esprit différent de celui que vous avez reçu ou un autre évangile que celui que vous avez accueilli — vous le supportez fort bien ! »

Gémir longtemps ne lui ressemble pas. Il se secoue pour retrouver le naturel : « J'estime pourtant n'avoir rien de moins que ces super-apôtres [2]. Nul pour l'éloquence, soit ! Pour la science, c'est autre chose [3]. »

Paul passe l'hiver 55-56 en Macédoine. Sa résolution est arrêtée : il apportera lui-même le montant de la collecte à Jérusalem. Est-ce pour superviser le ramassage des fonds ou pour tester le niveau de sa popularité qu'il se décide à passer à Corinthe ?

Sans doute la saison interdit-elle encore la navigation car il choisit la voie de terre. Il traverse la Thessalie du nord au sud, longe la côte de l'Attique en empruntant nécessairement le défilé des Thermopyles. Continuera-t-il vers Athènes ? Jamais ! Sans pouvoir échapper à la grande ombre d'Œdipe, il coupe par Thèbes. Après la forteresse d'Eleuthères, la

1. 2 Co VII, 9 à 11.
2. Les judaïsants.
3. 2 Co XI, 1 à 5.

route descend vers Eleusis. Et voici l'isthme qui n'a plus de secret pour lui.

A Cenchrées qu'il gagne au début de l'été, comment le cher souvenir de Prisca et d'Aquilas ne le frapperait-il pas ? Le couple ami a regagné Rome. Ses pas retrouvent naturellement le chemin de la ville haute, si souvent parcouru lors de son premier séjour. De la grande cité, rien n'a changé. La chaleur se mue au milieu du jour en fournaise. Obsédant, toujours, le sommet de l'Acrocorinthe. Irritant, le temple érotique qui s'y trouve juché.

Quel accueil va-t-on lui réserver ? Il s'interroge.

Gaïus lui ouvre les bras. Paul dira de lui qu'il fut son « hôte et celui de toute l'Eglise ». L'homme lui est attaché par un lien sacré : il l'a baptisé de ses mains. Conforté par le désaveu des judaïsants, l'apôtre ne songe plus qu'à une réconciliation générale. L'été va y être consacré. Paul tente d'utiliser une antique procédure déjà mentionnée par le Deutéronome : si deux Anciens sont en conflit ouvert, ils peuvent exiger un arbitrage. Est-ce, de la part de Paul, l'aurore d'une capitulation ? Nullement. Il est toujours Paul : il annonce sans ménagement qu'il n'envisage l'arbitrage qu'en se défendant bec et ongles. Cette position de l'apôtre que l'on croyait assagi va produire le pire des effets : les judaïsants reprennent l'avantage.

Paul a perdu la partie. Corinthe n'est plus sa ville. Quand, à l'automne, il rassemble son bagage et regagne le port de Cenchrées, comment l'imaginerait-on autrement que désespéré ? Il lui faudra de longues semaines pour retrouver la paix de l'âme. L'hiver est entamé, plus question de voyager. Il sent le besoin de rédiger une nouvelle Epître qui mettrait de l'ordre dans ses certitudes. Jusque-là, il a toujours agi dans l'urgence : tantôt la foi de ses ouailles devait être encouragée, tantôt il fallait ferrailler avec des adversaires. Chaque fois il est allé à l'essentiel, frappant coup pour coup, enfonçant le clou de sa doctrine. La forme ? Sans importance. A Cenchrées, il a du temps. Il va construire un exposé comme son maître Gamaliel lui a appris à en composer. Tout y sera dit de ce qu'il croit.

Avant de se mettre au travail, il mande auprès de lui le scripteur Tersius. Il dicte. Peu à peu va se forger, selon Luther, « le cœur et la moelle de tous les livres ». Paul rédige l'Epître aux Romains : l'indiscutable monument de sa correspondance.

Quel souffle, déjà, dans les premières lignes ! « Paul, serviteur de Jésus Christ, appelé à être apôtre, mis à part pour annoncer l'Evangile de Dieu. Cet Evangile, qu'il avait déjà promis par ses prophètes dans les Ecritures saintes, concerne son Fils, issu selon la chair de la lignée de David, établi, selon l'Esprit Saint, Fils de Dieu, avec puissance par sa Résurrection d'entre les morts, Jésus Christ notre Seigneur.

« Par lui nous avons reçu la grâce d'être apôtre pour conduire à l'obéissance de la foi, à la gloire de son nom, tous les peuples païens, dont vous êtes, vous aussi que Jésus Christ a appelés. A tous les bien-aimés de Dieu qui sont à Rome, aux saints par l'appel de Dieu, à vous, grâce et paix de la part de Dieu notre Père et du Seigneur Jésus Christ[1]. »

Du grand, du très grand saint Paul. Ce qui manque, c'est l'équivalent de ce qui figure en tête de toutes les autres épîtres : l'adresse *praescriptio* à une Eglise. La raison en est d'une grand simplicité : l'Eglise romaine n'existe pas encore.

Qui a importé le christianisme à Rome ? N'oublions pas le grand mouvement qui, plusieurs fois par an, attirait à Jérusalem les juifs de la Diaspora : pourquoi ceux de Rome s'en seraient-ils abstenus ? Partis pour prier au Temple, ils en sont revenus ne parlant plus que de Jésus, le Messie enfin incarné. Ils se sont empressés d'en faire part à la synagogue la plus proche, troublant les uns, irritant les autres. Aucune organisation apparente ne s'est mise en place. On croit aujourd'hui au développement de petits groupes indépendants, au sein desquels se seraient établis des courants de foi quelque peu disparates ce qui, en l'absence de toute hiérarchie, ne saurait étonner.

1. Rm I, 1 à 7.

Qui a informé Paul de l'existence de chrétiens à Rome ? Un passage de l'Epître explique que, voulant gagner l'Espagne, il allait avoir besoin d'une aide, probablement financière. Un autre — la comparaison entre les faibles et les forts — semble indiquer une certaine connaissance des spécificités religieuses de l'*Urbs*. Aquilas et Priscilla l'auraient-ils renseigné ? Rien de tout cela ne révèle l'identité des destinataires. A qui s'adresse-t-il ?

Dieter Hildebrandt, dont me plaisent la puissance d'analyse et l'originalité, a formulé à cet égard une hypothèse que résume une seule phrase : cette « montagne », ce « massif de sommets inaccessibles » n'auraient jamais été destinés aux seuls Romains. Et notre auteur d'assener à ses lecteurs l'un de ces raccourcis dont on s'enchante : « Par son titre, elle est un des plus grands bluffs de la littérature de son temps. »

Il s'explique. Il fallait, dans l'œuvre paulinienne, un écrit s'adressant à la Ville par excellence, centre du monde, quintessence de pouvoir, foyer de civilisation. Sans que l'Epître eût été destinée à quelque groupe romain, *ad Romanos*, il fallait que le titre s'accordât à cette grandeur et à cet éblouissement. Telle est d'ailleurs la primauté que lui a accordée la postérité. Que les Pères de l'Eglise l'aient plantée à la première place, alors qu'elle aurait dû l'être à la dernière, renforce le raisonnement.

Ne poussons pourtant pas trop loin le paradoxe. Les Romains sont concernés au même titre que l'étaient les Philippiens, les Corinthiens ou les Galates. La différence est que Paul connaissait chacun de ces correspondants — sauf les Romains. Il n'a donc ressenti aucun besoin, selon sa vieille habitude, de polémiquer avec ceux-ci, ni même de chercher à leur imposer son autorité. D'où un ton extrêmement neuf dont on a pu dire, en le comparant à celui de l'Epître aux Galates, que cette dernière « était le Rhône avant le lac Léman ; l'Epître aux Romains le même fleuve après Genève [1] ».

1. Introduction à l'Epître aux Romains (TOB).

Où est le temps où Paul traînait dans la boue ceux qui lui « manquaient » ? Où, à la moindre opposition, sa colère ou son amertume se déchaînaient ?

Nous commençons à y voir clair : dans l'impossibilité de donner un visage à ceux qui le liront, Paul s'adresse à plusieurs publics en même temps. Un exégète lui voit « un œil dirigé vers les judéo-chrétiens, l'autre vers les croyants d'entre les païens ». Il n'est pas certain que ces deux groupes soient les seuls destinataires. Paul s'adresse alternativement aux païens et aux chrétiens mais l'on sent que les juifs de tradition — si nombreux à Rome — sont sans cesse à l'arrière-plan de sa pensée. Plus encore, on voit surgir les judaïsants, péril constant dont il peut appréhender qu'il l'ait, comme ailleurs, précédé à Rome. A qui s'adresse l'Epître ? A tous ceux-là.

Aux chrétiens, Paul donne naturellement la priorité : « Je rends grâce à mon Dieu par Jésus Christ pour vous tous : dans le monde entier on proclame que vous croyez[1]. » Nous retrouvons son goût de forcer le trait : « Je fais sans relâche mention de vous, demandant continuellement dans mes prières d'avoir enfin, par sa volonté, l'occasion de me rendre chez vous[2]. » Il élargit son propos : « Je ne veux pas vous laisser ignorer, frères, que j'ai souvent projeté de me rendre chez vous — jusqu'ici j'en ai été empêché — afin de recueillir quelque fruit chez vous, comme chez les autres peuples païens. Je me dois aux Grecs comme aux barbares, aux gens cultivés comme aux ignorants ; de là, mon désir de vous annoncer l'Evangile, à vous aussi qui êtes à Rome[3]. »

A première vue, on s'explique mal que, parlant à des païens, il accorde tant de place aux questions hébraïques. Au vrai, il est fidèle à lui-même : il ne peut annoncer le message qui régénérera l'humanité qu'en présentant son initiateur Jésus comme juif, fils du Dieu des juifs. Autrement dit, les

1. Rm I, 8.
2. Rm I, 9 et 10.
3. Rm I, 13 à 15.

païens, en acceptant Jésus, doivent admettre en même temps le judaïsme. A l'exception, bien sûr, des règles contraignantes que l'on sait.

A l'inverse de la critique du XIXe siècle qui voyait dans l'Epître aux Romains un écrit doctrinal, celle du XXe discerne en elle un projet de conciliation. Les conflits détestables qui déchiraient la chrétienté menaçaient-ils les convertis de Rome ? Paul a pu le redouter. D'où cette adjuration bouleversante : « Accueillez-vous donc les uns les autres, comme le Christ vous a accueillis, pour la gloire de Dieu[1]. »

Immense fut l'influence historique de l'Epître aux Romains. Non pas tant à l'époque où elle fut écrite que dans les temps à venir. Au Ve siècle, quand s'ouvrent les graves controverses sur la gratuité du salut, on puise en elle pour y mettre fin. Au XVIe siècle, elle est l'épicentre de la Réforme de Luther. Calvin y découvre les thèmes de sa doctrine : « Quiconque est parvenu à sa vraie intelligence a comme la porte ouverte pour entrer jusqu'au plus secret trésor de l'Ecriture[2]. »

Tout lecteur de l'Epître aux Romains est frappé par une charpente particulièrement rigoureuse. Ce qui ne signifie pas pour autant qu'elle contiendrait — comme on l'a souvent soutenu — une somme théologique, un véritable « sommaire de la doctrine chrétienne » : trop de lacunes, disent aujourd'hui les exégètes.

Impossible d'entrer dans le détail de l'argumentation paulinienne contenue dans l'Epître ; il faudrait la citer tout

---

1. Rm XV, 7.
2. Je ne saurais trop recommander la lecture de l'introduction à l'Epître aux Romains présentée par l'équipe de la *Traduction œcuménique de la Bible.* Comme on sait, ce grand travail est né d'une volonté : présenter une traduction française de la Bible commune aux diverses confessions chrétiennes. Dans l'esprit de ses concepteurs, l'Epître aux Romains fut considérée comme un test, convaincus qu'ils étaient « que la traduction œcuménique de la Bible ne se heurterait pas à des obstacles infranchissables si l'Epître aux Romains pouvait être présentée dans une version agréée par tous ». L'enjeu théologique était considérable. Selon l'heureuse formule du pasteur Boegner, « le texte de nos divisions » devait devenir « le texte de notre rencontre ».

entière. En fait, elle peut se diviser en deux parties : la première (I à IX) propose au chrétien les moyens d'obtenir le salut ; la seconde (IX à XIV) cherche les raisons pour lesquelles tant de juifs contemporains de Jésus ont repoussé ce salut tel qu'il leur était offert.

Les quatre premiers chapitres illustrent la volonté de Dieu de ne pas s'imposer aux hommes mais de se laisser découvrir par eux. Si certains ont reconnu sa bonté, beaucoup d'autres l'ont ignoré, ce qui l'a offensé et a provoqué son ire :

« En effet, la colère de Dieu se révèle du haut du ciel contre toute impiété et toute injustice des hommes qui retiennent la vérité captive de l'injustice ; car ce que l'on peut connaître de Dieu est pour eux manifeste. [...] En effet, depuis la création du monde, ses perfections invisibles, éternelle puissance et divinité, sont visibles dans ses œuvres pour l'intelligence ; ils sont donc inexcusables, puisque, connaissant Dieu, ils ne lui ont rendu ni la gloire ni l'action de grâce qui reviennent à Dieu[1]. »

Paul reconnaît que les païens ont pu ressentir la présence de Dieu mais il juge que, n'en ayant tiré aucune conséquence salutaire, ils méritent par conséquent la colère de Dieu. Les juifs ? Ils ont reçu tant de faveurs du Créateur que, dès lors qu'ils transgressent la Loi, toute indulgence doit leur être refusée : « Eh bien ! toi qui enseignes autrui, tu ne t'enseignes pas toi-même ! Tu prêches de ne pas voler, et tu voles ! Tu interdis l'adultère, et tu commets l'adultère ! Tu as horreur des idoles, et tu pilles leurs temples ! Tu mets ton orgueil dans la Loi, et tu déshonores Dieu en transgressant la Loi ! En effet, comme il est écrit, *le nom de Dieu est blasphémé à cause de vous parmi les païens.* Sans doute la circoncision est utile si tu pratiques la Loi, mais si tu transgresses la Loi, avec ta circoncision tu n'es plus qu'un incirconcis[2]. »

Avec une vraie obstination, Paul revient sur le cas de ses

1. Rm I, 18 à 21.
2. Rm II, 17 à 25.

frères juifs : « Mais quoi ? Avons-nous encore, nous juifs, quelque supériorité ? Absolument pas ! Car nous l'avons déjà établi : tous, juifs comme Grecs, sont sous l'empire du péché[1]. » Ce qui aboutit à la démonstration paulinienne la plus lourde de sens : « Nous savons que tout ce que dit la Loi, elle le dit à ceux qui sont sous la Loi, afin que toute bouche soit fermée et que le monde entier soit reconnu coupable devant Dieu. Voilà pourquoi *personne ne sera justifié devant lui* par les œuvres de la Loi ; la Loi en effet ne donne que la connaissance du péché. [...] C'est la justice de Dieu par la foi en Jésus Christ pour tous ceux qui croient, car il n'y a pas de différence : tous ont péché, sont privés de la gloire de Dieu mais sont gratuitement justifiés par sa grâce, en vertu de la délivrance accomplie en Jésus Christ[2]. »

Paul se penche sur le cas d'Abraham dont *la foi fut comptée comme justice* : « Mais dans quelles conditions le fut-elle ? Avant ou après sa circoncision ? Non pas après, mais avant[3] ! » Toujours le paradoxe de la proposition à des païens d'une religion nouvelle au travers d'une religion ancienne qu'ils ne connaissent pas. A moins que cela donne raison aux commentateurs qui soutiennent que l'Epître aux Romains n'aurait été écrite que pour concilier, à Rome, judaïsants et pagano-chrétiens.

Dans le même chapitre III, quelques mots en apparence sans éclat vont se révéler tout à coup comme l'Everest de la pensée de Paul : « Nous estimons en effet que l'homme est justifié par la foi, indépendamment des œuvres de la Loi[4]. »

Nous en voici venus à ce que les théologiens ont appelé : « la justification par la foi ». En substituant la foi à la Loi comme source de salut, c'est à une révolution que Paul invite le genre humain. Or quinze siècles de christianisme vont mettre cette position capitale entre parenthèses.

1. Rm III, 9.
2. Rm III, 19 à 24.
3. Rm IV, 10.
4. Rm III, 27 et 28.

Pourquoi ? Parce que la justification par la foi était trop radicale pour être suivie. Parce que la nature humaine est ainsi faite qu'un homme qui ne s'en remet pas totalement à la grâce divine croira toujours, s'il mène une vie conforme aux commandements, qu'il sera sauvé. L'Eglise de Rome s'est appliquée à dresser le catalogue des règles étroites auxquelles le chrétien devait obéir. Les « commandements » se sont inscrits dans le droit fil de ceux que Moïse avait édictés.

Il a suffi qu'un moine allemand nommé Luther, furieux que l'on fît commerce des indulgences, lût attentivement l'Epître aux Romains pour qu'il se persuade d'avoir trouvé la réponse : la foi essentielle, les œuvres accessoires.

Peut-être l'affaire n'était-elle pas aussi limpide qu'il l'avait supposé. Paul ajoute : « Enlevons-nous par la foi toute valeur à la Loi ? Bien au contraire, nous confirmons la Loi [1]. » A cette apparente contradiction, Luther opposera ce verdict : « La foi accomplit toutes les lois. Les œuvres n'accomplissent la Loi à aucun titre. »

Autour de ce thème, on ira de plus en plus loin. Au XXe siècle, des révolutionnaires militants se réclameront de saint Paul. D'autres n'hésiteront pas à le comparer à Lénine. Il faut toujours en revenir à Talleyrand : « Tout ce qui est exagéré est insignifiant. »

Les chapitres V à VIII plongent tout droit dans ce que doit savoir un converti ou un païen prêt à se convertir. Le baptême permet au croyant d'échapper au péché puisque Jésus, en s'offrant à la croix, a effacé la faute d'Adam et accordé la vie éternelle autant aux juifs qu'aux païens. Le chapitre IX revient sur les païens qui, ne recherchant pas la foi, l'ont reçue, « tandis qu'Israël, qui recherchait une loi pouvant procurer la justice, est passée à côté de la Loi. Pourquoi ? Parce que cette justice, il ne l'attendait pas de la foi mais pensait l'obtenir des œuvres [2] ».

---

1. Rm III, 31.
2. Rm IX, 30 à 32.

Les chapitres X et XI proposent d'autres réflexions sur ce qui rapproche ou oppose païens et juifs. Le XII revient sur les obligations auxquelles un chrétien doit se plier pour plaire à Dieu : « Que l'amour soit sincère. Fuyez le mal avec horreur, attachez-vous au bien. Que l'amour fraternel vous lie d'une mutuelle affection ; rivalisez d'estime réciproque. D'un zèle sans nonchalance, d'un esprit fervent, servez le Seigneur. Soyez joyeux dans l'espérance, patients dans la détresse, persévérants dans la prière. Soyez solidaires des saints [les chrétiens] dans le besoin, exercez l'hospitalité avec empressement. Bénissez ceux qui vous persécutent ; bénissez et ne maudissez pas. Réjouissez-vous avec ceux qui sont dans la joie, pleurez avec ceux qui pleurent. Soyez bien d'accord entre vous : n'ayez pas le goût des grandeurs, mais laissez-vous attirer par ce qui est humble. *Ne vous prenez pas pour des sages.* Ne rendez à personne le mal pour le mal : *ayez à cœur de faire le bien devant tous les hommes.* S'il est possible, pour autant que cela dépend de vous, vivez en paix avec tous les hommes [1]. »

Le XIII invite le chrétien à être soumis aux autorités « car il n'y a d'autorité que par Dieu ». Il faut rendre à chacun ce qui lui est dû : « L'impôt, les taxes, la crainte, le respect. » Le chrétien doit se pénétrer de la certitude du retour tout proche du Christ : là-dessus Paul n'a pas varié. Le XIV préconise d'accueillir « celui qui est faible dans la foi, sans critiquer ses scrupules » et prescrit de ne pas juger son frère : « Heureux celui qui ne se condamne pas lui-même en exerçant son discernement. » Le XV recommande l'amour entre chrétiens, source de bonheur spirituel : « Que le Dieu de l'espérance vous comble de joie et de paix dans la foi, afin que vous débordiez d'espérance par la puissance de l'Esprit Saint. »

Paul revient à son projet immédiat, le voyage à Jérusalem, et ne dissimule nullement qu'il en redoute les périls : « Je vous exhorte, frères, par notre Seigneur Jésus Christ et par

1. Rm XII, 9 à 21.

l'amour de l'Esprit, à combattre avec moi par les prières que vous adressez à Dieu pour moi, afin que j'échappe aux incrédules de Judée et que le secours que j'apporte à Jérusalem soit bien accueilli par les saints. Ainsi pourrai-je arriver chez vous dans la joie et, par la volonté de Dieu, prendre avec vous quelque repos. Que le Dieu de la paix soit avec vous tous ! Amen[1]. »

Considérer l'Épître aux Romains comme le testament de Paul n'est nullement une vue de l'esprit : des textes de cette dimension, il n'en écrira plus jamais.

Après nous être élevés si haut, nous avons du mal à revenir à la collecte. S'arracher à tant d'idées sublimes pour écouter tinter des pièces d'or ou d'argent ! C'est qu'il y tient — lui — à sa collecte. Désormais, elle va prendre le pas sur tout. Plus il approche du départ et plus se lève en lui l'angoisse dont Luc rapportera tant de signes. Il en est parfaitement conscient : les judaïsants le haïssent, ils sont toutpuissants à Jérusalem. Et c'est à Jérusalem qu'il va.

Personne ne lui a donc déconseillé un tel voyage, si provocant, si périlleux ? La réponse frappe nos tympans : on l'a fait dix fois, vingt fois. Egal à lui-même, il n'a rien voulu entendre.

On s'est étonné qu'il n'eût pas pris la mer à Cenchrées. Une étude sur la climatologie de la mer Egée a montré que les vents du nord qui, pendant la canicule, soufflaient en Méditerranée orientale, auraient rendu la traversée insupportable[2]. On ne croit plus guère au « complot » dont Luc fait état : « Au moment de prendre la mer pour la Syrie, comme les juifs complotaient contre lui, il décida de repasser par la Macédoine[3]. » Le certain est qu'il a dû parcourir sept cent dix kilomètres vers le nord. Ne commence-t-il pas à être

1. Rm XV, 30 à 33.
2. J. Murphy O'Connor.
3. Actes XX, 3. L'emploi des mots « les juifs » dans l'Ecriture désigne les juifs qui ne sont pas devenus chrétiens.

excédé de ces marches à pied ? Plusieurs convoyeurs sont partis en avant-garde. Ils l'attendent en Asie.

Dans l'épisode qui suit, Luc passe du « il » au « nous » : nous avons de nouveau affaire à un témoin oculaire. On a tant décortiqué, tant discuté, tant contredit ce récit, que l'on a fini par déconcerter totalement le lecteur. On veut absolument que Luc ait édifié ici une sorte de mise en scène — d'ailleurs classique dans l'Antiquité — propre à adapter les événements décrits au portrait qu'il veut imposer de Paul. Il semble ignorer tout de la collecte, disent les contradicteurs, et n'y fait allusion — en passant — qu'une seule fois. Luc a-t-il pu participer à ce voyage sans constater que la remise des fonds à l'Eglise de Jérusalem était l'unique but de l'apôtre ? Il s'attache à montrer Paul célébrant la Pâque et tenant essentiellement à se trouver à Jérusalem pour la Pentecôte. Or, dans l'Epître aux Galates, Paul a condamné avec force le calendrier des fêtes hébraïques que les judaïsants voulaient introduire en Galatie. Luc n'était pas infaillible, voilà tout. Ecrivant longtemps après la mort de Paul, il a voulu, afin de servir d'exemple aux générations futures, montrer l'apôtre allant délibérément au-devant du danger. Faut-il pour cela que nous doutions de tout ce qu'il avance ?

J'avoue franchement trouver chez Luc une vérité qui me satisfait. L'enchaînement des circonstances, les précisions livrées sans cesse, les petits détails qui sonnent juste m'incitent à le prendre pour guide principal. Quitte, naturellement, à tenter de contrôler au maximum ses dires.

C'est à Assos, sur la côte nord du golfe d'Edremit, que le partage de la collecte va s'opérer. Nous connaissons par Flavius Josèphe les règles que l'on suivait en l'occurrence : on réduisait les différentes monnaies en or que l'on répartissait entre les différents convoyeurs. On cousait les pièces dans les vêtements de chacun en prenant garde qu'elles ne tintent au moindre geste. Tout bruit intempestif devait être exclu.

On connaît les étapes du voyage qui commence : d'Assos, le bateau se dirige sur Mytilène, port de la grande île de Lesbos, d'où il gagne, en une étape, l'île de Chio, patrie d'Homère. Une étape à Samos, face au mont Mycale. Une escale à Trogyllion et l'on arrive à Milet.

L'essor de cette grande cité située à quelques lieues d'Ephèse, jadis métropole de l'Ionie, date du temps d'Alexandre. L'exportation des produits d'un arrière-pays comblé par la nature et les pèlerinages au sanctuaire d'Apollon Didyménéen ont fait la richesse de ses quatre ports. Inutile de les chercher aujourd'hui : les alluvions du Méandre ont repoussé peu à peu la ville à l'intérieur des terres. Seuls les gradins du théâtre édifié aux IIe et IIIe siècles témoignent d'une grandeur disparue.

« Paul, dit Luc, était décidé à éviter l'escale d'Ephèse pour ne pas perdre de temps en Asie [1]. » Perdre du temps ? La vérité est que Paul n'avait aucune envie de se jeter dans la gueule du loup. Qu'il ait souhaité rencontrer certains de ses fidèles et qu'il les ait appelés à le rejoindre, rien de plus naturel. Luc s'applique à reconstituer, une fois encore, les propos qu'il aurait tenus devant eux :

— Vous savez quelle a toujours été ma conduite à votre égard depuis le jour de mon arrivée en Asie. J'ai servi le Seigneur en toute humilité, dans les larmes et au milieu des épreuves que m'ont valu les complots des juifs. Je n'ai rien négligé de ce qui pouvait vous être utile : au contraire, j'ai prêché, je vous ai instruits, en public comme en privé ; mon témoignage appelait et les juifs et les Grecs à se convertir à Dieu et à croire en notre Seigneur Jésus.

« Maintenant, prisonnier de l'Esprit [2], me voici en route pour Jérusalem ; je ne sais pas quel y sera mon sort mais, en tout cas, l'Esprit Saint me l'atteste de ville en ville, chaînes et détresses m'y attendent. Je n'attache d'ailleurs vraiment aucun prix à ma propre vie ; mon but, c'est de mener à bien ma course et le service que le Seigneur Jésus m'a confié : rendre témoignage à l'Evangile de la grâce de Dieu.

---

1. Actes XX, 16.
2. D'autres traductions sont proposées : « enchaîné par l'Esprit », ce qui voudrait dire que le Saint-Esprit le pousse, ou encore : « enchaîné en esprit ».

« Désormais, je le sais bien, voici que vous ne reverrez plus mon visage, vous tous parmi lesquels j'ai passé en proclamant le Règne. Je peux donc l'attester aujourd'hui devant vous : je suis pur du sang de tous. Je n'ai vraiment rien négligé : au contraire, c'est le plan de Dieu tout entier que je vous ai annoncé. Prenez soin de vous-mêmes et de tout le troupeau dont l'Esprit Saint vous a établis les gardiens, soyez les bergers de l'Eglise de Dieu qu'il s'est acquise par son propre sang.

« Je sais bien qu'après mon départ s'introduiront parmi vous des loups féroces qui n'épargneront pas le troupeau ; de vos propres rangs surgiront des hommes aux paroles perverses qui entraîneront les disciples à leur suite. Soyez donc vigilants, vous rappelant que, nuit et jour pendant trois ans, je n'ai pas cessé, dans les larmes, de reprendre chacun d'entre vous. Et maintenant, je vous remets à Dieu et à sa parole de grâce, qui a la puissance de bâtir l'édifice et d'assurer l'héritage à tous les sanctifiés.

« Je n'ai convoité l'argent, l'or ou le vêtement de personne. Les mains que voici, vous le savez vous-mêmes, ont pourvu à mes besoins et à ceux de mes compagnons. Je vous l'ai toujours montré, c'est en peinant de la sorte qu'il faut venir en aide aux faibles et se souvenir de ces mots que le Seigneur Jésus lui-même a prononcés : "Il y a plus de bonheur à donner qu'à recevoir[1]". »

Paul s'est tu. Intense est son émotion : « Tout le monde alors éclata en sanglots et se jetait au cou de Paul pour l'embrasser — leur tristesse venait surtout de la phrase où il avait dit qu'ils ne devaient plus revoir son visage —, puis on l'accompagna jusqu'au bateau[2]. »

Vents favorables jusqu'à Cos. Le lendemain on atteint Rhodes et — le troisième jour — Patara, sur la côte de Lycie. Le bateau poursuivant son voyage vers une autre des-

1. Actes XX, 18 à 35.
2. Actes XX, 37 et 38.

tination, on en trouve un autre qui charge pour Tyr où l'on débarque après une navigation de six à sept jours. Une Eglise chrétienne y existe déjà qui montre, en accueillant Paul, une inquiétude sur son sort presque égale à celle de ses compagnons. Chacun tente de le détourner d'aller à Jérusalem. Pendant toute une semaine, il semble ne pas entendre. Au bout de sept jours, il prend congé, frète une embarcation qui aborde à Ptolémaïs, là où s'élèvera le Saint-Jean-d'Acre des croisés. Le lendemain, Paul et les siens repartent pour Césarée — cinquante-cinq kilomètres à parcourir à pied — où, pendant plusieurs jours, on va séjourner chez le diacre Philippe, l'un des Sept d'Etienne : voici donc les ennemis irréductibles réconciliés.

Surgit, un matin, dans un état d'excitation extrême, un certain Agabus, qualifié de « prophète de Judée ». Il brandit théâtralement une ceinture dont il attache les pieds et les mains de Paul et jure que les juifs de Jérusalem en useront de même pour le livrer aux mains des païens : l'Esprit Saint le lui a annoncé. Voyant leurs craintes confirmées, Luc et les autres compagnons adjurent Paul de rebrousser chemin. Il se borne à répondre :

— Qu'avez-vous à pleurer et à me briser le cœur ? Je suis prêt, moi, non seulement à être lié mais à mourir à Jérusalem pour le nom du Seigneur Jésus !

Impossible de le convaincre. « Que la volonté du Seigneur soit faite ! » Paul prend congé. Le petit groupe s'engage sur la route de Jérusalem.

Monter à Jérusalem n'est pas seulement une image. Sur cent kilomètres parcourus, on subit une dénivellation de 800 mètres. Quoique Paul ne s'alarme pas facilement — le lecteur le sait bien —, il est difficile de le croire, au moment de franchir une fois encore la porte de la Ville sacrée, indemne de toute émotion. Son escorte le suit sans trop se hâter : chacun se trouve alourdi par les ceintures garnies d'or. On va loger cher un certain Mnason de Chypre, « un disciple des premiers temps ».

A peine Paul a-t-il fait connaître son arrivée que Jacques,

frère du Seigneur, l'invite à se présenter chez lui. Ce à quoi le Tarsiote obtempère le lendemain. Durant quelques instants, règne une vraie cordialité. Les anciens écoutent avec ferveur Paul relater ce qu'il a accompli chez les païens pour le service de Dieu.

Cependant, ceux qui ont lu les Epîtres de Paul — il serait étrange que des bribes, au moins, ne fussent point parvenues à Jérusalem — n'ont pas manqué de se sentir choqués par le fait que le « treizième apôtre » ne semble pas considérer la pratique de la Loi comme fondamentale et, en ce qui concerne la circoncision, ait érigé en règle la simple tolérance qui lui avait été accordée. Le chef de l'Eglise de Jérusalem n'a-t-il pas engagé l'offensive judaïsante ? Paul admet qu'il n'est plus sujet de la Loi (I Corinthiens IX, 20 et 21 ; Philippiens III, 8 et 9). En faveur des gentils, il donne le pas au Christ sur la Loi. Un seul de ces comportements suffirait à le dénoncer comme renégat.

Jacques ne semble pas avoir voulu tirer toutes les conséquences d'un constat aussi grave. L'indulgence de son accueil — signalée par Luc — en est une preuve. A ses yeux, Paul doit être un original, l'un de ces personnages incontrôlables sur les erreurs duquel on est tenté — plus que pour un autre — de fermer les yeux. Et puis comment minimiser le travail accompli ? Le biographe de Jacques se montre frappé par le silence de Luc sur la collecte : pas un mot de son organisation, des problèmes qu'elle a posés et maintenant de sa remise. Serait-ce que Jacques ne l'a pas acceptée ? « Luc n'aurait sans doute pas manqué de mentionner son acceptation qui aurait constitué un témoignage supplémentaire en faveur de l'unité de l'Eglise. Il est toutefois possible que Jacques, avant de prendre une décision concernant la collecte, ait demandé à Paul de montrer sa fidélité à la Loi[1]. » Luc, en revanche, montre que les premières congratulations ont été suivies par l'expression d'une inquiétude née de l'ignorance de Paul sur lui-même : il ne

1. Pierre-Antoine Bernheim.

comprend pas que sa réputation est détestable non seulement parmi les chrétiens de Jérusalem, presque unanimement judaïsants, mais parmi tous les juifs. Le malheur, lui dit-on, est que les uns et les autres sont parfaitement au courant de la doctrine qu'il préconise :

— Ton enseignement pousserait tous les juifs qui vivent parmi les païens à abandonner Moïse ; tu leur dirais de ne plus circoncire leurs enfants et de ne plus suivre les règles. Que faire ? Ils vont sans aucun doute apprendre que tu es là [1].

Quelqu'un — Jacques ? — trouve la solution : il faut que Paul accomplisse une purification. Par chance, quatre hommes se préparent également à se purifier, rite qui les contraint à se mettre en prière au Temple pendant sept jours et à se raser la tête. Que Paul se joigne à eux et se charge de leur entretien pendant la semaine qui vient.

— Tout le monde comprendra que les bruits qui courent à ton sujet ne signifient rien, mais que tu te conformes, toi aussi, à l'observance de la Loi.

Paul se rallie au conseil. Quand il prend congé de Jacques, pense-t-il qu'il le voit pour la dernière fois ? En compagnie des quatre hommes désignés, il se rend au Temple pour fixer la date à laquelle l'offrande pourra être présentée et la purification obtenue.

Les sept jours s'achèvent. Au Temple — comble de malchance ! —, des juifs d'Asie le reconnaissent. La colère les soulève. Paul ! Ils se saisissent de lui, ameutent la foule :

— Israélites, au secours ! Le voilà, l'homme qui combat notre peuple et la Loi et ce Lieu, dans l'enseignement qu'il porte partout et à tous ! Il a même amené des Grecs dans le Temple et profane ainsi ce saint Lieu [2].

En ville, Paul était accompagné par Trophime d'Ephèse, l'un de ses huit compagnons de voyage. Certains se sont empressés d'en déduire que Paul l'avait conduit au Temple

1. Actes XXI, 21 et 22.
2. Actes XXI, 28.

et même introduit sur le parvis où n'entrent que les seuls juifs.

Ne nous égarons pas : jusqu'ici nous avons vu des judaïsants s'en prendre à Paul, pagano-chrétien. A Jérusalem, ce sont des juifs fidèles à la tradition de Moïse qui s'en prennent à un renégat.

Il faut connaître le cadre dans lequel l'affrontement — c'en est un — se produit. Le lecteur sait déjà que le Temple de Jérusalem se compose de deux parties : le parvis des gentils où chacun peut se rendre et l'enceinte sacrée où seuls les juifs pénètrent. Celle-ci est entourée par un mur bas composé de pierres, le *soreg*, qui marque la limite à ne pas franchir si l'on n'est pas juif. De loin en loin se lit, en grec et en latin, cet interdit : « Défense à tout étranger de franchir la barrière et de pénétrer dans l'enceinte du sanctuaire. Quiconque aura été pris sera lui-même responsable de la mort qui s'ensuivra. » Voilà qui est catégorique. Paul est non seulement accusé de trahison envers sa religion mais — plus grave encore — d'avoir violé délibérément l'enceinte sacrée en y introduisant un païen.

Il est exclu que Paul ait pu se montrer coupable d'une telle provocation. Pour lui le Temple reste un lieu sacré et l'invraisemblance saute aux yeux. Tout juste peut-on supposer qu'il a conduit un compagnon trop près du muret. Après quoi la rumeur a pu s'élever, de celles que les foules acceptent avec d'autant plus d'avidité qu'elles sont fausses.

Luc qui, en matière de chiffres, aime à amplifier, nous dit que « la ville entière s'ameuta » et que « le peuple arriva en masse ». Traduisons que, ce jour-là, il y avait beaucoup de monde au Temple et que ces gens ont réagi avec vigueur.

On se saisit de Paul et on le traîne hors du Temple dont les portes sont aussitôt fermées. On le roue de coups. Va-t-on lui faire gagner une porte de la ville pour le lapider hors les murs ? La chance de Paul est que tout cela se soit déroulé à deux pas de la forteresse Antonia : la nouvelle parvient au tribun de la cohorte : « Tout Jérusalem est sens dessus dessous. »

On connaît le nom de ce tribun : Claudius Lysias.

Commandant de la cohorte casernée dans la forteresse Antonia — environ six cents hommes —, il ordonne aussitôt à l'un des centurions de rassembler l'effectif d'une compagnie et de tenir en respect les manifestants. Toujours la *Pax romana*, l'ordre que nul n'a le droit d'enfreindre. Pour Paul, le résultat est positif : on cesse de le frapper. Le tribun accouru ordonne de charger de chaînes l'objet de tant de bruit. Les questions qu'il pose le montrent au moins perplexe :

— Qui est cet homme ? Qu'a-t-il fait ?

Des réponses jaillissent, se croisent, se contredisent. Impossible de rien comprendre au milieu de tous ces cris. De guerre lasse, le tribun ordonne que l'on fasse entrer Paul dans la forteresse.

Quand le détachement se met en devoir d'en gravir les marches, la foule tente de lui arracher le prisonnier pour le lyncher. Lui faisant barrage de leurs corps, les soldats s'en emparent, le soulèvent au-dessus de leurs têtes et le précipitent dans la forteresse dont l'on referme aussitôt les portes. Alors jaillit sur la place une clameur furieuse :

— A mort !

CHAPITRE XII

L'homme enchaîné

Jouxtant le Temple à son angle nord-ouest, la forteresse Antonia, l'*Antonia* comme on dit à Jérusalem, écrase le quartier de ses tours — la plus élevée mesure 37 mètres — et de ses énormes murailles. Du haut de l'enceinte du Temple, les pèlerins peuvent en découvrir les casernes, les bureaux, la résidence du tribun, les cours intérieures. La cohorte romaine, à laquelle s'ajoute un contingent de cavalerie, s'y s'entraîne chaque jour : un millier d'hommes. Il s'agit en majorité, comme dans toutes les provinces administrées par un procurateur, de troupes auxiliaires recrutées sur place. On n'accepte ici que des non-juifs.

Le grand escalier qui permet de passer directement de l'Antonia à l'Esplanade du Temple a été conçu — c'est clair — comme une garantie contre tout désordre.

L'émeute qui vient d'éclater en est la meilleure preuve. Le tribun Lysias ne sait que penser : pour quelle raison ce petit homme chauve provoque-t-il un tel trouble ?

Un moment, il a cru avoir affaire à ce juif d'Egypte qui, proclamant pour son compte le royaume de Dieu, avait soulevé contre les Romains des milliers de zélotes, opposants irréductibles aux occupants. Nul ne peut dire ce que l'imposteur est devenu après son échec. A la moindre émeute, on croit le voir reparaître.

— Pourrais-je te dire un mot ?

Voici que l'homme s'adresse à lui. En grec.

— Tu sais le grec !

Paul confirme et, déclinant son identité, formule une demande qui ajoute à la perplexité du tribun :

— Je t'en prie, autorise-moi à parler au peuple [1].

Contre toute attente, le tribun accepte. On rouvre les portes. Ahurissante image que celle de ce prisonnier chargé de chaînes qui se redresse pour haranguer une foule en furie difficilement contenue par les légionnaires romains. La surprise est si grande que l'on se tait. « Un grand silence s'établit », dit Luc.

— Frères et pères, écoutez donc la défense que j'ai maintenant à vous présenter. Je suis juif, né à Tarse en Cilicie, mais c'est ici, dans cette ville, que j'ai été élevé...

Suit un long discours dans lequel Paul expose les phases principales de sa vie, l'histoire de sa conversion et de sa vocation, y compris sa rencontre avec Jésus ressuscité sur le chemin de Damas. Il en vient à son retour à Jérusalem :

— Un jour que j'étais en prière dans le Temple, il m'est arrivé de tomber en extase ; je vois le Seigneur qui me disait : « Vite, quitte Jérusalem sans tarder, car ils n'accueilleront pas le témoignage que tu me rendras. » Je réponds : « Mais, Seigneur, ils savent bien que c'est moi qui allais dans les synagogues pour faire mettre en prison et battre de verges ceux qui croient en toi. Et lorsque le sang d'Etienne, ton témoin, a été répandu, moi aussi j'étais là, j'approuvais ces meurtriers et je gardais leurs vêtements. » Mais il me dit : « Va, c'est au loin, vers les nations païennes, que je vais, moi, t'envoyer... »

Il n'ira pas au-delà. On lui coupe la parole, on l'injurie : « Ils vociféraient, jetaient leurs manteaux et lançaient en l'air de la poussière. » Toujours les cris de mort :

— Qu'on débarrasse la terre d'un tel individu ! Il ne doit pas rester vivant [2] !

Exaspéré, le tribun coupe court. Il donne l'ordre d'introduire de nouveau Paul dans la forteresse.

1. Actes XXI, 37 à 39.
2. Actes XXII, 17 à 23.

Ils sont là, tous deux, face à face, dans la moiteur de quatre murs de pierre. Partagé entre le dédain et l'incrédulité, le tribun veut en avoir le cœur net : il faut arracher à l'homme son secret. S'il en a un. Avant de se retirer, il ordonne de mettre le trublion en condition : la flagellation précède presque toujours l'interrogatoire d'un suspect. Cette fois, cela va vite : on dénude le prisonnier, on l'attache, déjà un légionnaire saisit le manche du fouet quand Paul — on l'imagine s'exprimant avec un calme délibéré — pose une question au centurion de service :

— Un citoyen romain, qui n'a même pas été jugé, avez-vous le droit de lui appliquer le fouet ?

Du coup, le centurion arrête le bras du soldat prêt à frapper et se précipite pour mettre le tribun au courant :

— Qu'allais-tu faire ! L'homme est citoyen romain !

Citoyen romain ! Le tribun mesure aussitôt le risque qu'il a failli prendre. De quoi compromettre son avancement ! Il accourt :

— Dis-moi, tu es vraiment citoyen romain ?

— Oui.

— Moi, j'ai dû payer la forte somme pour acquérir ce droit.

— Et moi, je le tiens de naissance.

Il n'est plus question de flagellation. Paul passera la nuit dans une cellule de la forteresse [1].

Tout indique que, de son côté, le tribun a dû mal dormir. Il ne peut relâcher de sa propre initiative un homme qui a suscité la haine du peuple, mais a-t-il le droit de le garder en prison sans le juger ? Puisque l'homme est juif, pourquoi ne pas le traduire devant l'autorité qui paraît la plus compétente : le Sanhédrin ?

La plus haute instance judiciaire et religieuse du pays ne siège plus dans le Temple mais hors de l'enceinte, tout près

---

1. Actes XXII, 25 à 28.

de la tour d'Hérode. Calcul évident du pouvoir romain. En cas de difficulté, la force publique pourra plus facilement accéder en ce lieu.

On a enlevé ses chaînes à Paul. Le voici traîné devant soixante et onze personnages pénétrés de leur droit de « dire » la Torah. Le grand prêtre Ananias occupe sa charge depuis dix ans et jouit d'une réelle considération.

On fait connaître au prévenu qu'il doit exposer lui-même sa défense. Luc nous montre Paul « les yeux fixés sur le Sanhédrin ». L'image est belle. Elle évoque l'homme désarmé face à une meute voulant sa perte et la tenant en respect par la force de son regard. Paul élève la voix :

— Frères, c'est avec une conscience sans aucun reproche que je me suis conduit envers Dieu jusqu'à ce jour...

Ananias réagit brutalement : cet homme en a menti ! La tradition veut qu'un menteur soit frappé sur la bouche. Ananias ordonne que l'on y procède. Par la force de sa voix Paul fait reculer l'homme qui s'approche de lui. Il tonne :

— C'est toi que Dieu va frapper, muraille blanchie ! Tu sièges pour me juger selon la Loi et, au mépris de la Loi, tu ordonnes qu'on me frappe ?

Du sein des soixante et onze présents s'élèvent des protestations horrifiées :

— Tu insultes le grand prêtre de Dieu !

La voix de Paul s'adoucit :

— Je ne savais pas, frères, que c'était le grand prêtre. Il est écrit en effet : *Tu n'insulteras pas le chef de ton peuple.*

Le Sanhédrin semble se rassurer : l'homme, au moins, connaît les Ecritures. Il est clair cependant que les réactions ne sont pas les mêmes sur tous les bancs. L'assemblée se divise en sadducéens et en pharisiens. Paul s'en est aperçu dès son entrée : « Les sadducéens, constate Luc, soutiennent en effet qu'il n'y a ni résurrection, ni ange, ni esprit, tandis que les pharisiens en professent la réalité [1]. » Le moment est venu d'en tirer parti :

1. Actes XXIII, 8.

— Frères, je suis pharisien, fils de pharisien ; c'est pour notre espérance, la résurrection des morts, que je suis en jugement !

« Un beau tapage ! » résume Luc. Les sadducéens se scandalisent mais la réplique des pharisiens n'est pas moins véhémente :

— Nous ne trouvons rien à reprocher à cet homme. Et si un esprit lui avait parlé ? Ou bien un ange ?

Les deux clans sont prêts à en venir aux mains. On devine le tribun au comble des alarmes. Et si son prisonnier allait faire les frais de l'affrontement ? Un commandement bref et les légionnaires précipitent Paul hors de la salle. On croit entendre la voix accablée du tribun :

— Qu'il retourne à la forteresse !

Le compte rendu d'audience que nous venons de lire contiendrait-il autant de détails si Luc n'en avait été le témoin ? On peut se poser des questions et l'on n'y a pas manqué : le chef d'une garnison romaine avait-il le pouvoir de convoquer le Sanhédrin ? Est-il possible que Paul n'ait pas reconnu le grand prêtre qui présidait ? Ananias aurait-il consenti à la présence du tribun lors de l'interrogatoire de Paul ? Objections qui n'empêchent pas l'ensemble — à commencer par les dialogues — de sonner juste.

Aussitôt ébruitée, l'affaire du Sanhédrin va ranimer la colère des judaïsants. Quarante d'entre eux se réunissent à l'aube et jurent de faire passer Paul, juif félon, de vie à trépas. Ils s'engagent par serment « à ne rien manger ni boire avant d'avoir tué Paul ». La tactique imaginée est vieille comme l'histoire : il faut intercepter Paul, l'emmener en lieu sûr et en finir une fois pour toutes. Ces conjurés sont ingénieux. Une délégation de « défenseurs de la Loi » se fait recevoir par un Sanhédrin mal remis de ce qui lui est arrivé et l'invite fortement à solliciter de Claudius Lysias une nouvelle comparution du Tarsiote : le tribun avait confié au Sanhédrin la mission de juger le renégat et le comportement scandaleux du prévenu a empêché l'assemblée de mener à bien sa tâche. Voilà des prêtres enchantés. Pourquoi le tribun se refuserait-il à une nouvelle comparution ? Pour les judaïsants, le sort de Paul est réglé.

Ils font erreur. Apparaît dans cette histoire fertile en rebondissements un jeune homme que nous n'avons fait qu'entrevoir dans les premières pages de ce livre : le neveu de Paul qui réside à Jérusalem. Comment a-t-il eu vent du complot ? La seule certitude est qu'il a pu s'introduire dans la forteresse et prévenir son oncle. Paul réagit immédiatement. A l'un des centurions, il ordonne :

— Conduis ce jeune homme au tribun ; il a quelque chose à lui communiquer.

Au ton employé, le centurion comprend qu'il ne doit pas discuter. Il accompagne le neveu chez le tribun. En quelques instants, l'affaire est exposée. Elle est ponctuée d'une mise en garde :

— Surtout ne te laisse pas prendre : ils vont être plus de quarante à lui tendre une embuscade... Leurs dispositions sont déjà arrêtées, ils n'attendent que ton accord.

Un homme de décision, ce Lysias. Arguant d'une menace pouvant compromettre la sécurité de l'empire, il va faire transférer Paul à Césarée entre les mains du procurateur de Judée, détenteur du pouvoir judiciaire suprême dans la province. A deux centurions convoqués dans l'instant, il donne ses instructions :

— Tenez prêts à partir pour Césarée, dès neuf heures du soir, deux cents soldats, soixante-dix cavaliers et deux cents auxiliaires. Qu'on prépare aussi des montures pour conduire Paul sain et sauf au gouverneur Félix [1].

L'importance d'une telle escorte, peu crédible *a priori*, peut s'expliquer par le nombre des quarante conjurés annoncés qu'il faudra sans doute dissiper par la force. Lysias prend le temps d'écrire au procurateur Félix pour lui exposer toute l'affaire. Il délivre ainsi à Paul un *elogium* qui, jusqu'à l'arrivée à Césarée, pourra être exhibé à chaque responsable romain.

---

1. Actes XXIII, 17 à 24.

Paul chevauche la nuit entière. L'aube se lève quand, à la moitié du chemin qui sépare Jérusalem de Césarée, on s'arrête à Antipatris, autre fondation d'Hérode le Grand. Paul peut s'y reposer quelques heures.

Tout danger ayant disparu, on renvoie la majeure partie de l'escorte à Jérusalem. Seul le détachement de cavalerie accompagnera l'apôtre jusqu'à Césarée.

Au IVe siècle avant notre ère, le roi de Sidon fonda un port modeste qui s'entoura peu à peu d'un village et prit le nom de Tour de Strabon. En 63, Pompée lui accorda l'autonomie et, sept ans plus tard, l'empereur Auguste en fit don à Hérode le Grand qui découvrit là un chantier à sa mesure. D'immenses travaux firent surgir de la mer une jetée à l'arrière de laquelle fut creusé un port de vingt brasses de profondeur, « plus spacieux que le Pirée », qui mit les bateaux à l'abri des plus puissantes tempêtes. Il fallut douze années pour achever la ville. Le palais royal fut édifié en marbre blanc. Hérode en fit la capitale de son royaume et, en l'honneur de César-Auguste, la baptisa Césarée. Ses splendeurs ont émerveillé les contemporains.

Quand Paul — enchaîné — pénètre dans la ville, le palais d'Hérode est devenu la résidence officielle des procurateurs romains de Judée. Celui qui l'occupe se nomme Antonius Félix.

Affranchi par l'empereur Claude, frère de ce Pallas qui avait poussé au rang suprême Agrippine et Néron, Félix est dépeint sans nuance par Tacite comme étant « cruel et débauché, exerçant le pouvoir royal avec une âme d'esclave ». C'est à la demande de l'ex-grand prêtre Jonathan, en 53, qu'il est devenu procurateur de Judée. Sa brutalité à l'égard de la population a fait naître à plusieurs reprises des troubles graves. Sa seule prouesse : avoir su écraser l'incroyable « armée » réunie au désert par ce « juif d'Egypte » avec lequel Ananias avait bizarrement confondu Paul. Quel film on pourrait tirer de cette invraisemblable odyssée ! Le « juif d'Egypte » en question s'annonçait tel un autre Josué et prédisait qu'il ferait tomber les remparts de Jérusalem ;

le procurateur avait massacré quatre cents de ses partisans, capturé deux cents autres aussitôt vendus comme esclaves. Les autres, pour s'enfuir au désert, avaient battu les records établis à Olympie.

La réputation du procurateur était si mauvaise que Tacite l'a également accusé d'avoir exercé le brigandage pour son propre compte en recrutant plusieurs de ces *sicaires* qui, armés du petit poignard (*sica*) que les pirates illyriens avaient mis à la mode, se vendaient au plus offrant. Flavius Josèphe consacre plusieurs pages à l'affaire. Quant à Suétone, il montre Félix « mari de trois reines » : la première sans importance ; la deuxième n'étant rien de moins que la petite-fille d'Antoine et Cléopâtre ; la troisième, la jeune et ravissante Drusilla, fille d'Agrippa Ier et sœur d'Agrippa II. Le procurateur l'a enlevée à son premier mari, le roi d'Emèse, avec l'aide d'un magicien nommé Simon. Sans le moindre souci du mari légitime, Félix s'est empressé d'en faire son épouse.

Quand l'apôtre tend son *elogium* au procurateur, on peut croire que Félix le lit sans joie : pourquoi Lysias lui inflige-t-il une telle corvée ? Il finit par admettre que le tribun ne pouvait guère agir autrement. A Paul, il lance :

— Je t'entendrai quand tes accusateurs aussi seront là.

Preuve qu'il a pris conscience de la singularité du prisonnier, il va le garder dans son propre palais, enchaîné mais pouvant se déplacer. Plusieurs de ses disciples le rejoindront et s'installeront dans la ville.

Cinq jours plus tard survient une délégation des juifs de Jérusalem ayant le grand prêtre Ananias à sa tête. Elle s'est fait accompagner d'un avocat nommé Tertullus. On peut penser que certains disciples de l'apôtre ont été autorisés à assister à l'audience, ce qui a permis à Luc, une fois encore, de nous retracer la scène tel un journaliste professionnel. Tertullus ouvre le feu en dédaignant ostensiblement Paul et s'adressant uniquement à Félix :

— Grâce à toi et aux réformes que tu as eu soin d'opérer en faveur de ce peuple, nous jouissons d'une paix complète.

Toujours et partout, excellent Félix, c'est avec une vive reconnaissance que nous accueillons ces bienfaits. Pour ne pas trop t'importuner, l'exposé sera bref auquel je te prie d'accorder l'attention bienveillante que nous te connaissons. Nous avons découvert que cet homme était une peste, qu'il provoquait des émeutes parmi tous les juifs du monde et que c'était un chef de file de la secte des Nazôréens [1]. Il a même tenté de profaner le Temple et nous l'avons alors arrêté. Tu pourras par toi-même, en l'interrogeant, voir se confirmer tous les griefs que nous formulons contre lui.

Unanime, la délégation juive confirme que ce sont là exactement les faits reprochés à Paul. Sur un signe du procurateur, Paul prend alors la parole : la tâche est rude. Comme l'a fait l'avocat, il ne s'adresse qu'à Félix :

— Je sais que tu assures la justice à notre nation depuis de longues années. C'est donc avec confiance que je vais défendre ma cause. Tu peux le vérifier : il n'y a pas plus de douze jours que je suis monté à Jérusalem pour adorer. Et ni dans le Temple, ni dans les synagogues, ni dans la ville, personne ne m'a découvert en train de discuter avec quelqu'un ou d'ameuter la foule. Ces gens sont donc bien incapables de prouver les accusations qu'ils portent actuellement contre moi. Voici ce que je reconnais : je suis au service du Dieu de nos pères selon la Voie qu'eux qualifient de secte ; je crois tout ce qui est écrit dans la Loi et les Prophètes ; j'ai cette espérance en Dieu — et eux aussi la partagent — qu'il y aura une résurrection des justes et des injustes. C'est pourquoi je m'efforce, moi aussi, de garder sans cesse une conscience irréprochable devant Dieu et devant les hommes. Après de longues années, j'étais revenu apporter des aumônes à mon peuple ainsi que des offrandes. C'est alors que l'on m'a découvert dans le Temple au terme de ma purification : il n'y avait ni attroupement, ni tumulte ; mais certains juifs d'Asie. Ce sont eux qui auraient dû se présenter devant toi pour m'accuser, si toutefois ils avaient eu quelque

1. C'est la seule fois, dans le Nouveau Testament, que les chrétiens sont appelés « Nazôréens » comme Jésus (note de la TOB).

chose à me reprocher ! Ou alors qu'ils disent, ceux que voici, quel délit ils ont découvert quand j'ai comparu devant le Sanhédrin. Serait-ce cette seule phrase que j'ai criée debout au milieu d'eux : « C'est pour la résurrection des morts que je passe aujourd'hui en jugement devant vous [1] » ?

Il en a fini, Paul. A-t-il convaincu Félix ? D'autres propos vont être échangés, confortant soit l'accusation, soit la défense. Ce que le procurateur en retient, c'est que Paul est un chrétien et non des moindres. Trouvant que cela traîne, il met brusquement fin aux débats en jetant à la délégation juive :

— Je jugerai votre affaire quand le tribun Lysias sera descendu ici.

Il donne l'ordre au centurion présent de garder Paul en prison au palais mais, nonobstant les chaînes qu'on ne lui ôtera plus, le régime de sa captivité sera sans dureté inutile. Ses fidèles pourront prendre soin de lui.

Les siècles et le sable ont englouti la ville de Césarée. Après la Deuxième Guerre mondiale, les vestiges de la jetée d'Hérode s'effritaient peu à peu sous l'assaut des vagues. En 1946, des fouilles ont été entreprises que l'Etat d'Israël, dès sa création, a poursuivies activement. Le résultat saute aux yeux. Ce qui s'étale à nos regards est un passé juxtaposé : les remparts élevés par Saint Louis se mêlent aux restes de l'enceinte d'Hérode ; les vestiges de la cathédrale chrétienne prennent appui sur des fondations hérodiennes ; ce qui reste de l'hippodrome romain est flanqué par les traces d'une rue byzantine. C'est en exhumant le théâtre romain que l'on a, en 1961, découvert une inscription précisant que l'édifice avait été dédié à Tibère par le *prefaectus* Pontius Pilatus : le plus ancien document épigraphique concernant Pilate.

Tout le lieu suggère, sur fond de mer et de ciel, nimbée d'une éblouissante lumière, une sorte de soif de vivre venue

1. Actes XXIV, 10 à 21.

du fond des âges. Tel fut le cadre dans lequel Paul vécut son emprisonnement. La beauté d'un paysage n'a jamais compensé la privation de liberté. La monotonie de cette captivité ne s'est trouvée rompue que par de rares événements. Peu de temps après le départ de la délégation venue de Jérusalem, Paul est convoqué par Félix dans ses appartements et, pour la première fois, découvre la très belle Drusilla. Juive, elle semble avoir tout ignoré des chrétiens. Qu'elle ait tenu à interroger l'un d'eux est explicable. Que le toujours amoureux Félix s'y soit plié n'étonnera personne. Que Paul ait volontiers répondu aux questions, qu'il se soit agi de justice, de maîtrise des instincts et du jugement que chaque être humain doit attendre de Dieu ne peut surprendre. Intéressés de prime abord, Félix et Drusilla se sont peu à peu rembrunis. La continence, surtout, ne leur convient nullement. Félix a coupé court :

— Retire-toi. Je te rappellerai à la prochaine occasion[1].

Une arrière-pensée coupable aurait-elle tenaillé Félix ? Lors de la confrontation entre Paul et ses accusateurs, on a évoqué la collecte. Le procurateur a-t-il cru que Paul en avait dissimulé une partie ? Ou bien imagine-t-il que les amis de Paul l'aient gardée par devers eux ? Dans ce cas ils pourraient « racheter » le prisonnier. « Il n'en espérait pas moins, dit Luc, que Paul lui donnerait de l'argent ; aussi le faisait-il venir, et même assez fréquemment pour le rencontrer[2]. »

Une année s'écoule. Je vois Paul s'exerçant d'abord à dominer son impatience. En matière de colonisation, la règle de base n'a jamais reçu de modification : faire sentir sa force mais éviter de provoquer de front. Paul a dû espérer que la pression de Jérusalem prendrait fin. Il est loin de tout, chargé de chaînes, que peut-on redouter de lui ? On va l'oublier et le procurateur le rendra à la liberté.

Or toutes les informations qui parviendront à Félix lui

1. Actes XXIV, 25.
2. Actes XXIV, 26.

prouvent que la situation de Paul préoccupe toujours les juifs purs et durs du Sanhédrin mais aussi les chrétiens judaïsants. S'esquisse alors une incroyable alliance entre les juifs pour qui Jésus n'est rien et ces autres qui considèrent le Nazôréen comme le Messie annoncé par Dieu. Les rapports déjà étroits que l'on voit se resserrer entre le grand prêtre et Jacques permettent d'en acquérir la conviction. Cette sorte d'union sacrée contre Paul, Félix ne peut la méconnaître. Tout ce qu'il peut faire, c'est d'ouvrir largement son palais aux disciples du Tarsiote qui entrent et sortent comme s'ils étaient chez eux.

On dit que l'espoir fait vivre mais il advient qu'il tue. Au fil de la seconde année, on imagine un Paul ne tenant plus en place, en appelant au Seigneur et furieux que celui-ci ne réponde pas. La vie de Paul fut semée de visions : ni les Actes ni les Epîtres n'en signalent en ce temps-là.

Face à la mer dont la beauté lui apparaît désormais telle une insulte, ne supportant plus les murs de marbre blanc du palais d'Hérode, rêvant peut-être de disposer de la force de Samson pour en faire tomber les colonnes, on le voit littéralement enragé, errant de salle en salle, accusant tout un chacun, ses disciples autant que les juifs orthodoxes et plus encore les judaïsants. Il ne trouve de consolation que dans la synagogue où, semble-t-il, on le laisse aller et où, soudain devenu semblable à l'agneau par le taliss qu'il a jeté sur ses épaules, il clame dans un sanglot la parole de Dieu.

Ne le soulagent que la rédaction des messages qu'il adresse aux Eglises qu'il a fondées — comment s'en abstiendrait il ? — et la visite de fidèles venus parfois de loin, de Macédoine comme d'Asie. Le joug de Félix sur la Palestine se révèle de plus en plus insupportable. Dans ses *Antiquités*, Flavius Josèphe dénoncera sa mauvaise administration autant que son antisémitisme. Les autorités de Jérusalem multiplient les plaintes à Rome où elles disposent de fortes influences. Félix a passé les bornes. Il risque gros. Quoique Pallas ait pratiquement perdu son crédit, il parvient à sauver la vie de son frère qui, en 59 ou 60 — la date est discutée —, est remplacé par Porcius Festus.

Trois jours seulement après son arrivée dans la province, le nouveau procurateur se rend à Jérusalem. Preuve que la haine contre Paul n'est nullement apaisée, les grands prêtres et les notables se précipitent pour lui dénoncer l'incroyable indulgence dont le prisonnier a bénéficié de la part de Félix : « Avec insistance, ils lui demandèrent insidieusement, comme une faveur, le transfert de Paul à Jérusalem : ils voulaient en réalité tendre une embuscade pour le tuer en chemin[1]. » Festus, qui a décelé le piège, leur rappelle que le lieu de la détention de Paul doit rester Césarée où lui-même s'apprête à se rendre. Pourquoi ne l'accompagneraient-ils pas ?

— S'il y a quelque chose d'irrégulier dans le cas de cet homme, vous porterez plainte contre lui !

Les notables juifs le prennent au mot. En même temps que Festus, plusieurs d'entre eux se mettent en route. Le lendemain de leur arrivée à Césarée, le nouveau procurateur donne l'ordre de lui amener Paul. Luc dépeint parfaitement « les juifs descendus de Jérusalem, en cercle autour de lui », multipliant les accusations mais incapables de les justifier. Très calme en apparence, Paul ne modifie rien de sa défense :

— Je n'ai commis de délit ni contre la Loi des juifs, ni contre le Temple, ni contre l'empereur.

Question de Festus :

— Acceptes-tu de monter à Jérusalem pour que ton affaire y soit jugée en ma présence ?

Avec une promptitude qui impressionne, Paul déjoue le piège :

— Je suis devant le tribunal de l'empereur, c'est donc là que je dois être jugé. Les juifs, je ne leur ai fait aucun tort, comme tu t'en rends toi-même parfaitement compte. Si vraiment je suis coupable, si j'ai commis quelque crime qui mérite la mort, je ne prétends pas m'y soustraire. Mais si les

1. Actes XXV, 2 et 3.

accusations dont ces gens me chargent se réduisent à rien, personne n'a le droit de me livrer à leur merci. J'en appelle à l'empereur !

Un véritable coup de théâtre ! Nous ne savons rien de la délibération qui a suivi mais on la devine orageuse. Quand le conseil reprend place, le procurateur tranche :

— Tu en appelles à l'empereur : tu iras devant l'empereur[1].

Des exégètes ont mis en doute le récit du procès que nous devons à Luc. Ils affirment que l'appel à l'empereur n'était que très rarement suivi d'effet ; si on l'avait pratiqué souvent, les tribunaux romains n'auraient pu faire face au déferlement. A quoi l'on peut répondre que cet appel était un droit reconnu et que la *Lex Valeria*, les lois *Porcia* et *Julia* garantissaient le sort des citoyens romains. Félix lui-même n'avait-il pas envoyé à Rome, pour y être jugé, le bandit Eléazar ? Le fait que Luc cherche sans cesse à grandir le personnage de Paul n'annule pas cette réalité : l'appel à l'empereur pouvait être invoqué et il le fut.

Quelque temps plus tard, le roi juif Agrippa II s'annonce à Césarée où il veut séjourner en compagnie de sa sœur Bérénice. Cette dernière rencontrera bientôt Titus, fils de Vespasien, et la passion qui les emportera l'un vers l'autre les immortalisera. Festus expose au roi tout à la fois l'affaire de Paul et la décision qu'il a prise. Intéressé, Agrippa souhaite entendre ce prisonnier peu ordinaire. « En grande pompe, accompagnés d'officiers supérieurs et de notables de la ville », Agrippa et Bérénice gagnent la salle des audiences où l'on fait venir Paul. Aussitôt le roi demande au prisonnier d'exposer sa cause. Nous connaissons le discours du Tarsiote, fort long et naturellement sorti du stylet de Luc. Qui s'étonnera que cela ait commencé par un récit des missions de l'apôtre chez les païens et le rappel de ses exhortations à « se tourner vers Dieu en vivant d'une manière qui réponde à cette conversion » ? Il enchaîne :

1. Actes XXV, 5 à 12.

— Fort de la protection de Dieu, jusqu'à ce jour, je continue donc à rendre témoignage devant petits et grands ; les prophètes et Moïse ont prédit ce qui devait arriver et je ne dis rien de plus : le Christ a souffert et lui, le premier à ressusciter d'entre les morts, il doit annoncer la lumière au Peuple et aux nations païennes.

Pour Festus, c'est trop. Il hausse la voix :

— Tu es fou, Paul ! Avec tout ton savoir tu tournes à la folie !

Paul néglige Festus. C'est vers Agrippa qu'il se tourne :

— Le roi, à qui je m'adresse en toute assurance, est assurément au courant de ces choses et j'ai toutes les raisons de le penser. Rien ne lui en échappe ; car ce n'est pas dans un coin perdu que ces événements se sont passés. Tu crois aux prophètes, roi Agrippa ? Je suis sûr que tu y crois.

Agrippa préfère plaisanter :

— Il te faut peu, d'après ton raisonnement, pour faire de moi un chrétien.

Paul s'énerve :

— Affaire de peu, oui, mais grande affaire aussi, et plaise à Dieu que non seulement toi mais aussi tous ceux qui m'écoutent aujourd'hui, vous deveniez exactement ce que je suis... sans les chaînes que je porte !

L'audience s'achève. Agrippa ne dissimule pas que Paul l'a convaincu de son innocence :

— Cet homme ne fait rien qui mérite la mort ou les chaînes. Il aurait pu être relâché s'il n'en avait pas appelé à l'empereur[1].

L'été 60 s'achève, bientôt la navigation sera interdite. Festus veut faire vite. On va profiter d'un bateau basé à Adramyttium, port d'Asie Mineure, en partance pour la Lycie. Important : Luc utilise de nouveau le fameux « nous ». Il restera témoin oculaire jusqu'à l'arrivée à Rome. Son récit du voyage contient tant de précisions sur la naviga-

1. Actes XXVI, 22 à 32.

tion antique que l'amiral Nelson, familier lui-même de la Méditerranée, ira jusqu'à prétendre qu'il y avait appris son métier.

Quand, toujours chargé de chaînes, Paul s'embarque, il trouve à bord du bateau d'autres prisonniers entassés là pour des raisons que l'on ignore et qui doivent être également transférés à Rome. Plusieurs soldats sont chargés de leur surveillance. Les commande un centurion nommé Julius, de la cohorte Augusta. Aristarque, un Macédonien de Thessalonique et, bien sûr, Luc ont reçu l'autorisation de suivre leur maître.

Première escale à Sidon, aujourd'hui Saïda, ville libanaise. Julius autorise Paul à descendre à terre pour rencontrer les chrétiens qui y résident. Bonheur, ferveur. Quand on met le cap sur Chypre, des vents contraires obligent à contourner l'île vers l'ouest. On doit lutter contre eux tout au long des côtes de Cilicie et de Pamphilie. Il faut quinze jours pour atteindre le port de Myra, destination finale du bateau.

Que va faire le centurion de sa cargaison humaine ? Par chance, un navire en provenance d'Alexandrie et faisant route vers l'Italie entre dans le port : probablement l'un des bateaux chargés de ce blé d'Egypte qui nourrit Rome et l'Italie. Celui qui embarque Julius et ses prisonniers jauge environ cinq cents tonneaux et, par vent arrière, peut couvrir environ six milles marins (environ onze kilomètres) par heure[1]. A l'embarquement, on compte — équipage, passagers, prisonniers et soldats — deux cent soixante-seize personnes à bord.

Toujours les vents contraires : « Durant quelques jours notre navigation a été ralentie et c'est à grand-peine que nous sommes arrivés à la hauteur de Cnide. » On choisit de gouverner, vers le sud du Péloponnèse, par le nord de la Crète. Ayant doublé de justesse le cap Salmoné à l'extrémité orientale de l'île, on longe la côte sud et, près de la ville de Lasaïa, on s'abrite dans une anse du nom de « Beaux ports »,

1. Paul Dreyfus.

aujourd'hui Kali Liménè. Ceux dont la mémoire est pleine des images reçues des Actes des Apôtres et qui chercheront à retrouver là ces ports — les croyant bien nommés — se préparent une cruelle déception : d'énormes cuves gorgées de pétrole jalonnent aujourd'hui la côte.

Sur le plan de navigation conçu à Césarée, on est fort en retard. Compte tenu du mauvais temps, il devient dangereux de ne pas se plier à la règle — *mare clausum* — qui interdit la navigation. Un débat s'élève entre ceux qui veulent reprendre la mer et ceux qui estiment prudent de s'en abstenir jusqu'au mois de mars. Surprenant l'équipage et les soldats, Paul intervient :

— Mes amis, j'estime que la navigation va entraîner des dommages et des pertes notables non seulement pour la cargaison et le bateau, mais aussi pour nos personnes [1].

Avertissement motivé ô combien ! Dans la Deuxième Epître aux Corinthiens, Paul évoque les trois naufrages auxquels il a échappé de justesse sans d'ailleurs que nous puissions en situer le lieu ni l'époque. C'est au cours de l'un d'eux qu'il a dû nager pendant « un jour et une nuit sur l'abîme ». Le capitaine n'est pas loin de partager cet avis et aussi le subrécargue qui représente l'armateur : n'oublions pas la riche cargaison de blé. Estimant — ce qui est vrai — que le port se prête mal à l'hivernage, la majorité décide néanmoins de chercher un autre mouillage. Il semble possible d'atteindre Phénix, au sud de la Crète. On y passera l'hiver à l'abri des vents les plus dangereux, ceux du nord.

On lève l'ancre. A Dieu vat.

Une petite brise soufflant du sud gonfle la voile. Les optimistes se réjouissent. Tout change quand on gagne le large. Un gigantesque ouragan se déchaîne, de ceux que les marins appellent *euraquilon*. Terrifiante, la vitesse à laquelle le bateau est emporté vers le sud ! Impossible de remonter au vent, tout juste trouve-t-on le temps de carguer la voile.

---

1. Actes XXVII, 10.

« Laissant porter, dit Luc, nous allions à la dérive. » Ainsi en est-il jusqu'à ce que l'on rejoigne, à quarante kilomètres au sud de la Crète, une petite île rocheuse du nom de Cauda. Sous son couvert, le vent perd un peu de sa force. On en profite pour hisser à bord le canot attaché à l'arrière et dont les bonds furieux risquent de casser l'amarre. Une autre partie de l'équipage ceinture le bateau de cordages pour le protéger des paquets de mer qui, sans discontinuer, frappent la coque.

A peine s'est-on éloigné de l'île que la violence des vents pousse derechef le bateau vers le sud. Va-t-on être entraîné sur la côte d'Afrique ? « Le lendemain, poursuit Luc, comme nous étions toujours violemment secoués par la tempête, on a jeté du fret et, le troisième jour, de leurs propres mains, les matelots ont affalé le gréement. » Comprenons : le navire est devenu une sorte d'épave. Cela dure quatorze jours et quatorze nuits : « Ni le soleil ni les étoiles ne se montraient. » Au milieu de cent tâches accablantes, personne ne mange autre chose que ce qui est à portée de main.

Sur ce pont balayé par les eaux furieuses, il faut voir Paul se dresser tout à coup. Dans le fracas du vent, il faut l'entendre hurler :

— Je vous invite à garder courage ! Aucun d'entre vous n'y laissera la vie ! Seul le bateau sera perdu ! Cette nuit même, un ange du Dieu auquel j'appartiens et que je sers s'est présenté à moi et m'a dit : « Sois sans crainte, Paul ; il faut que tu comparaisses devant l'empereur et Dieu t'accorde aussi la vie de tous tes compagnons de traversée ! » Courage donc, mes amis ! Je fais confiance à Dieu : il en sera comme il m'a dit[1].

Au cours de la quatorzième nuit, on dérive toujours. Impossible de se guider sur les étoiles : le ciel est totalement opaque. Que faire ? « Vers minuit, les marins ont pressenti l'approche d'une terre. Jetant alors la sonde, ils ont trouvé vingt brasses ; à quelque distance, ils l'ont jetée encore une

1. Actes XXVII, 22 à 25.

fois et en ont trouvé quinze. Dans la crainte que nous soyons peut-être drossés sur des récifs, ils ont alors mouillé quatre ancres à l'arrière et souhaité vivement l'arrivée du jour. » Dès les premières lueurs de l'aube, les soldats de Julius s'aperçoivent que les marins ont descendu le canot à la mer dans l'évidente intention de déserter le bateau. Décidément promu au rang d'expert, Paul adjure le centurion et ses soldats de s'y opposer :

— Si ces hommes ne restent pas à bord, vous, vous ne pourrez pas être sauvés !

Les soldats se ruent, repoussent les marins et adoptent une solution radicale : ils coupent les filins du canot qui disparaît rapidement de leur vue.

Sur l'épave misérable dérivant au gré des coups de vent et des courants, on balance entre espoir et angoisse. Paul prend encore la parole :

— C'est aujourd'hui le quatorzième jour que vous passez dans l'expectative sans manger, et vous ne prenez toujours rien. Je vous engage à reprendre de la nourriture, car il y va de votre salut.

« Sur ces mots, témoigne Luc, il a pris du pain, a rendu grâce à Dieu en présence de tous, l'a rompu et s'est mis à manger. Tous alors, reprenant courage, se sont alimentés à leur tour. [...] Une fois rassasiés, on a allégé le bateau en jetant le blé à la mer[1]. » Pauvre subrécargue !

Il fait jour. Une terre est en vue que les plus expérimentés parmi les marins ne reconnaissent pas. On distingue une baie au fond de laquelle on devine une plage. Le capitaine se résout à échouer le bateau. On abandonne les ancres à la mer, on largue les avirons de l'arrière qui servent de gouvernail, on hisse la petite voile de l'avant — la « civadière » — et l'on met le cap sur la plage. Bien avant d'y parvenir, un choc terrible fait trembler la coque : on a heurté un banc de sable ! La proue s'y est profondément enfoncée. Sous les

1. Actes XXVII, 33 à 38.

paquets de mer, la poupe se disloque. Si l'on ne saute pas à l'eau, on risque de rester captif du navire qui s'écrasera sur les obstinés. A la question du sort qui sera réservé aux prisonniers, les soldats réagissent furieusement :

— Il faut tous les tuer ! Sinon ils vont s'échapper à la nage !

Au milieu de craquements sinistres, Julius s'y oppose violemment. Il ordonne à ceux qui savent nager de sauter à l'eau et de gagner la terre. Les autres n'auront qu'à s'accrocher aux épaves. « Et c'est ainsi que tous se sont retrouvés à terre, sains et saufs[1]. » Sur les deux cent soixante-seize personnes à bord, pas une seule victime.

Cette île que personne n'a reconnue, c'est Malte. Le bateau a donc parcouru à peu près quatre cent soixante-dix milles (huit cent soixante-dix kilomètres) depuis le départ de Crète. L'accueil des Maltais est exemplaire. Les habitants d'un village se précipitent au-devant des naufragés et aident les nageurs à prendre pied. Une pluie glacée s'est mise à tomber. Les Maltais courent chercher du bois et parviennent à allumer un grand feu pour que les naufragés puissent se réchauffer. Paul ramasse un fagot de bois mort sans s'apercevoir qu'une vipère s'enroule autour de son bras. Il se contente de secouer la bête dans le feu sans qu'elle l'ait mordu. Un cri plein de stupeur et d'admiration de ces Maltais païens :

— C'est un dieu !

Un certain Publius que les Actes désignent comme le « premier magistrat de l'île » et qui habite près de là se présente à son tour. Romaine depuis 218 av. J.-C., Malte relève de la province de Sicile. Ce Publius doit être l'administrateur délégué du préteur ; des inscriptions témoignent qu'il existait bien un « premier du municipe des Maltais ». Publius s'afflige, s'affaire et emmène les naufragés dans sa demeure où ils peuvent se changer, se sécher, reprendre force. Il les hébergera pendant trois jours.

1. Actes XXVII, 44.

On ne sait trop où tout ce monde a été accueilli ensuite : dans la « grotte de saint Paul » que l'on montre aujourd'hui ? Il a fallu à l'équipage, aux prisonniers et à leurs gardiens attendre l'arrivée du printemps : trois mois. Au XXIe siècle, Malte reste tout entière imprégnée du souvenir de saint Paul. Le lieu où l'on suppose qu'il a débarqué est dénommé *Saint Paul's Bay* et le touriste ne cesse de rencontrer sur sa route des églises, des chapelles et des statues du saint.

Qui a trouvé le bateau nécessaire au rapatriement de deux cent soixante-seize personnes ? Probablement le centurion Julius quoique, bizarrement, Luc ne mentionne plus son nom. Il semble s'être évanoui de l'horizon du chroniqueur, ainsi d'ailleurs que les soldats romains et leurs prisonniers. Que le lecteur se rassure : il existe plusieurs versions du Nouveau Testament dont les Actes des Apôtres sont partie intégrante. On distingue un texte dit « antiochien », un texte dit « alexandrin » et un texte dit « occidental ». Or on retrouve dans ce dernier le centurion perdu de vue. On le voit même escorter Paul jusqu'à Rome et, parvenu à destination, le remettre au « préfet du prétoire ».

Paul a cinquante-trois ans quand, au début de mars 61, il s'embarque à bord d'un navire placé sous le signe des *dioscures*, autrement dit Castor et Pollux. Ayant son port d'attache à Alexandrie, c'est un céréalier qui, probablement à la suite d'une avarie ou d'un retard inopiné, s'est vu forcé d'hiverner à Malte sans avoir pu livrer sa cargaison en Italie. Il faut se figurer un bateau littéralement chargé au-delà du raisonnable de marchandises et de passagers. On cingle vers la Sicile.

Pour rejoindre Syracuse — soixante milles nautiques — on n'a pas dû mettre plus de vingt-quatre heures. On s'y arrête trois jours. Les arbres sont en fleurs, l'air est léger, la foule se presse sur l'agora ou aux portes du théâtre. Paul va-t-il jouir de ce site — « la plus belle de toutes les cités grecques » — qui a suscité l'enthousiasme de Cicéron ? Parions que son intérêt a dû le porter surtout vers la communauté chrétienne, fondée par un disciple de Pierre et dont la vitalité ne peut que le séduire.

Ayant repris la mer, on longe la côte pour rejoindre, au sud-ouest de l'Italie, Rhegium devenue aujourd'hui Reggio di Calabria. Non loin de là, vers le nord, les marins situent les fameux tourbillons qui emportent, de Charybde en Scylla, les embarcations qui s'y laissent piéger. L'escale ne dure qu'une journée. Le lendemain, en pénétrant dans le golfe de Naples, Paul a-t-il évoqué les *Géorgiques* que Virgile a composées sur ces rivages ?

Portés par un bon vent du sud, les voyageurs vont parcourir en moins de deux jours les trois cent cinquante kilomètres qui les séparent de Puteoli, autrement dit Pouzzoles, port que les contemporains de Paul louaient comme « le premier entrepôt de Rome et de l'Italie, la grande tête de ligne de l'Egypte et de l'Orient » : deux cent mille tonnes de céréales, surtout égyptiennes, y étaient débarquées chaque année. Plus cosmopolite encore que ses homologues en Méditerranée, la ville accueille depuis longtemps tous les peuples de l'Orient — parmi lesquels beaucoup de juifs — qui peu à peu y ont implanté leurs comptoirs et introduit leurs dieux.

Surprise : on va rencontrer à Pouzzoles une petite communauté chrétienne [1]. « Nous avons trouvé là, dit Luc, des frères qui nous ont invités à passer une semaine chez eux [2]. » Profitant du repos que le centurion a voulu procurer à ses prisonniers, Paul peut donc rester plusieurs jours auprès de ces frères en Christ. Après quoi, prisonniers et gardiens devront se mettre en marche en direction de cette *Urbs* que Paul avait espéré si ardemment découvrir quand, trois ans plus tôt, il adressait aux Romains l'Epître en laquelle il avait mis tant de lui-même.

Pour suivre Paul à la trace sur les routes que le troupeau enchaîné va emprunter, le mieux est de prendre pour guide

1. Des fouilles ont permis de découvrir, parmi les graffitis qui ornaient les murs d'une taverne, l'image d'un crucifié.
2. Actes XXVIII, 14.

le poète Horace. Se rendant à Brindisi, il stigmatise les « aubergistes retors » de la *Via Appia* : à l'étape, il affronte leur grossièreté, les lits où grouille la vermine, une chère infâme. Trouver le sommeil devient un prodige. Encore s'agit-il d'un voyageur prestigieux et aisé. On ose à peine penser au sort qui attend des prisonniers.

C'est gardé de près et enchaîné que Paul s'avance vers Rome. Comment ne pas se souvenir de cette Epître à Philémon, point si ancienne, dans laquelle on croit discerner un gémissement : « Oui, moi Paul, qui suis un vieillard... » Où est le temps où il marchait allègrement vers ceux qu'il voulait convertir ? Il se sentait alors capable d'affronter tous les obstacles, qu'ils fussent de Satan ou des hommes. Trois ans plus tôt, il était sûr de gagner les Romains à la vraie Lumière et d'affronter victorieusement, chez eux, ces judaïsants qui partout lui faisaient obstacle. Qu'en est-il sur cette route où il se traîne ?

Pour rejoindre Rome en passant par Capoue, il faut parcourir deux cent cinquante kilomètres. A pied, comme toujours. Nous ne pouvons guère nous égarer quant aux étapes de Paul : il emprunte d'abord la *Via Campana*, l'abandonne à Capoue pour cette *Via Appia* qui, ouverte en 312 av. J.-C. à l'initiative du censeur Appius Claudius, a suscité l'enthousiasme — ou l'ironie ? — de Tite Live : « Le nom d'Appius sera célébré par les générations futures, parce qu'il a construit une route. »

Au long de cette marche forcée, tout n'est pas sinistre : le printemps couvre de fleurs les cerisiers et les pommiers, l'air embaume. Paul a tout loisir de compter les fameuses *milliariae*, ces bornes érigées à chaque mille romain. Énormes cylindres de pierre, chacune mesure près de deux mètres de haut et pèse au moins deux tonnes. Quel voyageur ne les a comptées, ces milliaires ? D'abord pour calculer le chemin laissé derrière soi, davantage pour estimer la route qui reste à parcourir.

Par un pont appelé Tirenus — auquel Cicéron fait allusion dans une de ses lettres — la Via franchit le Garigliano qu'illustreront bien plus tard, pendant la Deuxième Guerre mondiale, les troupes françaises du général Juin. S'allonge sur les mêmes rives la ville de Mintorno dont subsistent le forum, l'aqueduc, les thermes, le théâtre. Sous la garde toujours vigilante du centurion, on gagne Formies où Cicéron fut assassiné, puis Itri. Resserrées dans un défilé étroit et séparées par un ravin, deux routes parallèles courent sur plusieurs kilomètres.

Paul marche.

Au-delà de Fundi, la *Via Appia* évite le grand lac voisin. D'énormes blocs de pierre la protègent des méfaits de cette étendue d'eau particulièrement capricieuse. Quand la Via gravit la colline d'Anxur où, sur les hauteurs dominant Terracina, un célèbre temple est voué à Jupiter, Paul cherche plutôt son souffle que l'image du roi de l'Olympe.

On longe le golfe de Gaète. Combien de milliaires encore avant Rome ? Lors de l'entrée dans le Latium chacun redoute l'épreuve de la traversée des fameux marais Pontins d'où s'élèvent des myriades de moustiques. Avant que l'empereur Auguste y fît creuser un canal, ils étaient quasiment infranchissables. Depuis lors, on installe les voyageurs sur un chaland halé par des mulets, Paul et ses compagnons comme les autres. Un peu de repos enfin ?

Au Forum d'Appius, qui sont ces inconnus qui s'avancent au devant du cortège ? Ils se présentent comme envoyés de l'Eglise de Rome. Luc, qui relate l'épisode, est de nouveau critiqué par les exégètes : comment ces chrétiens romains auraient-ils été informés de l'arrivée du prisonnier ? Pourquoi auraient-ils parcouru en son honneur soixante-cinq kilomètres à l'aller et autant au retour ? Je répondrai avec une grande simplicité à ces incrédules : et pourquoi pas ? Aux Trois-Tavernes, à quarante-neuf kilomètres de Rome, nouvelle délégation : « Quand il les a vus, Paul a rendu grâce à Dieu : il avait repris confiance [1]. »

Après Albano, la Via s'élargit jusqu'à quatre mètres. Les

1. Actes XXVIII, 15.

dalles deviennent énormes. Paul, s'il est assoiffé, peut s'abreuver aux fontaines élevées de part et d'autre de la route. Quant aux admirables statues de marbre qui jalonnent désormais le chemin, on tendra à penser qu'il a détourné ses regards de leurs nudités.

C'est par la Porta Capena, non loin du Circus Maximus et des palais impériaux, que Paul de Tarse, enchaîné au milieu d'autres enchaînés, entre dans Rome.

CHAPITRE XIII

Paul et Néron

Entre en scène ici ce Lucius Domitius Ænobarbus devenu, par adoption, Tiberius Claudius Nero et que nous appelons Néron. Il vient d'atteindre l'âge de vingt ans. Plus tard, Suétone l'a campé pour la postérité : de taille médiocre, « les yeux bleus, le cou épais, le ventre proéminent, les jambes grêles ». « Teint naturellement rouge », selon Lucien de Samosate. Cheveux « dorés » pour les laudateurs, « rouquins » pour les autres.

Incapable de faire lui-même le tri entre des ambitions désordonnées, ce jeune homme ne sait trop s'il doit aspirer à l'empire du monde ou chercher à se faire admirer comme le plus grand artiste de son temps. Il n'est pas encore l'un des hommes les plus haïssables de l'histoire. Il n'en est pas loin.

Claudiquant au milieu des prisonniers, Paul ne s'interroge sûrement pas sur un tel dilemme. Son calvaire touche à sa fin. Comme il se sent vieux !

Les autres dévorent des yeux les Sept collines. De là, depuis que la louve allaitait Remus et Romulus, s'est envolée la légende de Rome. Aux merveilles qui entourent Paul, il doit n'adresser qu'un regard triste et vague. Depuis la fin de la République, l'*Urbs* s'est profondément modifiée. Chargé par Auguste de l'édilité, Agrippa a multiplié les fontaines, construit les premiers thermes, élevé le Panthéon. Le temple d'Apollon domine le Palatin. Au Champ de Mars, l'autel de la Paix (*Ara pacis augustae*) et le mausolée d'Auguste chantent la magnificence du premier empereur. Pour gagner la faveur des citoyens et celle de la plèbe, on a construit un théâtre et une bibliothèque. Lors de son avènement, Auguste avait trouvé une ville de pierre et de brique ; à ses successeurs, il a légué une ville de marbre [1].

Le plus surprenant ? Ces monuments superbes sont perdus, enchâssés, enfouis dans un labyrinthe insensé : une anarchie de « chemins resserrés, sinueux, divaguant, comme s'ils avaient été tracés sans règle [2] ». La rapidité avec laquelle se propagera l'incendie de 64 sera due essentiellement — Tacite le confirme — à cet entassement.

Les gardiens redoublent de vigilance. Rien de plus propice, pour faciliter l'évasion d'un prisonnier, que ces rues encombrées : voitures, litières, chaises à porteurs, cavaliers et piétons mêlés, c'est un fleuve qui s'écoule tout au long du jour, un vacarme qui ne s'éteint jamais, même la nuit venue : Romains, écoutez la plainte de Juvénal !

Un vieil homme enchaîné soliloque : dormir, dormir, dormir.

Où sont les juifs de Rome ? Philon les montre, au début du Ier siècle, ayant élu domicile au-delà du Tibre, en particulier dans un quartier renommé pour sa saleté, le Transtévère. Au milieu des tanneries, des pourrissoirs, des boyauderies, des prolétaires vêtus de loques pratiquent tous les petits métiers de l'époque : « colporteurs ou vendeurs d'allumettes, ainsi les campe l'érudit Charles Perrot ; mendiants et conteurs populaires, telle cette femme qui vend des songes et apprend à ses enfants à quêter au bon endroit ; charlatans ou escrocs. » Rares apparaissent ceux qui échappent à ce sous-prolétariat et s'évadent de ces bidonvilles avant la lettre : des tisseurs de tentes, mais aussi des maîtres d'école,

1. Georges Roux.
2. Jérôme Carcopino.

des acteurs, voire un poète nommé Ménophilos que Martial accusa de lui avoir dérobé ses vers.

La plupart de ces juifs sont des hommes libres. « Amenés en Italie comme prisonniers de guerre, explique Philon d'Alexandrie, ils avaient été ensuite affranchis par leur maître, sans avoir été contraints d'altérer aucune de leurs traditions[1]. » De cette abondance, Flavius Josèphe livre l'explication : les juifs arrivés comme esclaves ont été rachetés par des juifs libres[2]. On ne trouve guère de juifs parmi les classes élevées, bien que l'on cite Poppée, l'épouse de Néron, considérée comme « sympathisante », et Fulvie, femme d'un sénateur, attachée à la cause juive. Ovide s'amuse de ces femmes qui affectent de se réunir le jour du sabbat[3]. Les recherches confirment que les juifs romains étaient, en grande majorité, « financièrement et culturellement pauvres ».

Le centurion sait où il va : il doit conduire tout son monde sur le Forum impérial, plus précisément au quartier général de la garde prétorienne. Au moment de se séparer, on est libre d'imaginer, des prisonniers aux gardiens, des lazzis aussi bien que des effusions. Tout indique que le cas de Paul a été examiné de près par le préfet du prétoire ayant la charge des étrangers. La qualité de citoyen romain du prisonnier le met à l'abri d'une incarcération dans une prison de la ville, perspective redoutée à juste titre. « Lors de notre arrivée à Rome, dit Luc, Paul avait obtenu l'autorisation d'avoir un domicile personnel, avec un soldat pour le garder[4]. » Est-ce l'effet du statut exceptionnel dont il jouit en qualité d'appelant à l'empereur ?

Même exempté de prison, Paul reste chargé de chaînes. On ne les lui ôtera jamais[5]. Faut-il s'en rapporter encore à

1. *Legatio ad Caium*, 155.
2. *Antiquités* XVII, 134.
3. *Ars amatoria* I, 76.
4. Actes XXVIII, 16.
5. Doit-on admettre la possibilité d'un voyage en Espagne au cours des deux années de détention de Paul à Rome ? Ceux qui l'admettent se sont souvenus de

ces *Actes de Paul* dont nous savons qu'ils sont seuls à pallier les silences des autres informateurs ? Ils évoquent, eux aussi, le domicile particulier dont Paul dispose à Rome : « Une grange dans laquelle il enseignait, en compagnie des frères, la parole de vérité. »

On s'est souvent étonné que, la préférant aux chrétiens, Paul ait tenu en premier lieu à rencontrer la communauté juive de Rome. Depuis le début de ses missions, c'est ainsi qu'il agit. Pourquoi changerait-il ? Trois jours après avoir pris possession de son domicile, il invite les « notables juifs » à le rencontrer. Il faut lire attentivement l'étrange mise au point qu'il leur adresse :

— Frères, moi qui n'ai rien fait contre notre peuple ou contre les règles reçues de nos pères, je suis prisonnier depuis qu'à Jérusalem j'ai été livré aux mains des Romains. Au terme de leur enquête, ces derniers voulaient me relâcher, car il n'y avait rien dans mon cas qui mérite la mort. Mais l'opposition des juifs m'a contraint de faire appel à l'empereur, sans avoir pour autant l'intention de mettre en cause ma nation[1]. C'est la raison pour laquelle j'ai demandé à vous voir et à m'entretenir avec vous. En réalité, c'est à cause de l'espérance d'Israël que je porte ces chaînes.

La réponse des juifs est des plus claires :

— Nous n'avons reçu, quant à nous, aucune lettre de Judée à ton sujet et aucun frère, à son arrivée, ne nous a fait part d'un rapport ou d'un bruit fâcheux sur ton compte. Mais nous demandons à t'entendre exposer toi-même ce que tu

l'Epître aux Romains dans laquelle Paul annonçait qu'après sa visite à Rome, il comptait aller évangéliser l'Espagne. Le projet n'envisageait pas qu'il pût y arriver — comme ce fut le cas — sous les chaînes du prisonnier. D'autres se réfèrent au texte de Clément de Rome évoquant Paul occupé à enseigner la justice « jusqu'aux bornes du couchant » : s'agirait-il de l'Espagne ? Ces supputations ne tiennent guère le cap. Comment admettre que les autorités romaines, depuis l'incarcération de Paul à Césarée, aient pris tant de précautions pour le garder en leur pouvoir et l'aient laissé partir évangéliser l'Espagne ? Il faudrait imaginer Paul, surveillé en permanence par un gardien, s'embarquant pour l'Espagne muni de l'autorisation du préfet du prétoire et, sa tâche accomplie, revenant de son plein gré se faire décapiter à Rome. Invraisemblable.

1. Les mots « ma nation » veulent désigner le peuple d'Israël. On trouve, dans la version occidentale des Actes, cette variante : « Mais seulement de sauver mon âme de la mort. »

penses : car, pour ta secte, nous savons bien qu'elle rencontre partout de l'opposition[1].

D'autres réunions feront suite entre Paul et ceux dont il demeure si proche. Ces juifs, il voudrait tant les convaincre ! Il se sent tellement en accord avec eux ! Leurs prières sont les siennes, son amour pour Dieu est le leur. Vont-ils enfin admettre que le Dieu des juifs a mis le comble à sa compassion pour son peuple en lui envoyant son propre fils ? Qu'ils le fassent et le judaïsme conquerra le monde. « Paul rendait témoignage au Règne de Dieu et, du matin au soir, il s'efforça de les convaincre, en parlant de Jésus à partir de la Loi de Moïse et des prophètes. Les uns se laissaient convaincre par ce qu'il disait, les autres refusaient de croire. Au moment de s'en aller, ils n'étaient toujours pas d'accord entre eux[2]. »

Déchirante, l'ultime réponse de Paul. Cependant que les visiteurs se retirent, il psalmodie un texte du prophète Esaïe :

Va trouver ce peuple et dis-lui :
Vous aurez beau entendre, vous ne comprendrez pas ;
Vous aurez beau regarder, vous ne verrez pas.
Car le cœur de ce peuple s'est épaissi,
Ils sont devenus durs d'oreille,
Ils se sont bouché les yeux[3].

Le lecteur a tant de fois rencontré Luc qu'il lira avec gratitude, j'en suis sûr, les lignes ultimes des Actes des Apôtres que le chroniqueur a rédigées : « Paul vécut ainsi deux années entières à ses frais et il recevait tous ceux qui venaient le trouver, proclamant le Règne de Dieu et enseignant ce qui concerne le Seigneur Jésus Christ avec une entière assurance et sans entraves[4]. »

Rien de plus.

1. Actes XXVIII, 17 à 22.
2. Actes XXVIII, 23 à 25.
3. Es VI, 9 et 10.
4. Actes XXVIII, 30 et 31. Il faut lire « entraves » au figuré.

Un immense point d'interrogation : voilà ce que nous laisse Luc. Si souvent accusé d'avoir trop « mis en scène » Paul, il referme son livre sans l'achever. Les explications de ce silence que l'on a présentées sont d'une grande naïveté : Luc se serait interrompu par manque de parchemin ou parce qu'il trouvait son livre trop long. Sourions. Certains voudraient que cette fin eût été perdue, ce qui n'a aucun sens quand on connaît le soin avec lequel les chrétiens de ce temps ont conservé les écrits des premières années de l'ère apostolique. D'autres envisagent que Luc, reparti pour l'Orient, aurait ignoré ce qu'il était advenu de Paul. Vraiment ? L'annonce de la mort de Paul, événement plus considérable aux yeux de Luc que tout autre au monde, n'aurait-elle pas couru jusqu'à lui à la faveur de ces multiples allées et venues en Méditerranée dont nous avons la trace ou des liens épistolaires si nombreux entre l'ouest et l'est ?

Reste une explication que nous n'avons pas le droit d'exclure. Ceux qui la défendent rappellent que le plan des Actes des Apôtres, fixé selon l'usage du temps, peut se lire dès le chapitre I, verset 8. Luc montre les apôtres prenant un repas avec Jésus ressuscité et lui posant cette question : « Seigneur, est-ce maintenant le temps où tu vas rétablir le Royaume pour Israël ? » Il répond : « Vous n'avez pas à connaître les temps et les moments que le Père a fixés de sa propre autorité ; *mais vous allez recevoir une puissance, celle du Saint-Esprit qui viendra sur vous ; vous serez alors mes témoins à Jérusalem, dans toute la Judée et la Samarie, et jusqu'aux extrémités de la terre*[1]. » Les présentateurs de la TOB ont tenu à expliciter ce passage : « De Jérusalem et des juifs au monde entier et aux païens, tel doit être *l'espace* du témoignage apostolique et tel est le plan des Actes. » Luc conduit en effet son héros de Jérusalem à Antioche, d'Asie Mineure en Grèce, et enfin jusqu'à Rome. Selon François Brossier, dès que Paul rejoint Rome, « le terme de la route annoncé par Luc se trouve atteint ».

1. Actes I, 6 à 8.

A ses yeux, son ouvrage est clos.

Dans le courant de l'an 62, un message apporta à Rome une nouvelle propre à plonger la population chrétienne dans l'affliction et la terreur : Jacques, « frère de Jésus », était mort à Jérusalem, lapidé sur l'ordre du grand prêtre Anan.

Je vois la douleur de Paul se nourrir de sentiments violents bien qu'opposés : le respect porté à l'homme d'exception dans les veines de qui coule le sang de Jésus et l'amère rancune que nous ne nous sentons pas en droit de lui reprocher. Nous souvenant des rapports étroits qu'entretenait Jacques avec les grands prêtres et le Sanhédrin, comment expliquer un événement aussi inattendu ? Flavius Josèphe en a fourni une explication claire et convaincante.

La mort à Jérusalem du procurateur Festus apparaît à l'origine de tout. Dès que Néron en a été informé, il a désigné pour le remplacer un certain Albinus. A cause de la lenteur des moyens de transport, plusieurs mois ont séparé la mort de Festus et l'arrivée en Judée d'Albinus.

Or, durant ce temps, Agrippa II, roi de Galilée et de Pérée, s'est trouvé dans l'obligation de désigner un nouveau grand prêtre. Il a choisi un certain Anan que Josèphe présente comme doté « d'un caractère fier et d'un courage remarquable », mais aussi « adepte de la doctrine des sadducéens qui sont inflexibles dans leur manière de voir si on les compare aux autres juifs ». Selon Anan, il faut mettre fin à l'erreur des grands prêtres pharisiens qui ont cru pouvoir entretenir des rapports cordiaux avec Jacques : il s'agit d'un traître à sa religion. Aux traîtres, on inflige le seul sort qu'ils méritent : la mort.

On le sait, les procurateurs romains ne tolèrent aucun manquement à un interdit formulé de longue date : les juifs n'ont pas le droit de procéder à des exécutions capitales. Ici intervient la fatalité : aucun procurateur ne se trouve à Jérusalem pour le leur rappeler. Redonnons la parole à Josèphe : « Anan, croyant bénéficier d'une occasion favorable entre la mort de Festus et l'arrivée d'Albinus, réunit un Sanhédrin et y traduisit Jacques, frère de Jésus appelé le Christ et certains autres, en les accusant d'avoir transgressé la Loi, et les fit lapider. » Ce qu'Anan ne pouvait prévoir, c'est l'émotion générale que l'exécution de Jacques allait susciter, non seulement chez les juifs convertis au christianisme mais parmi ceux élevés dans la seule Loi de Moïse : « Tous ceux des habitants de la ville qui étaient les plus modérés et observaient la Loi le plus strictement en furent irrités, dit Josèphe, et ils envoyèrent demander secrètement au roi d'enjoindre à Anan de ne plus agir ainsi car, déjà auparavant, il s'était conduit injustement. Certains d'entre eux allèrent même à la rencontre d'Albinus qui venait d'Alexandrie et lui apprirent qu'Anan n'avait pas le droit de convoquer le Sanhédrin sans son autorisation. Albinus, persuadé par leurs paroles, écrivit avec colère à Anan en le menaçant de tirer vengeance de lui. Le roi Agrippa lui enleva pour ce motif le Grand pontificat qu'il avait exercé trois mois et en investit Jésus, dit de Damnaoios. »

La vie publique de Paul se sera donc déroulée entre deux lapidations : celle d'Etienne et celle de Jacques.

Pour découvrir la « fin » dont Luc nous a privés, il faut recourir à un texte — on en situe la rédaction dans les années 80 —, celui que nous devons à Clément de Rome, successeur de Pierre et considéré comme pape. « C'est par suite de la jalousie et de la discorde que Paul a montré quel est le prix de la patience : chargé sept fois de chaînes, exilé, lapidé, il devint héraut du Seigneur au levant et au couchant, et reçut pour prix de sa foi une gloire éclatante. Après avoir enseigné la justice au monde entier, jusqu'aux bornes du couchant, il a rendu son témoignage devant les autorités [autre traduction : « il fut supplicié devant ceux qui gouvernaient »], et c'est ainsi qu'il a quitté le monde pour gagner le lieu saint et devint pour nous un illustre modèle de patience[1]. »

Quand on lit Clément, on ne peut douter que Paul soit

1. *Lettre de l'Eglise de Rome à l'Eglise de Corinthe.*

mort à Rome. Selon Jürgen Becker, « il n'existe pas dans toute l'Eglise ancienne de témoignage contredisant cette localisation à Rome ». Il faut cependant attendre plus d'un siècle pour que nous en trouvions la confirmation. Entre 200 et 213, Tertullien de Carthage, fondateur de la première théologie en langue latine, relate le martyre de Pierre et Paul sous Néron, le premier étant crucifié à l'image de Jésus, le second décapité comme Jean-Baptiste. En 313, Eusèbe de Césarée confirmera : « On raconte que, sous le règne [de Néron], Paul eut la tête coupée à Rome même, et que semblablement Pierre y fut crucifié, et ce récit est confirmé par le nom de Pierre et de Paul qui, jusqu'à présent, est donné au cimetière de cette ville[1]. »

Rien de plus sur la fin de notre héros ? Ne nous décourageons pas. Revenons aux *Actes de Paul.* Selon ses commentateurs, Willy Rordorf et Rodolphe Kasser, « l'auteur des *Actes de Paul* a réuni des traditions locales sur l'apôtre et ses collaborateurs ».

L'auteur des *Actes de Paul* relate en détail la fin de l'apôtre. On l'a vu spécifier que Paul recevait les fidèles — sans doute aussi les curieux — dans une grange. Il n'a pas choisi l'endroit à la légère : on ne trouvait aucune grange dans la Rome impériale mais elles abondaient dans ces faubourgs où traînaient des vagabonds n'ayant pour tout bien « qu'une botte de paille ». Juvénal n'y a guère vu que des « musiciens charlatans et des jeteurs de sort ». Ce qui nous conduit à cette question : Paul ne serait-il pas apparu aux autorités comme une sorte de marginal ? Et les disciples qui le rejoignaient comme des suspects ? Suétone souligne l'hostilité que soulevaient, auprès de Néron, ceux qui s'associaient pour des raisons philosophiques ou religieuses. C'est sous le grief d'être philosophes, affirme Tacite, que des hommes politiques ont été mis en accusation. Les stoïciens eux-mêmes seront suspectés de démonologie. Après avoir

1. *Histoire ecclésiastique* II, XXV, 5.

bénéficié, pendant deux années, d'une évidente tolérance, est-ce pour ce motif que Paul aurait finalement été arrêté ?

Au moment où Paul a été amené devant Néron, celui-ci l'a-t-il cru au service d'un roi qui « renversait toutes les royautés » et qui menaçait en conséquence son propre pouvoir ? Paul aurait déclaré avec force à l'empereur qu'il se trompait lourdement :

— Nous ne sommes pas au service, comme tu le crois, d'un roi qui vient de la terre, mais d'un roi qui vient du ciel, d'un dieu vivant qui vient en juge, à cause des impiétés accomplies dans le monde. Bienheureux l'homme qui croira en lui, car il vivra pour l'éternité !

C'est à la suite de ces propos jugés par Néron intolérables que Paul aurait été conduit à la mort. On trouve ici l'annonce de la tradition qu'ont ratifiée les Eglises chrétiennes : Paul a été exécuté, selon le droit que lui reconnaissait sa citoyenneté, « par le glaive ». Eusèbe de Césarée place l'exécution de Paul entre juillet 67 et juin 68. Les auteurs modernes jugent que l'époque la plus probable devrait se situer au lendemain de l'incendie de Rome.

C'est dans la nuit du 18 au 19 juillet 64, vers minuit, que s'est déchaîné l'incendie le plus célèbre de l'histoire. Le feu a pris à l'aplomb de la colline du Palatin, dans un quartier où des boutiquiers avaient entreposé quantité de marchandises et de matières inflammables. Le vent l'a aussitôt attisé. La structure en bois du Circus Maximus voisin, les nombreuses habitations également en bois, tout a favorisé un brasier vite devenu un océan de flammes. Les maisons privées, les immeubles à étages, les édifices publics, tout brûle, tout s'effondre. Tacite a montré les sept mille pompiers et sapeurs empêchés d'agir par la violence même avec laquelle se propageait l'incendie. Il a dépeint ces femmes, ces vieillards, ces petits enfants « poussant des cris déchirants, cherchant à se sauver des flammes ou à secourir leurs voisins », et se heurtant à d'autres foules accourues d'ailleurs : « Les gens qui jetaient un dernier regard sur leurs biens qu'ils abandonnaient étaient assaillis par les flammes qui surgissaient à leur rencontre, et souvent, lorsqu'on avait cru fuir à l'abri, c'était là qu'on se trouvait saisi par le feu. »

Le soupçon persiste dans tous les esprits : donnant libre cours à sa folie naissante et persuadé qu'une nouvelle urbanisation était devenue indispensable à Rome, Néron aurait voulu faire table rase et incendier la ville. Suétone le montre, à peine arrivé de sa villa d'Antium — trois à quatre heures de cheval —, se précipitant au sommet de la Tour de Mécène et ne songeant pas à dissimuler sa joie : « Enthousiasmé par la beauté du spectacle des flammes, endossant son costume de théâtre », il se met à déclamer les vers célèbres qui évoquaient la prise de Troie. On ne croit plus guère aujourd'hui à une volonté préméditée : les ravages de l'incendie ont fait de l'empereur la principale victime de la catastrophe en détruisant la collection d'œuvres d'art, passion de sa vie, disparue en même temps que son palais.

Rome a brûlé durant six jours et sept nuits. A peine éteintes les dernières flammes, l'accusation a jailli spontanément des rangs du peuple « car, dit Tacite, on ne put faire taire l'opinion infamante d'après laquelle l'incendie avait été ordonné ». On crie vengeance. Il est à craindre que Néron sera bientôt désigné. L'empereur prend les devants et ordonne à Tigellin, préfet du prétoire, de rechercher les coupables. La réponse ne tarde pas : ce sont les chrétiens qui ont mis le feu. L'épisode nous est familier, peut-être davantage par la lecture de *Quo Vadis*, immense best-seller, ou le souvenir des adaptations que l'on en a tirées pour le cinéma, que par la consultation raisonnée des auteurs antiques. Tacite décrit les arrestations massives de chrétiens, la décision implacable de faire un spectacle de leur supplice. Il dépeint ces malheureux, cousus dans des peaux de bêtes et livrés au cirque à des chiens affamés, cependant que Néron, sur son char de course, cherche les acclamations. On en met en croix dans les jardins du Vatican. On pousse le raffinement à son comble quand, le soir venu, les victimes expiatoires, enduites de matières inflammables, sont réduites à l'état de luminaires.

Si l'on peut penser que Paul, du fait de sa résidence forcée hors de la capitale, a échappé à l'incendie et s'il a bien été exécuté peu de temps après, on ne peut croire que sa mort fut l'une des conséquences de l'abominable répression. Tout indique qu'il fut inculpé comme « fauteur de nouveautés inquiétantes », terme alors trop souvent utilisé. S'il y eut un procès régulier — ce que nous ignorons —, la condamnation a pu être prononcée en vertu de la loi impériale sur la *maiestas* que Néron avait remise en usage en 62.

Des traditions respectables associent le souvenir du martyre de Paul et celui de Pierre. Ils auraient été exécutés en même temps ou à quelques jours de distance : Paul décapité, Pierre crucifié et par humilité cloué à sa demande la tête en bas.

On ne saurait lire sans émotion les paroles que les premières Eglises, à chaque anniversaire de la mort de Paul, répétaient fidèlement : « Il se leva, se tourna vers l'orient et pria longtemps en ces termes : Père, je remets mon esprit entre Tes mains... Il termina sa prière en hébreu pour être en communion avec les Patriarches. Puis il tendit son cou, sans plus prononcer un mot [1]. »

La coutume était d'enterrer un condamné non loin de l'endroit où il avait été exécuté mais on ne refusait pas de remettre le cadavre aux parents et aux amis. Dès le IIe siècle, on a situé le martyre de Paul aux portes de Rome, *ad Aquas Salvias*, sur le chemin d'Ostie. Au XIXe siècle, des fouilles pratiquées à cet endroit ont mis au jour un petit cimetière. Les inscriptions de certaines tombes remontaient à la République romaine, ce qui confirmait l'ancienneté du lieu. Que la dépouille de Paul y ait été portée est confirmé par une lettre du prêtre romain Gaïus écrite vers l'an 200 : « Je peux te montrer les trophées des Apôtres. Si tu viens au Vatican ou sur la route d'Ostie, tu trouveras les trophées des fondateurs de cette Eglise. » Le mot trophée désigne ici un sarcophage surmonté d'une petite chapelle.

1. Traduction d'après le papyrus de Hambourg. Cf. Marie-Françoise Baslez.

Au IVe siècle, lorsque l'empereur Constantin, en se convertissant à la religion du Christ, entraînera avec lui tout l'empire, on recherchera la tombe de Paul, on se convaincra de l'avoir trouvée et, à son emplacement, on fera édifier une basilique. Les successeurs de Constantin, Valentinien II, Théodose le Grand, Honorius, prendront à cœur de l'agrandir et de l'enrichir. La basilique définitive, désignée comme celle « des trois empereurs », mesurera cent vingt mètres de longueur, soixante mètres de largeur. Durant quatorze siècles on y célébrera la mémoire de saint Paul.

Le 16 juillet 1823, deux charpentiers travaillent à la toiture. Une imprudence : le feu éclate, se propage, la basilique brûle, il n'en reste que des ruines calcinées. On décide aussitôt d'en construire une neuve. Au cours des travaux on découvre dans le sol une plaque de marbre brisée qui porte trois mots : PAULO APOSTOLO MART. Elle date du IVe siècle et nous reconduit à Constantin.

Moins antique, hélas, mais infiniment plus somptueuse, la nouvelle basilique compte quatre-vingts colonnes de granit et d'albâtre, trois cents variétés de marbre et des vitraux d'onyx. Achevée en 1854, elle devient Saint-Paul-Hors-les-Murs et sera dès lors fréquentée par tous ceux qui vénèrent la mémoire de « l'Apôtre des Nations ».

Ce qui frappe, c'est le rapide oubli dans lequel semble être tombé Paul de Tarse. Réduit, dans ses dernières années, à l'inactivité, il n'a pu soutenir avec sa force d'antan les idées qui avaient convaincu tant de gens et horrifié tant d'autres. De son vivant, elles avaient déjà perdu de leur portée. Après sa mort, la communauté chrétienne de Rome, frappée cruellement, a d'autres soucis. Le courant judaïsant semble d'ailleurs l'avoir emporté. Le petit groupe qui s'était formé autour de Paul se disperse. Que reste-t-il de la tendance paulinienne ? Les disciples que nous connaissons le mieux, tels que Timothée et Tite, ne feront plus parler d'eux. On voit péricliter les Eglises qu'il a fondées en Macédoine et en Galatie. Celles de Corinthe et d'Ephèse passent sous l'autorité de ceux qu'il avait ardemment combattus. On ne lui tisse pas de légende alors que Pierre devient un inépuisable sujet d'inspiration romanesque. « N'a pas de légende qui veut », a commenté Renan. Non sans cruauté ni injustice.

Avouons-le : on avance à tâtons dans les années qui suivent la mort de Paul. Les obstacles se multiplient : documents tardifs, textes controversés. Tout ce qui a survécu est « le point d'aboutissement d'une longue histoire de transmission matérielle [1] ».

Un épisode effroyable a brouillé les pistes : la prise de Jérusalem par les Romains. La rébellion latente des juifs contre l'occupant a gagné l'ensemble de la Judée. En septembre 66 — deux ans après la mort de Paul —, un gouvernement insurrectionnel est proclamé à Jérusalem. Ainsi commence cette *Guerre juive* racontée avec un superbe pouvoir d'évocation par Flavius Josèphe. Vespasien mettra trois ans à écraser les insurgés de Galilée puis ceux de Judée. Après son accession à l'empire, son fils Titus entreprend, devant Jérusalem, un siège qui dure quatre mois. A l'été de 70, il ne reste qu'une ville anéantie, le Temple incendié, une forêt de crucifiés. Des archives, plus rien.

Que sont devenus les chrétiens de Jérusalem ? Eusèbe de Césarée affirme qu'ils ont quitté la ville avant la guerre, « de telle sorte que les hommes saints abandonnèrent complètement la métropole royale des juifs et toute la terre de Judée ». Selon Flavius Josèphe, tous les insurgés juifs de Syrie — notamment ceux des villes — ont été massacrés. Que l'on ait fait une différence entre les juifs de tradition et les juifs chrétiens est peu vraisemblable. Lors de la seconde révolte de Judée (132-135), menée par Barkohba et écrasée aussi cruellement que la première, on « faisait subir aux chrétiens, et à eux seuls, les derniers supplices s'ils ne reniaient pas et ne blasphémaient pas le nom du Christ [2] ».

La disparition, dans cette région du monde, des dernières communautés chrétiennes qui avaient entretenu des rapports « constants, même conflictuels » avec le judaïsme, aura pour

1. Pierre Geoltrain.
2. Saint Justin.

conséquence ultime une séparation aggravée des deux communautés de même origine et si proches l'une de l'autre. Près de vingt siècles de cheminement antagoniste, générateur de haine et de tragédies alors que l'on se réclamait du même Dieu et de la même Parole ! C'est après le plus grand massacre de juifs de l'histoire qu'un dialogue s'instaurera, d'abord « à voix basse [1] » et peu à peu fortifié par la volonté de quelques-uns.

Ces tragédies n'ont pas empêché, vers la fin du Ier siècle et au début du siècle suivant, l'apparition d'écrits qui surgissent de plusieurs régions de l'empire : de Rome — très peu —, de Syrie, de Palestine, de la province d'Asie. Aucun de Jérusalem — et pour cause —, ni d'Alexandrie, ce qui nous prive de toute information sur le premier christianisme égyptien. Le recensement de ces écrits — parmi lesquels les Evangiles — sera long et difficile. Peu à peu, les disciples de Paul reprennent confiance : ils rassemblent et font paraître les Epîtres que nous connaissons.

Il n'est pas douteux que les communautés destinataires des lettres de Paul les ont conservées par-devers elles. On doit admettre que, conformément à la volonté de Paul lui-même, elles ont été abondamment copiées. Vers 150, Justin, apologiste chrétien de langue grecque, définit les Evangiles, auxquels il associe les lettres de Paul, comme les « mémoires des apôtres [2] ». Que l'on y décèle des extrapolations, voire l'amalgame de lettres différentes pour en composer une seule, ne peut étonner. Il en sera de même des textes des Evangiles. Au début du IIIe siècle, Origène constate : « C'est un fait évident aujourd'hui qu'il existe parmi les manuscrits une grande diversité, que ce soit dû à la négligence des scribes ou à l'audace perverse des gens qui corrigent le texte, ou encore au fait qu'il en est qui en ajoutent ou en enlèvent à leur gré, s'instituant eux-mêmes correcteurs. » On doit à Pierre Geoltrain une analyse très fine de

1. Jean-Marie Lustiger.
2. Justin est l'auteur du *Dialogue avec Tryphon*, polémique avec un juif. Il fut canonisé.

cette transmission des textes fondateurs. La mémoire orale joue le rôle principal. N'oublions pas que les premiers prédicateurs étaient sûrs de revoir bientôt Jésus, ce qui a logiquement ralenti le passage de l'oral à l'écrit. L'affaire se complique quand « la mémoire collective orale se déplace dans l'espace ». En se référant à la mémorisation constante dans l'Antiquité et particulièrement dans le monde juif, les plus optimistes des exégètes veulent se convaincre que « la transmission orale n'altère pas le fond ni la forme de la parole transmise ».

Aux difficultés que pose l'exactitude du texte, s'ajoutera celle de leur datation. Parfois il faudra attendre le XXe siècle pour que l'on parvienne à des probabilités, rarement à des certitudes.

Les historiens modernes considèrent que la religion chrétienne a réellement pris corps après 70, quand fut consommée la ruine du Temple de Jérusalem et que les réformateurs pharisiens, désormais en charge du destin religieux d'Israël, l'ont « expulsée » — le terme est d'Etienne Trocmé — du judaïsme. Que les judéo-chrétiens aient ressenti douloureusement ce rejet et qu'ils aient cherché à lui échapper, c'est évident. Si, dans leurs Evangiles, Matthieu et Jean multiplient les attaques contre les pharisiens, ce n'est pas sans raison. La recension des Epîtres de Paul oubliées par une génération entière peut être également tenue comme l'une des marques de cette résistance. En publiant les Actes des Apôtres dix ans après la chute de Jérusalem, Luc se présente comme un élément actif du « retour » à Paul.

Quand viendra le temps des grands conciles — celui de Nicée, en 325, arrête les termes centraux (complétés en 381 à Constantinople) du *Credo* —, la pensée de Paul s'impose d'elle-même. On a parlé d'une « glorification », il s'agit plutôt d'une reconquête. Elle va connaître encore des éclipses. Au IVe siècle, saint Augustin fait de Paul son maître mais, au cours du Moyen Age, la chrétienté latine exalte saint Pierre au détriment de saint Paul. On ne lui bâtit guère d'églises. Le pêcheur du lac de Tibériade marchant sur les eaux parle davantage à l'imagination des braves gens que l'apôtre philosophe démontrant en grec que la justification se fait par la foi et non par les œuvres. On n'étudie plus les Epîtres que dans quelques monastères.

Nouveau « retour » au temps de la Renaissance. A une société cultivée, Gutenberg donne accès aux grands textes et l'on redécouvre la portée et la force des Epîtres. En 1515, un religieux catholique allemand, maître en philosophie de l'université d'Erfurt, appartenant au couvent des Augustins de Wittenberg et professeur à l'université du même nom, plonge, pour en faire une exégèse approfondie, dans l'Epître aux Romains. Il s'arrête au chapitre III, verset 28, ainsi conçu : « Nous estimons en effet que l'homme est justifié par la foi, indépendamment des œuvres de la Loi. Ou alors, Dieu serait-il seulement le Dieu des juifs ? N'est-il pas aussi le Dieu des païens ? Si ! Il est aussi le Dieu des païens, puisqu'il n'y a qu'un seul Dieu. » Au verset 31 : « Enlevons-nous par la foi toute valeur à la Loi ? Bien au contraire, nous confirmons la Loi ! »

Martin Luther vient de découvrir, comme principe théologique dominant, la doctrine du salut par la foi : Dieu n'exige pas de l'homme la justice, mais l'offre gratuitement au croyant en Christ. « Eh bien, retenons que l'homme devient juste sans l'œuvre de la Loi. Seulement par la foi [1]. » Il ne lui faudra que deux ans pour diffuser à Wittenberg ses quatre-vingt-quinze thèses.

La Réforme est née. Elle se place sous le signe de Paul.

Par une sorte de renversement tactique, Rome hisse Paul au rang de Pierre, sans néanmoins parvenir à en faire un saint populaire. Au XVIIIe siècle, certains esprits forts commenceront à affirmer que le fondateur du christianisme n'est pas Jésus, mais Paul. Ce qui ouvre le champ à un débat toujours actuel.

L'est-il ?

1. L'adverbe « seulement » fera couler des torrents d'encre, car il n'est pas dans saint Paul. Luther devra batailler pendant des années pour démontrer que l'adjonction du mot était nécessaire pour une compréhension en langue allemande.

Pour répondre, il faut non seulement s'interroger sur l'auteur des Epîtres mais sur les répercussions de ce qu'il a prêché. Il faut confronter le judaïsme et le christianisme. *In fine*, Jésus et Paul. Ce n'est pas rien. Reimarus, au XVIIIe siècle, Nietzsche au XIXe, ne comptent pas pour rien. Cette thèse de Paul fondateur, des protestants libéraux l'ont soutenue de nos jours, non pour magnifier Paul mais pour lui reprocher d'avoir édifié une religion dérivée de la Torah, alourdie de règles rebutantes, et d'avoir substitué à l'homme Jésus une reconstruction « qui n'a plus rien d'humain ». Des novateurs juifs, revenant sur l'anathème décrété par leurs ancêtres, considèrent aujourd'hui le condamné du Golgotha comme « un authentique prophète juif, dont le message s'inscrit à merveille dans le cadre de la religion de leurs pères », c'est ce que nous apprend le protestant Etienne Trocmé : « Si le christianisme a rompu plus tard avec le judaïsme, c'est parce que Paul l'aurait hellénisé et privé de ses racines juives. Le Tarsiote est donc le véritable père de cette religion nouvelle, en laquelle Jésus n'aurait pas pu se reconnaître. » Michel Quesnel, directeur du département de la recherche à l'Institut catholique de Paris, convient que le discours de Paul est « construit sur des concepts philosophiques et théologiques empruntés au monde grec, étrangers à la prédication historique de Jésus et le plus souvent absents des textes évangéliques ». Certes, on cherche en vain dans les Evangiles les mots rédemption, justification, conscience, liberté, mais reprochera-t-on à Paul de les avoir introduits dans le vocabulaire de l'Eglise ?

Fondateur du christianisme ?

A peine s'est-on posé la question que l'on revient au fils du charpentier. Des noms — jamais cités par Paul — chantent dans nos mémoires : Nazareth, Bethléem, Capharnaüm, Jourdain, Tibériade. Des images : les pêcheurs, leurs barques et leurs filets, la multiplication des pains, l'aveugle guéri, la résurrection de Lazare, les marchands du Temple, la comparution devant le Sanhédrin, la mise en croix. Des paroles absentes des Epîtres : « Aimez-vous les uns les autres comme je vous ai aimés » ; « Ne jugez pas et vous ne serez pas jugés » ; « Demandez et l'on vous donnera, cherchez et vous trouverez, frappez et l'on vous ouvrira » ; « Que celui qui n'a jamais péché jette la première pierre » ; « Venez à moi, vous qui souffrez et ployez sous le fardeau ; « Heureux les doux car ils posséderont la terre. Heureux les affligés car ils seront consolés. Heureux les cœurs purs car ils verront Dieu. » Paul sait-il seulement que Jésus a supplié son Père de pardonner à ses bourreaux : « Car ils ne savent pas ce qu'ils font » ? Sait-il que le fils de Marie s'est montré homme entre les hommes : « Père, pourquoi m'as-tu abandonné ? » Toujours nous relirons les paraboles peuplées de brebis, de semailles, de moissons et de fruits de la vigne. Même si nous sommes amenés à conclure que Jésus et Paul n'avaient pas exactement la même religion, nous mêlerons nos larmes à celles des filles du Calvaire.

Peut-il exister un autre fondateur du christianisme que le Christ ?

J'entends la critique, je conçois le dédain : « Faut-il se suffire d'un christianisme sensible ? Ces paroles, ces signes, ces gestes que vous aimez, déniez-vous à d'autres le droit d'en prolonger le sens ? Saint Augustin aurait-il dû se taire ? »

Peut-être Saul, s'il avait suivi Jésus en Galilée, ne serait-il jamais devenu Paul. Peut-être valait-il mieux qu'il ne l'eût pas connu : il l'eût raconté comme l'ont fait Marc, Matthieu, Luc et Jean, mais n'eût pas cherché en son tréfonds le sens du message révélé sur le chemin de Damas. Les chrétiens ne le désigneraient pas aujourd'hui comme l'une des colonnes de l'Eglise. Sa pensée étonnerait moins les philosophes et n'éclairerait pas ceux qui cherchent. Si les Epîtres de saint Paul sont lues à chaque messe catholique, si les réformés se réclament de lui avec éclat, c'est parce qu'il fut ce qu'il devait être.

Nul ne peut nier que Paul ait contribué, plus que tout autre, à l'expansion, non pas de la parole de Jésus mais de l'idée qu'il s'en faisait.

Impossible de lui contester l'initiative de son apostolat auprès des gentils ni de lui dénier un courage qui confine à l'héroïsme, une obstination dont chacune des étapes confirme le résultat positif. Sans cesse il s'expose délibérément : à la prison, à la torture, à la mort. Pascal ne voulait croire qu'aux « histoires dont les témoins se feraient égorger ». Il est l'un de ces témoins-là. Ce qui ne l'empêche pas, à tout instant, de contredire l'image du saint traditionnel. Lui qui veut conquérir les foules se livre à des exposés doctoraux si ardus que seuls des philosophes grecs ou des rabbins convertis ont pu en percer tout le sens. Il a tant de hâte à convaincre, il ressent tant la certitude d'avoir raison que l'un de ses meilleurs commentateurs le voit ne prenant pas même le temps d'articuler son raisonnement : « Il vibre, s'échauffe, pense à mille choses à la fois, élargit le sens des mots [1]. » Voulant aller droit à l'essentiel, il se perd en chemin, « laissant l'adversaire désemparé sinon convaincu ». Il n'en ouvre pas moins d'immenses perspectives. Sa personnalité est écrasante. Ses épîtres restent comme des documents uniques qui démontrent à la fois « une volonté intérieure, un mysticisme impressionnant, un génie synthétique [2] ». Dans l'Epître aux Romains, il inscrit son message dans l'éternité.

Le Paul des Actes, parlant aux anciens de Milet avant son ultime voyage à Jérusalem, se campe en prophète de sa propre mort et, à l'attention de ses disciples, ajoute ces mots saisissants :

— Soyez vigilants, vous rappelant que, nuit et jour pendant trois ans, je n'ai pas cessé, dans les larmes, de reprendre chacun d'entre vous [3].

Dans les larmes : l'image d'un Paul pleurant pour faire admettre ses certitudes apportera-t-elle quelque nuance à celle de l'apôtre inflexible et intolérant qui s'est imposée jusque dans l'iconographie ? Des peintres l'ont même

1. F. Amiot.
2. E. Trocmé.
3. Actes XX, 29 à 31.

affublé d'une épée. Pour expliquer ce non-sens, on a cru devoir se référer à l'Epître aux Ephésiens : « Recevez enfin le casque du salut et le glaive de l'Esprit, c'est-à-dire la *Parole de Dieu*[1] », texte d'ailleurs repris du prophète Esaïe. Rien ne démontre que Paul ait cherché à faire triompher l'implacable image des bénis et des maudits dont Dante tirera le parti que l'on sait. Dans la même Epître aux Ephésiens, il annonce que tous les hommes seront sauvés dans le Christ et qu'en conséquence une seule Eglise devra réunir en son sein les juifs et les chrétiens.

Il marchera toujours, Paul, sur les chemins de notre esprit.

Nous le verrons, éternel fou de Dieu, annonçant partout, à travers l'Asie et l'Europe, Celui qui réconciliera les hommes avec les hommes et chacun avec soi ; pugnace quand il écrit ; furieux quand on attaque ses idées dont il est sûr de les tenir de Dieu ; tendre avec Philémon ; désespéré par les Galates, angoissé par les Corinthiens. Quoi que l'on dise, quoi que l'on pense : humain.

Au moment de le quitter, je m'interroge : l'ai-je traité comme il convenait ? Il m'a irrité et je l'ai dit. Il m'a déçu et je l'ai dit. Est-ce ainsi que je devais affronter, non pas ce grand saint — il ne l'est que réglementairement —, mais ce grand homme ? N'aurais-je pas dû tenter de me hisser à sa hauteur plutôt que de le ramener à ma faiblesse ?

Sa personnalité écrase. Parmi les juifs et les chrétiens de son temps, sa pensée culmine. Pour devenir religion, le message de Jésus avait besoin de lui. Paul fut l'apôtre de son universalisme. Il a dit : « J'ai combattu jusqu'au bout le bon combat, j'ai achevé la course, j'ai gardé la foi[2]. »

---

1. Ep VI, 17.
2. 2 Tm IV, 7.

Repères et sources

ABRÉVIATIONS DES TEXTES CITÉS

Dt : Deutéronome
Es : Esaïe
Ex : Exode
Gn : Genèse
Lv : Lévitique
Actes : Actes des Apôtres
1 Co : 1re Epître aux Corinthiens
2 Co : 2e Epître aux Corinthiens
Col : Epître aux Colossiens
Ep : Epître aux Ephésiens
Ga : Epître aux Galates
Ph : Epître aux Philippiens
Rm : Epître aux Romains
1 Th : 1re Epître aux Thessaloniciens
2 Th : 2e Epître aux Thessaloniciens
1 Tm : 1re Epître à Timothée
2 Tm : 2e Epître à Timothée
Tt : Epître à Tite
Lc : Evangile de Luc
Mt : Evangile de Matthieu

ÉVÉNEMENTS CONTEMPORAINS DE LA VIE DE SAINT PAUL

19 août 14	Mort de l'empereur Auguste.
	Tibère empereur.
26-36	Ponce Pilate préfet de Judée.
33-34	Tibère rattache la tétrarchie de Philippes à la province de Syrie.
36	Rappel de Pilate à Rome.
37	Mort de Tibère.
	Caligula empereur. Il donne à Hérode Agrippa Ier — qui devient roi — les tétrarchies de Philippes et de Lysanias. Le roi Arétas prend le contrôle de Damas.
39	Hérode Agrippa Ier reçoit de Caligula les tétrarchies de Galilée et de Pérée.
41	Assassinat de Caligula.
	Claude empereur. En recevant de lui la Judée et la Samarie, Agrippa Ier reconstitue l'ancien domaine d'Hérode le Grand.
44	Mort d'Hérode Agrippa Ier.
49	Claude expulse les juifs de Rome.
50	Hérode Agrippa II obtient la principauté de Chalcis et le titre de roi. Gallion proconsul à Corinthe.
52	Félix procurateur de Judée.
53	Hérode Agrippa II échange Chalcis contre les anciennes tétrarchies de Philippes et de Lysianas.
54	Assassinat de Claude.
	Néron empereur.
60	Festus procurateur en Judée.
64	Incendie de Rome.
68	Mort de Néron.
70	Prise de Jérusalem par Titus.
	Incendie du Temple.

LE MARTYRE DE SAINT PAUL
selon les *Actes de Paul*

Il m'a paru utile de mettre sous les yeux du lecteur le récit de la mort de Paul tel que la présentent les *Actes de Paul.* De nombreux fragments subsistent de ce texte apocryphe du IIe siècle. Les plus anciens ont été publiés en 1698 à Oxford. On en connaît aujourd'hui quarante-huit manuscrits dont onze ont permis la savante édition de l'ouvrage *Ecrits apocryphes chrétiens* (1997) sous la direction de François Goyon et Pierre Geoltrain.

L'importance historique des *Actes de Paul* a été souvent soulignée : ils ont recueilli des traditions orales qui permettent de préciser l'image que se faisaient de Paul, moins d'un siècle après sa mort, les chrétiens de l'époque.

On pourra également juger des raisons qui ont fait expulser les *Actes de Paul* du recueil des textes reconnus comme canoniques. Parallèlement à des informations que l'on peut considérer comme acceptables, l'auteur se laisse aller à un « merveilleux » qui a d'évidence rebuté les auteurs de la sélection définitive. Le meilleur exemple en est sans doute le lait qui coule du cou de Paul décapité et surtout le trop audacieux parallélisme avec la mort et la résurrection de Jésus.

Le texte que l'on va lire provient d'une version syriaque des *Actes de Paul* qui recèle des détails absents d'autres manuscrits. L'acquisition (1896) par la bibliothèque universitaire de Heidelberg de papyrus trouvés en Haute-Egypte en a permis la publication. Il a fait l'objet d'une traduction par Fr. Nau (*Revue de l'Orient chrétien*, 1898).

Mes chers amis, Luc de Judée et Tite de Dalmatie demeuraient à Rome et attendaient que Paul vînt auprès d'eux. Après avoir échappé à la mer, Paul arriva à Rome avec le centurion qui avait été envoyé avec lui de Césarée auprès de l'empereur César. Notre-Seigneur l'avait promis quand il apparut à Paul et lui dit : « De même que tu m'as rendu témoignage à Jérusalem, tu me rendras témoignage à Rome. » Alors Néron n'était pas à Rome. Paul prit donc une maison à la campagne[1] en dehors de la ville et y demeura jusqu'à l'arrivée de l'empereur, qui était parti au loin, pour témoigner devant lui.

Luc, Tite et les frères qui avaient été convertis par la prédication de Pierre vinrent trouver Paul à sa demeure. Celui-ci en les voyant fut rempli d'une grande joie, il prêcha continuellement la parole divine et beaucoup d'hommes entrèrent dans l'Eglise de Dieu. La renommée de Paul se répandit dans toute la ville de Rome parce qu'on y racontait les signes, les prodiges et les miracles que Dieu faisait par ses mains. Il guérissait toutes les maladies, et beaucoup d'hommes de la maison de Néron crurent au Messie, grâce à la prédication de Paul ; Rome était dans l'allégresse, et on se rassemblait jour et nuit autour de l'apôtre pour entendre ses saintes paroles.

Au bout d'un temps assez long, Néron revint à Rome. Il avait un jeune échanson nommé Patrocle qu'il aimait beaucoup. Ce jeune homme, entendant parler de Paul, sortit de la ville un soir pour aller entendre près de lui la parole de Dieu. Paul était déjà entouré d'une foule nombreuse qu'il instruisait ; aussi Patrocle, ne pouvant approcher, monta sur le toit d'une haute maison d'où il pouvait entendre les paroles de l'apôtre. Elles lui plurent beaucoup ; mais comme la prédication fut longue et dura jusqu'après le milieu de la nuit, le diable, qui hait le bien, fit tomber Patrocle dans un profond sommeil, puis le poussa et le jeta à terre. Le jeune homme fut tué sur le coup, et l'Empereur apprenant sa mort, fut affligé et saisi d'une profonde tristesse, car il l'aimait beaucoup.

Paul, voyant en esprit ce qui se passait, dit aux foules qui l'entouraient : « Mes frères, notre adversaire le démon a voulu nous tenter ; au-dehors de cette assemblée vous trouverez un jeune homme mort, apportez-le près de moi. » Quatre frères sortirent, trouvèrent l'enfant comme l'avait prédit Paul et l'apportèrent près du saint apôtre. Quand ils reconnurent que ce mort était Patrocle, ils furent très troublés, parce qu'ils savaient que l'empereur Néron l'estimait beaucoup. Alors Paul dit à la foule : « Ne vous effrayez pas, mes frères, mais priez et suppliez Notre Seigneur Jésus Christ d'avoir pitié de nous et de ressusciter ce jeune homme ; voici

1. Dans la traduction du texte à partir de quatre manuscrits grecs par Willy Rordorff, on lit : « aussi loua-t-il, en dehors de Rome, une grange ».

l'heure de montrer notre foi. » La foule entendant cela s'apaisa et invoqua Notre Seigneur Jésus avec larmes et supplications. Aussitôt le jeune homme se réveilla et sortit de la mort comme d'un sommeil, et le peuple, voyant ce prodige, loua le Dieu Messie et fut confirmé dans la foi. Paul envoya Patrocle près de son maître, l'empereur Néron.

Néron, comme nous l'avons dit, était affligé de la mort du jeune Patrocle. Dès son lever, il se rendit au bain et avant qu'il en sortît, Patrocle revint et se tint prêt à servir à table comme de coutume, car l'Empereur ne l'avait pas encore remplacé. Quand il sortit du bain, ses serviteurs vinrent et lui dirent : « Seigneur, Patrocle vit, il a repris son office et se tient comme d'habitude près de la table de Ta Majesté. » Quand Néron vit Patrocle, il se réjouit beaucoup et lui dit : « Tu es donc vivant ? » puis il ajouta : « Qui t'a ressuscité ? » Et l'enfant, plein de foi et de confiance dans le Messie, répondit : « C'est Jésus Christ, roi éternel, qui m'a ressuscité. » L'empereur Néron ajouta : « Ce roi doit donc régner toujours et détruire tous les royaumes de la terre ? » Patrocle ouvrit la bouche et dit : « Il détruit tous les royaumes de la terre et du ciel et demeure seul pour l'éternité ; il n'y a personne en dehors de lui, aucune parole n'est au-dessus de la sienne, et aucun royaume ne peut éviter sa main. » Néron, à ces paroles, le frappa au visage et dit : « Toi aussi, Patrocle, tu crois qu'il est roi ? » Et Patrocle répondit à César : « Oui, je crois aussi en lui, car il m'a ressuscité. » A ces paroles, quatre eunuques que l'Empereur aimait beaucoup et qui le servaient dans son palais, nommés Barsabas, Justus, Festus et Cestus s'avancèrent et dirent : « Nous aussi, dès maintenant, nous sommes les soldats de ce roi éternel, Notre Seigneur Jésus Christ, vrai Dieu. »

L'empereur Néron fut alors saisi d'une rage violente ; il les fit punir de divers supplices et les fit jeter en prison. A cette occasion, il fut rempli de colère et ordonna dans sa fureur que tous ceux qui se diraient les soldats de ce roi éternel, qui est Jésus Christ, seraient tués par le glaive. Aussitôt que cet édit fut sorti de la bouche de l'empereur, les satellites et les soldats se répandirent dans toute la ville de Rome, arrêtèrent beaucoup de ceux qui croyaient en Jésus Christ et les amenèrent enchaînés. Paul était avec eux , les soldats l'avaient arrêté avec les autres sans le connaître et les conduisirent tous devant l'empereur. Les regards de tous étaient dirigés sur le saint apôtre Paul, et cette direction de tous les regards vers lui montra à Néron qu'il était Paul, le soldat du Messie. Néron le fit approcher et lui dit : « Tu es bien, ô homme, un soldat de ce grand roi éternel ? » L'apôtre saint Paul répondit : « Je suis le serviteur du grand roi Notre Seigneur Jésus Christ, notre Dieu. » L'Empereur lui dit : « Voilà que tu es enchaîné et en mon pouvoir, dis-moi pourquoi tu es venu dans mon empire et dans ma capitale, ainsi que Pierre mis à mort par ordre d'Agrippa, afin d'y séduire des soldats pour votre grand roi éternel ? »

Saint Paul lui répondit devant tout le peuple : « César Néron, sache et comprends bien que ce n'est pas seulement dans ton empire que nous prenons des soldats pour notre grand roi, mais dans tout l'univers, car Notre Seigneur nous a ordonné de ne fermer à personne la porte de sa bonté afin que tous les hommes puissent entrer dans la vie éternelle. Il te faudra aussi devenir un soldat de notre grand roi dont le royaume ne peut périr, tandis que ta richesse et ta puissance ne subsisteront pas et ne peuvent te sauver, si tu ne commences pas à adorer et à révérer notre grand roi éternel qui te donnera le royaume et la vie éternelle. Il arrivera nécessairement qu'il jugera tous les peuples à la fin des temps, il donnera la vie éternelle à tous ceux qui ont cru en lui ; quant à ceux qui n'ont pas cru, il les condamnera avec les pécheurs à la géhenne et aux souffrances éternelles. »

L'empereur fut empli de colère en entendant ces paroles ; il n'en crut aucune et ordonna de brûler vivants tous ceux qui croyaient en Notre Seigneur Jésus Christ. Quant à Paul, il le condamna, selon la loi des Romains, à avoir la tête tranchée. Deux centurions furent chargés de le frapper et de lui trancher la tête, l'un se nommait Longus et l'autre Cestus. Ils emmenèrent Paul au milieu d'une foule nombreuse qui l'accompagnait devant et derrière pour voir la fin de son illustre martyre. Il leur parlait et des fleuves de paroles de vie sortaient de lui, comme il est écrit.

Ce jour-là, par l'opération de Satan, une quantité innombrable de ceux qui croyaient en Notre Seigneur fut mise à mort dans la ville de Rome. Car nombreux étaient ceux qui avaient cru en Notre Seigneur Jésus Christ après la prédication de Pierre et Paul. Une foule nombreuse se rassembla à la porte du palais de l'Empereur en criant : « César Néron, tu as fait périr la force de Rome ! » En entendant cela, César défendit aux soldats de tuer encore les chrétiens, aussi ramena-t-on Paul devant lui. A sa vue, le tyran fut irrité de ce que les soldats ne l'avaient pas tué. Paul lui dit : « Dans ce siècle périssable, je ne vis que pour mon roi, mon maître et mon Dieu Jésus Christ, mais quand tu m'auras coupé la tête, je t'apparaîtrai, afin que tu connaisses que je ne suis pas mort, mais que je vis pour mon roi et mon Seigneur Jésus Christ qui viendra juger les vivants et les morts et rendra à chacun ses œuvres bonnes ou mauvaises. » A ces paroles, l'empereur César fut enflammé de colère et fit signe aux deux centurions d'emmener Paul et d'exécuter la sentence qui avait été portée contre lui.

Ces deux officiers, Longus et Cestus, emmenèrent aussitôt Paul devant l'Empereur pour lui couper la tête. Durant la route, ils demandèrent à Paul : « Où est ce roi auquel tu crois, dans lequel tu as confiance et espoir et qui te défend de t'attacher aux dieux des Romains ? » Le saint apôtre Paul leur dit : « O hommes qui êtes enfoncés dans la plus profonde erreur et ne tirez aucun avantage de vos peines, préservez-vous contre le feu qui viendra sur tout l'univers et brûlera tous les méchants comme vous qui n'ont pas servi leur bon maître et Dieu Jésus Christ oublié dans le monde ! Car nous ne sommes pas, comme vous le croyez, les soldats d'un roi de la terre, mais nous sommes les serviteurs et aussi les soldats de ce roi du ciel dont la gloire ne sera pas détruite et dont le royaume ne cessera pas, qui est le roi puissant et honoré de l'univers, dont la puissance n'a pas de bornes et qui viendra à la fin des temps pour juger tout le monde. Heureux alors ceux qui auront cru en lui, car il leur donnera la vie éternelle. » A ces paroles les centurions furent saisis d'une grande crainte ; ils tombèrent aux pieds de Paul et le supplièrent en ces termes : « Nous t'en prions, aide-nous, et rends-nous le service de nous apprendre à être les serviteurs fidèles de ton Dieu, nous te laisserons fuir et aller où tu voudras. » Mais Paul répondit : « Je ne suis pas un mercenaire ou un serviteur qui fuit son maître, mais un serviteur loyal de mon Seigneur et de mon roi Jésus Christ. Quand je devrais mourir je ne fuirais pas, comme vous me le conseillez, mais je vis pour mon roi éternel que j'aime, je vais vers lui et j'entrerai avec lui dans la gloire de son Père. » Les centurions lui dirent : « Et comment pourrons-nous revivre, quand nous aurons été mis à mort ? » Telles furent les paroles de Longus et de Cestus.

L'Empereur envoya deux autres centurions pour voir si Paul était tué ; ils le trouvèrent vivant et le saint apôtre leur dit : « O hommes, soldats de l'erreur, croyez au Dieu vivant qui ressuscitera du tombeau pour la vie éternelle tous ceux qui croient en lui. » Les centurions répondirent : « Si quand tu seras mort nous te voyons revivre, nous croirons à ton enseignement. » Ils retournèrent ensuite près de l'Empereur et lui dirent que Paul vivait. Or Cestus et son camarade Longus demandaient à Paul la guérison de leur âme. Paul leur répondit : « Si le Seigneur le veut, allez demain avant l'aube au tombeau où l'on aura placé mon corps ; vous y trouverez en prière deux hommes nommés Luc et Tite, et je serai au milieu d'eux, ils vous donneront le signe du Messie Jésus, notre vrai Dieu. » Et Paul se tourna vers l'Orient et pria en hébreu, puis quand il eut fini sa prière, il prêcha à la foule la parole de Dieu et beaucoup crurent au Messie. Or Paul était d'un extérieur agréable, sa figure rayonnait la gloire du Messie et il était aimé de tous ceux qui le voyaient.

Quand l'Empereur apprit des deux centurions qu'ils avaient trouvé Paul vivant, il s'irrita et aussitôt envoya un autre officier cruel pour couper la tête de saint Paul et en toute hâte. Paul tendit la tête sans mot dire à ce bourreau qui la trancha sans miséricorde et, ô prodige admirable que Dieu accomplit dans le corps pur de son saint apôtre ! il sortit de son corps du lait avec le sang qui jaillit sur les habits du bourreau qui avait coupé sa tête vénérée. A la vue de ce prodige la foule qui l'entourait se mit à louer Dieu et beaucoup crurent en Notre Seigneur Jésus Christ.

Le bourreau retourna près de l'Empereur qui était alors entouré de tous les princes de Rome et raconta ce prodige. A ce récit tous furent saisis d'une grande crainte. A la neuvième heure saint Paul fut révélé en esprit et apparut à l'Empereur et à tous les philosophes et chefs d'armée qui entouraient son trône. Il dit à l'Empereur : « César Néron, voici Paul le soldat du roi éternel, je ne suis pas mort, mais je vis pour le roi éternel notre Seigneur et notre Dieu Jésus Christ. Pour toi, tu seras accablé de maux sans nombre, parce que tu as répandu le sang de beaucoup d'innocents, et cela s'accomplira contre toi sous peu de jours... » Quand Paul eut cessé de se faire entendre et eut disparu, l'Empereur, comme tous ceux qui l'entouraient, fut saisi d'une grande frayeur, aussi ordonna-t-il de délivrer tous ceux qui croyaient en Notre Seigneur Jésus Christ.

Or l'échanson Patrocle avec les quatre eunuques Barsabas et ses compagnons, et les centurions Longus et Cestus, serviteurs de l'Empereur, allèrent dès le matin au tombeau de saint Paul comme il le leur avait dit. En approchant du tombeau ils trouvèrent deux hommes qui priaient et virent au milieu d'eux l'apôtre Paul dans une grande gloire sans fin. Quand Luc et Tite virent approcher les serviteurs de l'Empereur, ils furent saisis d'une crainte humaine et s'enfuirent, mais ceux-ci coururent après eux et leur dirent : « Ne craignez rien de nous. Nous ne vous voulons pas de mal, mais nous demandons que vous nous donniez la vie éternelle, comme Paul qui prie maintenant au milieu de vous nous l'a promis hier. » A ces paroles Luc et Tite se réjouirent beaucoup, ils parlèrent aux serviteurs la parole de Dieu et leur donnèrent le signe du Messie Jésus, le roi éternel, notre maître, et ils furent de véritables chrétiens.

Or la tête du bienheureux apôtre saint Paul fut tranchée pour le nom de Notre Seigneur Jésus Christ, vrai Dieu, dans la grande Rome, le troisième jour avant les calendes de juillet selon les Romains. Ce qui fait chez les Egyptiens le 5 du mois d'abib et chez les Syriens le 29 khaziran, c'est-à-dire le même jour et le même mois que saint Pierre, prince des apôtres, trois ans après son départ de ce monde, sous l'empereur Néron ; notre Seigneur, notre Dieu et notre Sauveur étant Jésus Christ auquel gloire, honneur, adoration et puissance avec son Père bon et béni et avec l'Esprit vivant et saint, maintenant, et dans les siècles des siècles.

Fin du martyre du saint élu et apôtre Paul. Que sa prière nous aide !

SOURCES

Je veux citer tout d'abord les concepteurs et éditeurs de la Traduction œcuménique de la Bible (TOB) qui ont mené à bien un projet envisagé dès le XVIIe siècle et repris plusieurs fois depuis sans être mené à bien : la mise à la disposition du public d'une traduction en langue française de la Bible commune aux diverses confessions chrétiennes : catholique, protestante, orthodoxe. On mesure l'ampleur du travail entrepris et les efforts qu'il a fallu accomplir pour que soient dépassées les divisions et, sans qu'aucune Eglise abdique ses positions, parvenir à une entente sans réticence. Engagé dès 1963, le projet a vu le jour en 1972 pour le Nouveau Testament, en 1975 pour l'Ancien. En 1987, les deux Testaments enrichis d'un remarquable appareil de notes ont été réunis en un seul volume (éditions du Cerf).

Il était logique que le présent livre se réclame d'un tel texte dont l'objectivité ne peut être contestée. Les citations littérales des Epîtres de Paul et des Actes des Apôtres nécessaires à l'information des lecteurs sont exclusivement empruntées à cette traduction.

Chemin faisant, j'ai indiqué le caractère complémentaire des Epîtres et des Actes. Je me suis rallié à la méthode exposée, dès 1950, par J. Knox selon laquelle, dans le cas d'une divergence entre Paul et Luc, c'est naturellement le texte de l'apôtre — acteur — qui l'emporte sur le récit du chroniqueur. Le lecteur doit comprendre que ces deux sources associées représentent une exception quasiment unique dans l'Antiquité. Que Paul, s'adressant aux communautés, se mette régulièrement en scène en de longs passages autobiographiques — à titre exemplaire ou non — est un privilège dont très peu de personnages de l'époque ont fait bénéficier leur postérité. Autre chance insigne : un contemporain, Luc, dont nous savons qu'il s'est préoccupé de vérifier auprès des témoins l'exactitude des événements qu'il narre et des propos qu'il cite, s'est attaché à Paul, l'a accompagné dans plusieurs de ses voyages et nous a laissé un document d'une valeur incomparable. Sur les Actes des Apôtres, je renverrai à la savante préface de Jean-Robert Armogathe de la traduction d'Hugues Oltramare (1998 et 2001) et à l'étude éclairante d'Etienne Trocmé : *Le « Livre des Actes » et l'Histoire* (1957).

Le nom d'Etienne Trocmé me conduit à souligner ce que je dois à l'équipe du *Monde de la Bible* à laquelle il appartenait et dont les travaux enrichissent constamment les phénomènes ponctuels en s'aidant d'une documentation élargie, notamment archéologique. La réunion récente par Pierre Geoltrain des travaux d'une trentaine de spécialistes français et étrangers pour la composition de l'ouvrage *Origines du christianisme* (Paris, 2000) doit être considérée comme le miroir des connaissances actuelles sur ce grand sujet, en particulier sur saint Paul ; il sera désigné dans les sources par les initiales *O.C.*

Parmi les auteurs du passé, je tiens à m'arrêter à Flavius Josèphe. Totalement étranger au monde chrétien, l'écrivain des *Antiquités judaïques*, de *La Guerre des juifs* et de sa propre autobiographie nous propose des informations inestimables sur le cadre dans lequel se déroule cette histoire et les personnages qui s'y meuvent.

J'ajoute que je me suis référé le plus souvent, à l'exception d'ouvrages classiques comme le fameux *Saint Paul* d'Ernest Renan (1869) ou d'études de référence, à des travaux récents.

Le nombre des titres consacrés en toutes langues à saint Paul est immense. Je me suis arrêté à un choix privilégiant, dans la majorité des cas, les ouvrages en langue française (traductions y compris).

Ouvrages sur saint Paul

Allo (E. B.), *Paul apôtre de Jésus Christ*, 1942.

Guignebert (Ch.), *Le Christ*, 1943-1944, tome XXIX *bis* de la collection L'Evolution de l'humanité, centré en grande partie sur saint Paul.

Holzner (Joseph), *Paul de Tarse*, trad. franç., 1950 (en partie romancé).

Daniel-Rops, *Saint Paul conquérant du Christ*, 1952.

Ricciotti (Giuseppe), *Saint Paul apôtre*, trad. franç., 1952.

Gambier (Père J.), *Saint Paul*, 1962.

Cantinas (J.), *Vie de saint Paul apôtre*, 1964.

DHORME (E.), *Saint Paul*, collection Mémorial des siècles, 1965.
BORNKAMM (Günther), *Paul, apôtre de Jésus-Christ*, trad. franç., 1971.
COLSON (Jean), *Paul, apôtre martyr*, 1971.
ARMOGATHE (Jean-Robert), *Paul ou l'impossible unité*, 1980.
BRETON (Stanislas), *Saint Paul*, 1988.
HUBAUT (Michel), *Paul de Tarse*, 1989.
DREYFUS (Paul), *Saint Paul*, 1990.
BASLEZ (Marie-Françoise), *Saint Paul*, 1991.
LEGASSE (Simon), *Paul apôtre*, 1991, 2000.
SAFFREY (H.-D.), *Histoire de l'apôtre Paul*, 1991 et 1997.
HILDEBRANDT (Dieter), *Saint Paul, une double vie*, trad. franç., 1994.
BECKER (Jürgen), *Paul, l'apôtre des Nations*, trad. franc., 1995.
LECLERC (Gérard), *Saint Paul*, 1997.
MARGUERAT (Daniel), *Paul de Tarse*, 1999.
BURNET (Régis), *Paul*, 2000.

SOURCES

chapitre par chapitre

CHAPITRE I
Une ville qui n'est pas sans renom

Pour la description de Tarse, on consultera le *Strabon* de R. Baladié, 1978. Sur la naissance de Paul à Tarse, Michel Trimaille : *Que sait-on de Paul aujourd'hui ?* (*O. C.).* Sur la citoyenneté romaine de Paul, Jean-Robert Armogathe : *op. cit.* ; A.-N. Sherwin White : *Roman citizenship*, 1973 ; sur les foudres que Cassius déversa sur Tarse : H.-D. Saffrey, *op. cit.* La citation de Flavius Josèphe sur l'orgueil des juifs dans *La guerre des juifs*, II, 398. Sur la Diaspora, J. Juster : *Les juifs dans l'Empire romain*, 1914 ; Schalom Ben-Chorin : *Paul, un regard juif sur l'apôtre des gentils*, traduit par Paul Kessler, 1999 ; A. Paul : *Le monde des juifs à l'heure de Jésus*, 1981 ; A. Momogliano : *Sagesses barbares, les limites de l'hellénisation*, 1984 ; Folker Siegert : *Les judaïsmes au Ier siècle,* et Joseph Méléze-Modrzejewski : *Un judaïsme d'expression grecque* (*O.C.*). Sur les religions à Tarse, Giuseppe Riccioti : *op. cit.* ; sur la Bible des Septantes, Marguerite Harl et Cécile Dogniez : *O.C.* ; sur les sectes juives, Flavius Josèphe : *Antiquités*, XIII, X, 5.

CHAPITRE II
La pierre angulaire

Sur le cadre général, A. Hamman : *La vie quotidienne des premiers chrétiens*, 1971 ; sur la façon de voyager, Jean-Marie André et Marie-Françoise Baslez : *Voyager dans l'Antiquité*, 1993 ; H.-V. Morton : *Sur les pas de saint Paul*, 1948 ; sur Gamaliel et son époque, Marcel Simon, *O.C.*, et J.-B. Neusner : *From politics to Piety : the Emergency of Pharisaic Judaism*, New York, 1979 ; sur l'éducation, A. Lemaire : *Les écoles et la formation de la Bible dans l'ancien Israël*, 1981 ; sur l'autorité romaine à Jérusalem, J.-P. Lemonon : *Pilate et le gouvernement de la Judée*, 1981 ; la thèse d'André Chouraqui sur Paul rabbin dans *O.C.*, ainsi que F. Amiot : *Les idées maîtresses de saint Paul*, 1959 et Giuseppe Riccioti : *op. cit.*

CHAPITRE III
La route de Damas

Sur la communauté chrétienne à Damas, Michel Quesnel : *O.C.* ; sur l'apparition de Jésus sur le chemin de Damas, l'œuvre majeure de Jürgen Becker traduite de l'allemand par Joseph Hoffmann, 1995, et aussi Schalom Ben-Chorin : *op. cit.* ; l'explication de la vision dans Alfred Loisy : *La carrière de l'apôtre Paul* (*Revue d'histoire et de littérature religieuse*, 1920), et Daniel-Rops : *L'Eglise des apôtres et des martyrs*, 1948 ; sur l'imprégnation juive de Paul, Léo Baeck : *Der Glaube des Paulus*, 1961 ; sur la présence juive à Damas, B. Lifshitz : *Donateurs et fondateurs dans les synagogues juives*, 1967.

CHAPITRE IV
Quinze jours pour connaître Jésus

Sur l'écriture antique, Michel Quesnel : *Histoire des Evangiles*, 1987 ; sur les *Papyrus Chester Beatty*, Edouard Cothenet : *Petite vie de saint Paul*, 1995 ; sur la description d'Antioche, Ernest Renan : *Les Apôtres*, 1866 ; sur le milieu antiochien, G. Downey : *A History of Antioch in Syria*, 1961 et R.-E. Brown et J.-P. Meyer : *Antioche et Rome*, 1988 ; sur Barnabé, *Salamine de Chypre*, XIII, qui rassemble les traditions locales.

CHAPITRE V
Où Saul devient Paul

Sur le séjour à Chypre, le P. Jean-Luc Vesco : *En Méditerranée avec l'apôtre Paul*, 1972 ; *Paul l'envoyé du Christ. Premier voyage*, Cahier n° 5 du *Monde de la Bible*, juillet 1978 ; T.-B. Mitford : *Roman Cyrus*, 1980 ; sur Sergius Paulus, H. Halfman : *Die Senatorem aus dem östlichen Teil des Imperium Romanum*, 1979.

CHAPITRE VI

A l'assaut de l'Anatolie

Sur le trajet de Paul : Cahier n° 5 du *Monde de la Bible*, juillet 1978 ; sur Antioche de Pisidie, Michel Hubaut : *Sur les traces de saint Paul*, 1995, ainsi que H.-D. Saffrey : *op. cit.*, et Schalom Ben-Chorin : *op. cit.* ; sur les routes, Victor W. von Hagen : *Les voies romaines*, 1967, et R. Chevallier : *Les voies romaines*, 1972.

CHAPITRE VII

Sous le signe de la circoncision

Sur l'apôtre Jacques, Pierre-Antoine Bernheim : *Jacques frère de Jésus*, 1996 ; sur les païens dans les synagogues, Flavius Josèphe : *Guerre des juifs* (VII, 45) ; sur Luc, Edouard Delebecque : *Les Actes des Apôtres*, 1982 ; la préface de Jean-Robert Armogathe pour l'édition du Nouveau Testament, traduction d'Hugues Oltramare : *Les Actes des Apôtres*, 1998.

CHAPITRE VIII

Au-delà de l'Egée

Sur les traversées de Paul, R. Ricard : *Navigations de saint Paul, Etudes,* 1927 ; sur le deuxième et le troisième voyage de Paul : Cahier n° 6 du *Monde de la Bible*, octobre 1978 ; Henri Metzger : *Les routes de saint Paul dans l'Orient grec*, 1954 ; sur les séjours à Philippes, Mgr Jean Rodain, in *Les saints de tous les jours*, t. 6, 1958 ; sur le séjour à Athènes, A.-J. Festujière : *L'enfant d'Agrigente*, 1950.

CHAPITRE IX

Corinthe

Sur les séjours à Corinthe, Lucien Cerfaux : *L'Eglise des Corinthiens*, 1946, et J. Murphy O'Connor : *Corinthe au temps de saint Paul d'après les textes et l'archéologie*, 1986. On doit à Strabon une peinture précieuse du milieu corinthien ; il en est de même pour Cenchrées évoquée par Apulée : *Métamorphoses*. Voir Paul de Surgy et Maurice Carrez : *Les Epîtres de Paul*, 1996-1997. Sur la collecte, D. Georgi : *Die Geschichte der Kollekte des Paulus für Jerusalem*, 1965.

CHAPITRE X
Passions et combats à Ephèse

Sur la route de Paul, voir J. Rouge : *Recherches sur l'organisation du commerce maritime en Méditerranée sous l'Empire romain*, 1966, et J. Bérard : *Les itinéraires de saint Paul en Asie Mineure*, 1935 ; sur la route de montagne mentionnée dans les Actes, voir Strabon XIV, 2, 29 ; sur le séjour de Paul à Ephèse, H.-D. Saffrey : *Paul à Ephèse, patrie d'Artémis*, in *Monde de la Bible* nº 57, 1989.

CHAPITRE XI
Le chemin de Jérusalem

Sur les allées et venues de Paul, N. Ugedé : *Saint Paul et la Grèce*, 1982 ; J. Murphy O'Connor, *op. cit.* ; sur l'Epître aux Romains, les études sont nombreuses mais il faut toujours se reporter au Père Lagrange. Marie-Françoise Baslez, *op. cit.*, indique que la date de sa rédaction peut être précisée « en fonction de deux adresses » qui mettent en scène des personnages identifiables tels qu'un certain Hérodion qui quitte Rome en 53 et Narcisse qui s'est suicidé en 54. Voir également J. W.-C. Wand : *Ce que saint Paul a vraiment dit*, trad. franç., 1970 ; personne n'ignore l'importance du *Commentaire de l'Epître aux Romains* publié par Martin Luther (*Œuvres*, t. 11, 1983).

CHAPITRE XII
L'homme enchaîné

Sur la forteresse Antonia qui fut celle des Asmonéens et reconstruite par Hérode, voir B. Rapske : *The Book of Acts and Paul in Roman Custody*, 1994. On lit dans Flavius Josèphe (*La Guerre des Juifs*, V, 243) : « A l'endroit où [l'Antonia] se raccordait aux portiques du Temple se trouvaient des escaliers par lesquels les gardes descendaient, car une cohorte romaine y cantonnait en permanence. » On ne saurait omettre de consulter l'ouvrage de Daniel-Rops, en particulier le chapitre sur Jérusalem : *La vie quotidienne en Palestine au temps de Jésus*, 1961, ainsi que l'étude capitale de Joachim Jeremias : *Jérusalem au temps de Jésus*, trad. franç., 1967 ; sur l'administration de Félix, voir Flavius Josèphe, *Antiquités judaïques*, XX, 8 et 9 ; le même cite le bandit Eléazar envoyé à Rome pour y être jugé : *La Guerre des Juifs*, III, 253 ; sur le voyage en Méditerranée, voir Paul Dreyfus, *op. cit.* ; J. Rougé : *Recherches sur l'organisation du commerce maritime en Méditerranée sous l'Empire romain,* 1966, J.-M. André et M.-F. Baslez : *op. cit.* ; sur le séjour à Malte, Nicolas Monsarrat : *The Kappillan of Malta,* 1973.

CHAPITRE XIII
Paul et Néron

A commencer par celle de Suétone, les biographies de Néron sont nombreuses ; celle de Georges Roux (1962) garde toute sa valeur ; sur Rome, le livre de Jérôme Carcopino, chef-d'œuvre de l'historiographie, n'a que très peu vieilli : *La vie quotidienne à Rome à l'apogée de l'Empire*, 1939 ; sur les juifs de Rome, voir Flavius Josèphe : *Antiquités judaïques*, XVIII, 81-84 et Charles Perrot : *La diaspora juive de Rome* (*O. C.*) ; sur l'incendie de Rome, voir le texte fameux de Tacite : *Annales* ; sur les derniers jours de Paul, François Brossier : *La fin de Paul à Rome* (*O. C.*).

LES TROIS VOYAGES
DE SAINT PAUL

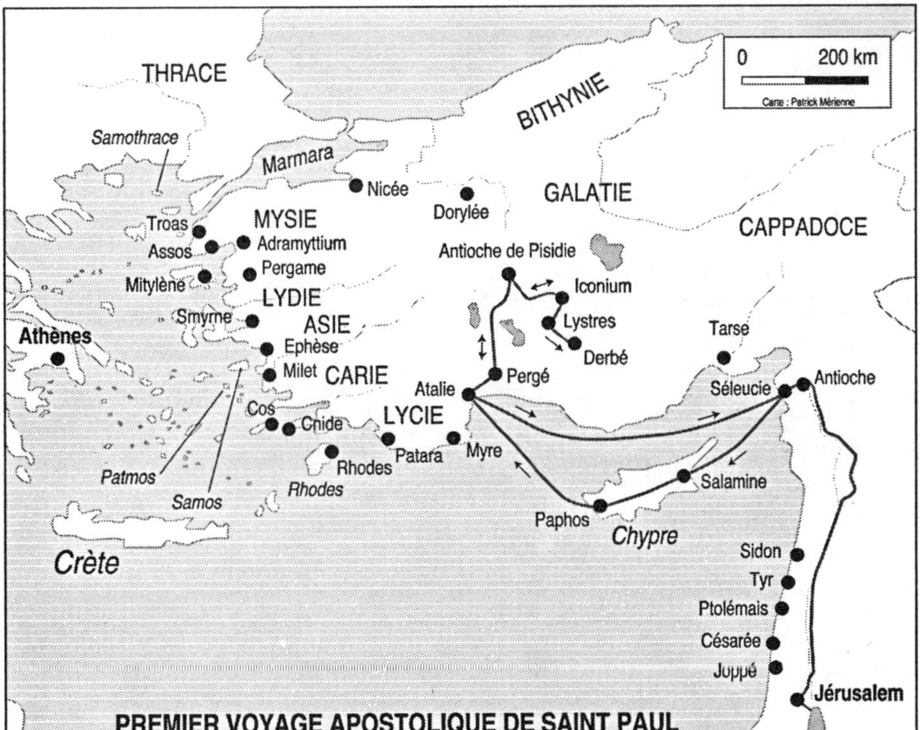

PREMIER VOYAGE APOSTOLIQUE DE SAINT PAUL

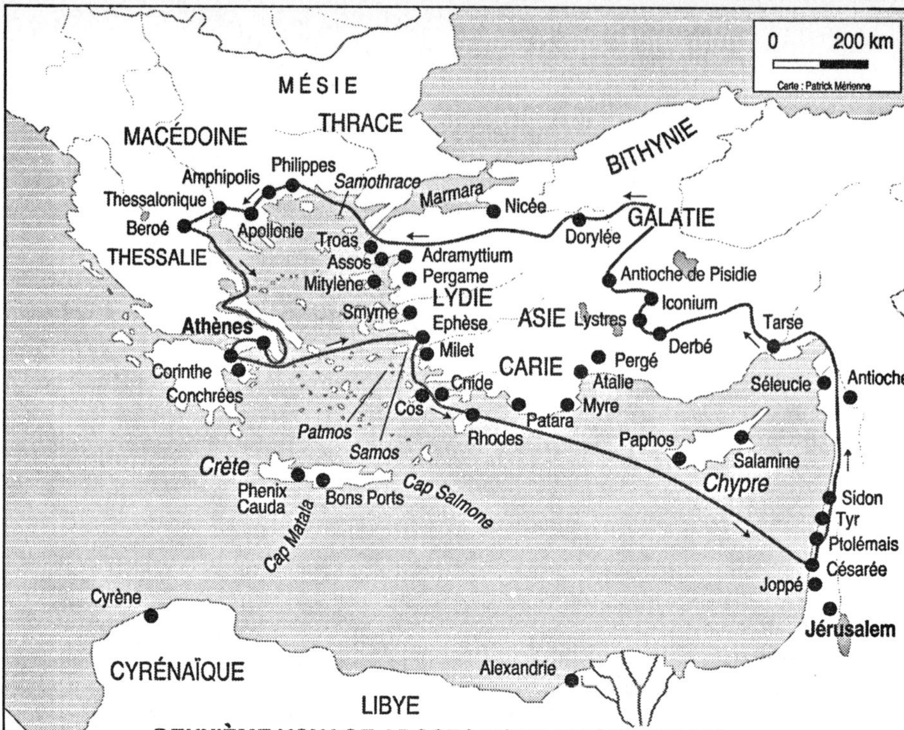

DEUXIÈME VOYAGE APOSTOLIQUE DE SAINT PAUL

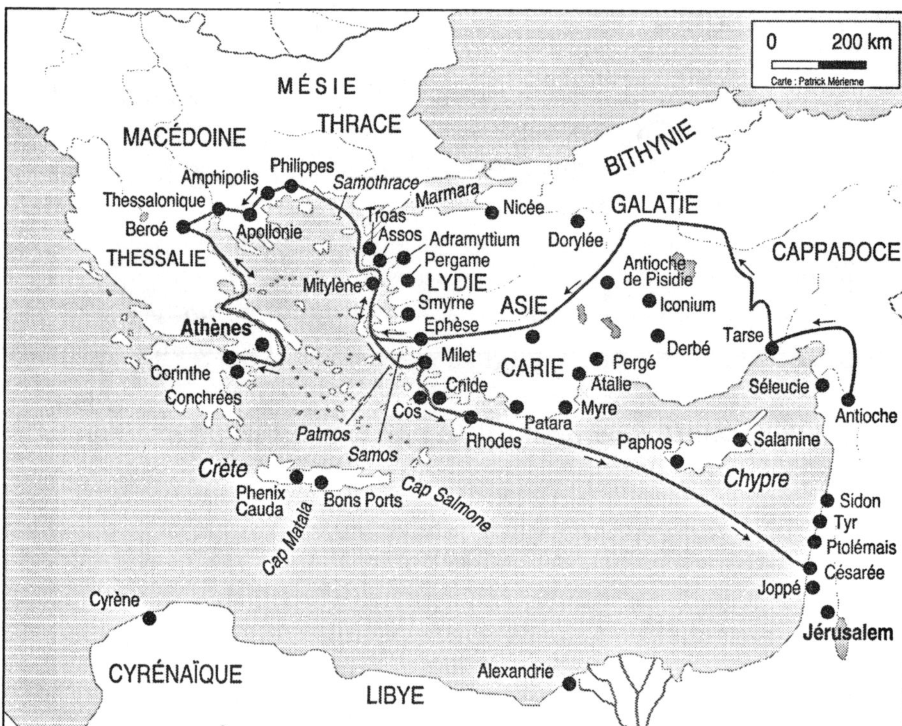

TROISIÈME VOYAGE APOSTOLIQUE DE SAINT PAUL

Index des noms

Index des lieux

TABLE

Cet ouvrage a été composé par
Nord Compo (Villeneuve-d'Ascq)
et imprimé par **Bussière Camedan Imprimeries**
à Saint-Amand-Montrond (Cher)
pour le compte des éditions Perrin

Achevé d'imprimer en février 2003

N° d'édition : 1777. – N° d'impression : 031056/1.
Dépôt légal : février 2003.

Imprimé en France